放學後才是關鍵！

16週年 茁壯紀念版

共學共遊，啟發孩子未來大能力！

商業周刊前副總編輯．雅德賽思兒童學社創辦人
黃能得——著

推薦

最讓人感動的是，在這裡你可以看見孩子們帶著一臉笑容，學會面對未來的關鍵能力。

——王文静（商周集團前執行長）

推薦

在都會裡營造「部落式」的教養環境

——李偉文（牙醫師．作家．環保志工）

世界在快速改變中，我們身處的社會結構也跟我們小時候完全不同了，雖然每個家庭孩子愈生愈少，但是父母親的壓力不但沒有減少，反而隨著家庭支援體系的瓦解，而更加的焦慮與徬徨。勢單力薄的家長逐漸能體會到，即便我們竭盡全力照顧孩子，對孩子的正常發展與適應他們長大的未來世界，恐怕都是不足的。

因此，這些年我們在荒野保護協會裡的親子團隊炫蜂團裡，推動平常假日共學共遊，寒暑假到不同家庭交換住宿，無非是想建構起古代部落那種同村共養的精神，也就是「孩子是部落裡每個人的孩子」的氛圍，在真實的生活與社會參與中，幫孩子尋找他們能接受的典範。在這些共學共遊的過程裡，大人和孩子有真實的情感流動，讓孩子有機會看到更多大人的不同職業與工作環境，不同的生活圈，也一起參與社會的志工服務。

這樣的理想，在荒野炫蜂團這個一千多個家庭組成的十多個「部落」中，進行得還不錯，不過，還是常常會想到「可是，台灣還有好幾百萬個有孩子的家庭是不是有這個機會？」

總算，在荒野炫蜂團擔任過團長的能得兄，幫大家完成了推廣這個理念的心願，他除了無私的把他利用自己資源與努力所建構的「共學共遊」實際運作的過程，詳詳實實地整理出來，提供所有父母親可以如法炮製。

能得兄更創辦了雅德賽思兒童學社，讓忙碌的父母親或沒有太多人脈資源的家長，可以很安心而且很方便地幫孩子找到共學共遊的學伴，以及可以信任的陪伴孩子的老師。

當然，書中豐富的實例與故事，是有心投入兒童教育的朋友最好的教材教案設計的參考，家長也可以從中得到許多靈感，在自己平日與孩子的家居生活或假日戶外活動中運用得上。

此外，相信這本書可以帶給父母親們在教養觀念的頓悟與棒喝，進而改變孩子的未來，改善未來的世界。

推薦

共學共遊，培養知識社會競爭力

——莊淇銘（台北教育大學數位科技設計學系教授）

我教授「未來學」多年，持續呼籲大家已經進入知識社會時代。因此，教育要跟得上時代，就必需調整家庭教育及學校教育的思維。

但現在孩子面臨到兩個教育上最大的問題，一是大部分的家庭教育停留在農業社會，二是學校教育則停留在工業社會的思維。

農業社會的觀念，要照顧小孩子到成家立業。可是，農業社會十六歲就外出工作已算成人，十七、十八歲結婚是正常的事。但現在有的到四十或五十歲還不結婚，父母親維持農業社會的觀念照顧四十、五十歲的兒女。尤其，很多父母總認為兒女在其眼中還是小孩子，所以要繼續照顧，這會讓孩子永遠長不大。

再加上少子化，對孩子呵護得無微不至，殊不知，這正在扼殺小孩子在知識社會所需要培養的能力，如：獨立自主、負責、挑戰、冒險、思考、分析、創新、溝通、吃苦耐勞。

我經常到小學演講，常問老師或家長一個問題，如果小孩子上課東西沒帶齊，小孩會怎麼回答？大多回應：「媽媽沒有幫我帶。」認為這個「責任」是媽媽該負責的。

我說，這就是錯誤的家庭教育。都進小學了，帶齊上課物品這樣的小事情，還不能自己負責，這是什麼家庭教育？這樣的態度，會讓孩子失去培養自我負責的機會。

演講後，許多校長提到：學校辦親子座談時，一定會跟家長溝通，要讓孩子自己負責帶齊物品，讓孩子自己負起責任。同時，也希望家長送孩子上學時，離學校一段安全距離就應該放手，讓他走一段路自行進學校、班級。讓孩子分擔家中工作，培養身為家中一份子，家事當然要一起幫忙的觀念。

其次要提醒父母的是，跟孩子討論事情，不要用指導高壓方式，要像朋友般溝通，除了增進親子關係，也會培養小孩溝通能力。再者，找機會讓小孩嘗試冒險挑戰的活動，培養積極勇敢的人格素質。這些在知識社會所需要的能力，都是家庭教育應該提供給孩子們的。

第二個大問題是，工業社會思維的學校教育。

工業社會的教育方式著重反覆練習與背誦，讀書為了考試，考完試就可以將所學忘掉，還給老師。這種考試導向的教育，缺乏思考、分析、判斷、創新及活用知識等能力的培養。

也由於家庭教育及學校教育欠缺培養孩子在知識社會所需的能力。學生畢業進入社會後，因為沒有具備知識社會所需要的競爭力，而失去工作，甚至不願工作，形成回家吃父母的現象，產生愈來愈多的尼特族（NEET, Not currently engage in Employment, Education or Training）。中國大陸稱「啃老族」，台灣則稱「米蟲」或「家裡蹲」。

經常在演講時指出，農業社會的觀念是「養兒防老」，在知識社會中應該思考的則是「養老防兒」，小心培養出「啃老族」回來啃自己。許多家長會問：「那到底該怎麼辦？」

雖然我曾提出不少解決方案，但，家長們還是希望有教育機構能直接協助培養孩子獲得知識社會所需的能力。

看到《放學後才是關鍵！》這本書之後，心想，家長們要的答案就在這本書中。它不只是一本書，更是一個新的教育方式，一帖培養知識社會能力的新處方。經由「共學共遊」的教育模式，自然而然培養溝通、表達、思考、分析、創新、冒險挑戰、團隊學習等能力。

此外，「情境學習」特別值得一提。像我持續研發「效率語言學習」，現在可以講十種語言，所採用方法的主要精神就是「情境學習」。而這本書除了外語學習，甚至整個「共學共遊」課後教育的核心理念就是「情境學習」，難怪這群孩子無論是學習外語、數學、寫作等知識，或培養獨立、溝通能力、有同理心等人格特質，甚至是各種生活技能、才藝及未來職業的模擬演練……既有效率又十分有趣。孩子喜歡學、開心學，自然就能學得好。

這本書不只家長必讀，教育單位更不能錯過，希望大家一起幫我們的孩子推動知識社會所需要的新教育方式！

推薦

共學共遊的情境教育，讓孩子的能力與價值觀自然滋長

——沈進發（新北市樹林區武林國小前校長）

孩子放學後到安親班，這是一個普遍的現象，尤其在都會區更是如此。在狹小空間做完學校功課大概是每個安親教室的首要工作。閉鎖的空間，過度聚焦於學校作業的完成，使得孩子放學後的生活變得單調、無趣，人生部分黃金時光埋葬其中。

「共學共遊的情境教育」提供一種課後學習模式，讓孩子有更全面與多元發展的可能。其方式是一種主題發展的活動學習方案，方案中的概念來自於生活，包括理財、行銷、烹飪、文化以及體能冒險活動。每種主題活動的建構來自於孩子的需求為主，活動的發展除了知識與技巧外，尚且包括人際的溝通協調、學習態度、合作分工、社群服務、網際網路運用等之培養以及相關倫理道德層面的關注。每一種主題的學習有其結構性，並且貼近生活情境，讓孩子在學習過程中活潑有趣，價值與能力於情境中自然地獲得滋長。

學校教育提供的是基礎教育，以學習領域和能力指標架構出課程活動，仍無法完全因應外界的變化與需求，「共學共遊的情境教育」模式在教師的高度專業能力下，和家長、孩子共同討論、規畫、設計出符應孩子需求的學習方案，此種方案應可彌補學校教育的不足。

推薦

課業是一時的，讓孩子們為將來的能力做準備而學習吧！

——蘇明進（國小POWER教師）

身為一位教育最前線的國小老師，其實很樂見像《放學後才是關鍵！》這類書籍的出版。帶了那麼多屆的高年級學生，我發覺現在的孩子比起以往，承受了更高度、前所未有的學業壓力。很多的孩子在放學後，隨即進入了另一所「學校」——安親班、補習班或是才藝班，延續著白天的學習，繼續塞進更多艱澀的抽象知識。

放學後的校門口，到處是準備開往安親班的娃娃車。我常在晚上九點、十點多，在路上還看見有孩子才正背著書包準備回家；我班上也有孩子每天晚餐都在安親班吃，必須等到學校功課、安親班考卷全寫完了，才能從安親班裡回到家裡。回到家裡都已經是晚上九點、十點多了，能再做些什麼學習、或學些什麼生活經驗呢？當然只能匆匆忙忙洗完澡、準備上床睡覺！

國小學童的生活裡，只有學校、安親班、和家裡？這樣單調無趣的生活，光用想的就覺得可怕！事實上，很多孩子要坐上安親班娃娃車之前，臉上也是百般不願意的表情。有一回我很好奇的對班上孩子做了一項調查：「請問你們，放學後沒有參加安親班或補習班的有多少人？」我驚訝的發現：全班三十多位孩子，竟然只有四位孩子每天課後是沒有補習的！那麼，其他的孩子在哪裡呢？

我想，這是因為我們這個年代，是一個對教育充滿著極度焦慮的年代。不只孩子無所適從、家長憂心，連老師都承受著極大的壓力。很多的家長為了消除自己心裡的焦慮、不讓孩子輸在起跑線，只好不斷地把孩子的起跑時間提前偷跑……

我對我們的下一代感到憂心忡忡，因為原本該是在家庭裡提供的親情功能，或是培養孩子自我學習的能力訓練，全部被補習班所取代了。孩子們的腦子裡只有艱澀到連自己都搞不懂的填鴨知識，他們如何在未來擁有生活自理的能力？如何擁有比別人高人一等的創意及生活適應力呢？

放學後的安親班或補習班，絕對不是唯一或必要的選擇。我常在想：孩子的教育模式，是不是還有另一種可能性呢？很認同作者黃能得的理念：「我們不必想要改變學校，家長能改的只是放學後，能給孩子的是什麼？……家長能在課外教育大有所為，不只是彌補學校教育的不足，更要把它當做一個完整的教育領域用心營造。」這種「共學共遊」的教育模式，把「玩」當作重要的事；而且不只要玩，還要「認真的玩」，如此才能玩出大能力來：玩出生活適應與解決問題的能力、玩出與他人共處、溝通協調的能力；也才能玩出豐富的生活經驗與創意，在詭譎多變的未來裡擁有更多的競爭優勢！

這樣的「共學共遊」模式，其實是創造了三贏的局面：孩子在愉悅的學習環境下學習；家長能安心將自己孩子託付在健全的教育理念下；而優秀的老師能有機會發揮所長、展現教學熱忱。雖然在費用方面、以及師資的生涯規畫方面，還有部分調整空間，但這樣的模式，卻是為我們描繪了另一格局的教育藍圖，很適合每一位有心改變教育現況的家長繼續推廣出去。

歐美國家的國小學童，每天下午一、兩點後，就是精采的自由學習時間。我也很希望我們的家長，能讓自己從焦慮中釋放出來，讓我們的孩子「更貼近實際生活」的學習；不只為了「衝刺學業」而學習，而是為了「將來的能力做準備」而學習！

目錄

PART1

Talk!

名人童年當借鏡
——生活教育才是關鍵！

PART II

Story！

為了孩子辦教育
——人生從此大轉彎！

PARTIII

Enjoy!

共學共遊，啟發大能力
——學習＝遊戲＝生活＝練習長大，讓孩子愛上人生各式各樣的「第一次」！

PART IV

Bravo！

老師不簡單

序

從一個夢想、一位家長、一個孩子、一位老師開始……

——黃能得（商業周刊前副總編輯、雅德賽思「兒童學社」創辦人）

教育對一般人而言，從來不是件簡單的事。但在我的心中，「教育」其實就只是簡單的「體驗人生」。教育，就是教導孩子為人生負責，不是嗎？

夢想中的好教育

我長久以來的夢想，是想辦一所小學，實現教育的理想。後來，我發現完成這件事情非常困難，所需的人力、財力，遠超過我的極限，辦小學成了我遲遲未能實現的夢想。雖然如此，但我的教育大夢並未就此打消，在女兒一歲多、我開始為她物色合適的幼稚園，但走訪了四十多家幼稚園後，仍未找到理想中的學校，於是，我索性把老家改建成幼稚園，創辦「雅德賽思幼兒別墅」，從此一腳跨進教育的領域。

隨著女兒的成長，因緣際會之下，再創辦了「雅德賽思兒童學社」，總算是圓了這存在心裡多年的教育美夢。

二〇〇六年，女兒升上小二的暑假，在安親班待滿一年的她，過得並不快樂，而當時我所經營的雅德賽思幼稚園正在應徵幼教老師，恰巧有位應試者具備合格的小學教師證。

我突發奇想：不如聘她來擔任女兒的課後老師，輔導課業、帶領課外活動吧？

心動馬上化成行動，急忙帶著女兒逃離暑期安親班，讓這位擁有小學教師資格的老師整天帶著她到處玩、參觀博物館、在公園裡散步，過著讓人羨慕的課後生活。

幾天後，我問女兒是不是比較快樂了，很意外的，她搖搖頭，給了我三個字表達她的心聲。「沒有伴！」

原來，安親班填鴨式教育讓她難受，但家教活潑的教育方式，若沒有年齡相近的孩子一起共學，也非最完美的安排。

於是，我馬上打電話聯絡女兒同學家長們，詢問大家是否有意願成為女兒的學伴，一起加入這個「邀集學伴、共聘教師」的課後共學計畫。結果令人非常振奮！包括我的女兒在內，共有八位孩子參加，於是我們再加聘了一位老師，每位老師帶領四位學生，從此，開始了我們與眾不同的教育旅程。

「兒童學社」的雛型於焉誕生。

Art and Science 是我認為最重要的教育內容，「雅德賽思」則取自其譯音，也恰恰傳達了我的教育目標：「雅」是追求藝術品味、「德」是追求生活品格、「賽」是追求科學真理、「思」是追求智慧思想。

取名「兒童學社」想有別於坊間的安親班，不想讓孩子們被局限在狹小的空間裡，而是鼓勵他們走向廣闊世界，去拓展自己的視野。我們沒有教室，孩子們放學後先帶到其中一位學生的家中做完功課之後，由老師規畫室內或外出探索行程，進行參觀活動、運動或遊戲，體驗豐富快樂的課外生活。

好教育絕非只是夢想

我的教育夢想終於實現了，家長可以打破課後生活的現狀，孩子放學後，不一定只能到安親班「曬日光燈」，應可採用更有趣、更活潑、更有創意的「生活教育」共學方式。

回頭看看台灣的教育環境，孩子的學習被深鎖於學校、安親班和補習班的填鴨牢籠，離實際生活經驗非常遙遠，當初成立這個課後教育新模式的目的就是為了打破這箝制，讓孩子多多走進生活中體驗和成長。著重以「生活情境」為活動主題，例如為了幫助孩子勇於表現，用「星光大道」主題請孩子思考，若自己是人氣王或大明星，需要具備哪些特質？並引導他們展現個人優點；為了讓孩子們學以致用，透過「大富翁」、「現金流」等情境學習遊戲，了解計算、買賣交易的流程，並籌畫舉行「二手物品市集」，企圖做到「讓數學生活化、在生活中學數學」。

這樣的「生活教育」情境學習方式，有很多是連我自己都沒有過的經驗，而孩子們居然都辦到了，透過「自己動手」的體驗過程，實際應用所學，甚至「用然後知不足」，藉此引誘出孩子們進一步學習成長的欲望。

為了擴大我的教育夢想，二〇〇九年更創立「雅德賽思理想教育發展協會」，希望有朝一日能將這理想的共學方式，推廣到台灣的每一個角落。小學階段的「兒童學社」、「少年學社」之後，還計畫讓孩子們可以繼續在國高中階段的「青少年學社」、「青年學社」共學，追求學校以外更豐富充實的生活教育，培養健全人格和積極人生。

- 小一至小二的「兒童學社」，以參觀體驗為主軸，因為這期間正是孩子好奇心最旺盛的階段，能夠快速吸收各樣新知體驗。
- 小三至小六的「少年學社」，則希望孩子們開始尋找自己的興趣，並勇於深入嘗試，例如街頭愛心募款、成立虛擬雜誌社等。
- 進入國中的「青少年學社」和高中的「青年學社」之後，孩子們準備要進入高等教育，要面對未來的生涯規畫，因此透過成立「網路商店」、參與「志工團隊」、認養「慈善機構」等實際操作活動，讓他們在進入大學之前先實證自己的志向，作為未來選擇科系的依據。

我相信，當孩子找到了自己的興趣志向之後，一定會全力以赴，主動克服任何困難挑戰，終將進入自己心目中理想的校系。將來就業之後，也會自我期許在所追求的專精領域，致力成為一位出類拔萃的人才。

前言

共學共遊，打造課後教育新模式
——讓孩子體驗海闊天空的生活教育，創造快樂童年

人生的成功幸福到底有沒有法則可循？怎樣的教育才是正確的？也許我們不該求助於莫衷一是的學術空論，社會成功人士的人生和教育歷程，其實就是最好的參考實證。

所以，到底家長該怎樣教育孩子，才最有助於孩子未來人生？也不能我一個人說了就算，趁此出書之際，我一口氣拜訪了十位名家，巨細靡遺的詢問他們的童年是怎麼過的？我很好奇地想知道，成功人士的童年是經歷怎樣的教育？因而成就了幸福成功的今天。怎樣的教育策略最有利於孩子成長？答案究竟是什麼？十位名家的親身體驗，就留給讀者細細閱讀吧。

我採訪完成功人士的童年歷程之後的最大感受是，更加堅定我們現在「共學共遊」課後教育模式的信念，那就是實踐生活教育。生活就是教育、教育就是生活，目前台灣孩子最缺乏的也就是生活教育。整天埋首在虛擬無據的學校知識教育裡，放學後又繼續沉浸在重複學校教育的安親補習系統裡。

我們所看到的惡果是，台灣的孩子變成了「知識大頭、生活白痴」。

或許對許多人而言，這可以事不關己無動於衷，然而眼看我女兒上了小學之後，自己的孩子身陷黑暗的教育洪流之中，卻令我感到無比的不滿和義憤。

難道不能逃離這樣荒謬的教育氛圍嗎？難道只能隨波逐流照單全收嗎？我終於忍無可忍地挺身而出，決心要打破流俗，不上安親班，幫孩子自創一條全新的教育道路，而我做到了，「兒童學社」終於三年有成。

不上安親班，然後呢？教育好自己的孩子就OK足夠了嗎？

如果台灣的孩子依然受到如此不良的教育，台灣的未來會有利於我的孩子嗎？

其實獨善其身把自己孩子教好是不夠的，如能兼善天下把大家孩子的教育都做好，孩子未來所處的台灣社會才能真正進步安康。

幼吾幼以及人之幼，我想把這歷經數年創新實踐的教育模式和內容，透過本書的出版流傳，或許可以讓更多父母參考運用，另闢教育自己孩子的多元道路。

出書之外，我同時發起成立公益性質的「雅德賽思理想教育發展協會」，雙管齊下期待號召更多有心的家長，為孩子找尋學伴，體驗海闊天空的教育，創造快樂童年。

我們都想擺脫台灣教育的許多無奈和困境，家長心中始終都有一份深沉的苦悶和壓抑，這正是近年來教改呼聲震天動地的爆發源頭。

然而有人批評說，教改愈改愈亂。教改失敗原因在於大多數人只看到制度不對要改，其實真正癥結是人心不對、觀念不對。家長需要改，教師更需要改。

人不改，教育就無法改。然而人最難改，其實我們無法奢望政府實現理想的教改。果真等到那一天，恐怕我們的孩子已然白髮蒼蒼。

孩子的教育不能等待，家長要自力救濟，趕緊自己做教改。

強調「共學共遊」的課後教育模式可以算是我個人版的教改吧！而理想教育協會的成立，則是志在擴大推廣這個民間個人版的教育改革。

第一任務就是師資改革。只要找到一群好老師，不管教什麼，都一定是好的、都是對的。所以我覺得成功的教改其實很簡單，就是一定要先幫你的孩子找到好老師。

再也不必被動地奢望學校給我們好老師，家長可以透過理想教育協會主動徵選聘請好老師。就像古代王公貴族，為了教好子弟，不惜一切尋找名師鴻儒。而協會對老師的嚴選過程就是教育品質的保證。

本書的內容以這群教師的貢獻努力為主幹，好老師真不簡單，可以讓讀者看見我們因為有這些熱忱理念的好老師，因此有了這麼精采的教育內容。

當本書把這群好老師的教育內容，廣泛傳遞給全國家長分享之後，大家應該會相信：好的教育不是王公貴族的專利。

透過「邀集學伴、共聘教師」的課後教育模式，
任何平凡父母都能找到好老師，都有可能給孩子不凡的好教育。

理想教育協會主要專注於十八歲之前，中小學理想教育的開拓研發，要幫孩子打造好十八歲之前的教育，能夠獨立自主，茁壯成年。因此我認為這樣的教育模式最不同凡響之處是：老師會陪孩子成長到十八歲，一起度過孩子人生的黃金關鍵期。

在「共學共遊」的教育模式下，
除了孩子彼此有伴，也期待師生一起共學共遊、一起攜手追求成長。
老師就等於是孩子一輩子的好朋友、好同伴、好的人生顧問。

師生之間唯有建立如此長遠而良性互動的教育關係，才能深入人心，真正的影響孩子一輩子。

從小學到高中，孩子們在老師的教育與陪伴下，到了十八歲時能真正獨立，能及早為自己的人生負責，清楚選擇未來人生要走的路。孩子如果希望有高學歷、好文憑，想要繼續升學的話，就要自己想清楚、竭盡所能考進理想的大學科系；或者孩子也可以決定，放棄學歷虛名，願意從基層做起，養活自己，珍惜金錢，不會依賴家長的供給，扎實的創造自己的事業。

其實，放棄高等學歷沒有什麼不好？許多人不就是因為及早踏上這條路而成功非凡嗎？選擇追求高等學歷也可以，知道自己要獨立負責，選擇自己要走的路，這就是我認為十八歲該有的教育目標。

除了好老師，好學伴也非常重要。有效學習的一大要件就是，孩子需要一群能彼此激勵互動的同儕學伴。

尋找好學伴，正是我個人版教改的第二要務。這本書不是學術空談，而是一份教育改革的完整報告，更是一群「瘋」孩子快樂成長的精采實錄。自從創社以來，我覺得最值得欣慰的地方是，有這麼一群活潑可愛的孩子，被我們帶離既定的教育洪流，擺脫課業淹沒的黑白黯淡生活，盡情揮灑童年應有的艷麗色彩，寫下一章又一章豐富成長的歡樂歲月。

緊接著，根除商業利益是我個人教改的第三任務。「共學共遊」的教育模式高貴不貴，把所有的學費資源都用在教師薪資和學生身上，花一樣的安親補習費用，卻沒有商人的中間利潤，透過所有費用由家長平均分攤的模式，就能創造出超值的理想教育，家長互助經濟實惠何樂不為呢？

「共學共遊情境教學」是我教改最後也是最重要的內涵。孩子最重要的能力，都要在真實情境中才能學會，而這樣的情境氛圍也正是台灣孩子普遍最欠缺的教育。

我們精心構築設計各種生活學習情境，讓孩子身歷其中，自行體會歸納，時時喜獲無比珍貴的成長真諦。

如同李偉文先生所言，激烈競爭的時代需要更有效的教育，正因為未來環境變化極快，知識爆炸、典範轉移，我們如果不能及早幫孩子找到更有效的教育，孩子面對未來挑戰鐵定吃盡苦頭。我們不必去想要改變學校，家長能改的只是放學後，能給孩子的是什麼？因為學校的部分家長改變不了，家長卻能在課外教育大有作為，不只是彌補學校教育的不足，更要把它當做一個完整的教育領域用心營造。

走過這麼一段波折的課後教育推廣過程，三年終於有成，遂將我在這其中反覆思量的心得與體會，以及老師們創意的教學活動，點點滴滴集結成書，謹此野人獻曝，期盼得到全台灣父母師長的分享和指教。

朱銘美術館
藝能實驗室
「實驗下課趣」講座

PART 1

Talk!

名人童年當借鏡，生活教育才是關鍵！

人生無法實驗，也無法重來。

到底應該給孩子怎樣的童年？是每個家長必須認真對待的大問號？為了讓大家先有寬闊的視野，看看當代名家的精采童年生活，聽聽他們教養子女的經驗談，想想將如何應用在孩子的童年教育上？

選擇這十位名家，不只是因為他們卓越傑出，值得大家研究仿效、思索幫助孩子幸福成功的策略；也因為他們特別具備身為公眾人物的氣度雅量，慷慨分享自己的私房體驗，為台灣孩子的童年教育提供寶貴借鏡。

性格決定命運，生活教育最重要

于美人（電視節目主持人）

在我小學時，印象最深刻的是，幾乎整個三年級都在幫老師買韭菜包，搞不清楚為何她懷孕要吃這麼多韭菜包？一切只因為我家就住在韭菜包店隔壁。不過，這可是件令人開心的事情，因為能被老師指派工作，就叫特權，覺得自己深受老師倚重。

到了國中，我被編入升學班，卻執意參加桌球隊，導師就當著全班苦勸我：「妳打球會有什麼前途？為什麼要浪費升學機會？應該要好好讀書。」

一同被訓話的隊友在旁慚愧地流下了眼淚，老師轉頭問我：「那妳呢？」

「老師，我聽得懂你的意思，可是我哭不出來耶！」連我都訝異自己居然這樣回答。

老師好氣又好笑地說：「我又沒有要妳哭。」

因為家裡太窮了，所以我很早就放棄考高中、升大學的夢，媽媽是寡婦，能夠把孩子帶大就不錯了，怎敢有太多奢望？所以我選擇考高職，畢業後就業幫忙貼補家用，減輕媽媽的負擔。

直到高職二年級那年，無意間讀到《建中青年》，我好驚訝：「他們十六歲，我也十六歲，為什麼他們能討論卡繆、尼采？建中學生為何有這種境界？那我在幹嘛？」這件事給我很大的刺激，於是開始發奮閱讀。

名作家傑克・倫敦有一句話：「我這一生最大的錯就是——我不應該打開書本。」當我的求知欲被激發出來了，我再也無法以高職學歷為滿足，決心排除萬難考上大學。

考上大學是自己渴望的，沒有外在的升學壓力逼迫我，所以——

教育要成功，要從自我來啟發，
一旦有強烈的動機，比任何外在壓迫，效果都好太多了。

當時，我常穿的牛仔褲右大腿褪色的地方，一年內又「藍回來」了，因為原子筆邊寫邊漏油墨，同學都拿衛生紙擦，但我覺得太慢了，就直接點在褲子上。因為，我只有一年時間，要把人家三年的東西讀透，真的是分秒必爭。

正因為我努力拚過，知道內在的強烈動力驅使自己想讀的感覺，加上補習班重點加強，應付考試真的不是那麼難。反觀現在的孩子，花太多時間準備升學，其實考試必有其方法，熟知技巧就能拚起來；所以，孩子平時應該讀自己喜歡的書，何必整整三年都花在準備考試？

考試就是作戰，作戰就是攤開來分析戰略，歷屆考題的幾何、代數，比重是多少，就專攻重點；如果代數太難，就轉加強三角函數或其他容易得分的範圍。可是，現在父母也沒有協助孩子一起擬出考試戰略，只知成天逼孩子讀書，只會造成反效果。

父母一生打拚、辛苦工作的目的，就是要讓下一代過得更好，那麼，父母就更應該忍住寵溺，避免過度給予。給無形的精神支持，比給有形的物質更重要；太多享受和不勞而獲，使孩子喪失追求的動力，不會惜福。

比方說，我的小孩一年只有兩次買玩具的機會。這規則在他們一歲半就定下來了。有一回，他在百貨公司看到玩具汽車想買，哭鬧不休，還尿濕褲子，老公哀求說：「買給他好不好？」

我當然反對：「這時候買給他，前面的努力就白費啦！尿濕了，就直接放進浴缸洗澡。」

回到家我把尿濕的孩子放進浴缸裡後，坐在浴缸旁邊陪他，我怕他哭太久會氣喘，所以一邊注意時間一邊耐心地問他：「你可以選擇繼續哭，還是想談一談？你繼續哭，我也會陪你哭，但是我不會買給你。一年就兩次可以買禮物！」

他聽到明確且沒有商量餘地的答案後，眼淚就停止了，從此，就不再哭鬧要禮物。

黑幼龍老師講得很有道理：「命運取決於性格，我們都希望小孩子好，可是誰花心力在孩子的生活教育上？」

父母希望小孩很有禮貌，但前提是必須我們也對他們很有禮貌。我女兒兩歲時見人都不叫人的，要她叫叔叔阿姨，她就躲在我後面。我跟她說：「妳要有禮貌，這是媽媽的朋友，為什麼都不願意叫人家呢？」

她回答：「因為我害羞。」

「喔！那我們想一個方法打招呼，揮手好不好？」她也同意這決定。

那次我學會，我必須要去接受和尊重一個生命氣質跟我完全不同的小孩。

後來，我帶女兒見朋友，介紹女兒的同時，我也會跟女兒說：「這是媽媽的朋友。」然後，她就揮手。

有一次我回家時，孩子在看電視沒理我，我就很氣地罵：「你們都不會叫我嗎？在那邊一直看電視！」

但如果他們是我室友，我還會這樣發飆嗎？我為什麼會這樣對待自己的孩子？原來，父母的威嚴是無所不在的，一不小心，就像怪獸般跑出來了。所謂人格的培養，比如禮貌，無法奢望孩子與生俱來，這取決於父母的教養態度，唯有從日常生活的身教之中才能培養出來。

我曾說個故事給孩子聽：「我朋友有兩個表弟，一個在台灣長大的，一個是在美國長大的。他們一起下棋，台灣表弟輸了就說：重來，不公平！」講到這裡，孩子就很熟悉，因為他們也常常講。

「你們猜，美國表弟輸的時候說了什麼？他說：算你厲害！算你聰明！」我說。台灣表弟沒有辦法像美國表弟，是因為我們的教育沒有教孩子肯定、看到別人的好，因此孩子無法接受別人贏。

第一名只有一個，被別人贏走了，其他人不但無法欣賞他的優點，反而充滿敵意。這是不對的。孩子沒有能力懂得欣賞別人的好，進入社會如何交朋友？怎能與人合作？未來人生又怎會幸福成功？

所以，下回孩子開始玩撲克牌時，正是生活教育的好機會。「希望待會兒可以看到，誰是美國表弟？」我總是會這麼說。

點燃孩子對生命的熱忱，儲備實踐理想的能量

嚴長壽（公益平台文化基金會創辦人）

台灣教育失敗的原因是過度的功利主義，現在每個人都可以念大學了，但家長的觀念還是功利導向，升學成為學校教育主流，七節課上完又上第八節。這是完全沒道理的。該有的生命熱忱和文化素養，反而無法深入孩子的教育裡面。

城市孩子被升學主義淹沒，偏遠地區又是另外一個世界。

我有一段時間常往花東跑，發現孩子教養問題在原住民社區更加嚴重。以前政府對原住民缺乏照顧，現在則是選舉齊頭式的綁樁施政，每家裝衛星天線，沒有需求的也裝了一大堆，浪費很多資源。

反觀那些缺乏資源卻很用心的人士，就值得大家學習。例如台東新興國小的鄭漢文校長，看到原住民苦悶失業，在家酗酒，即使學校把孩子教好，回到家看到家人這副模樣，也會跟著絕望、墮落。鄭漢文校長反過來要求原住民父母參與學校教育，請爸爸們用海邊

撿來的漂流木，示範怎麼雕刻，請媽媽們當場示範編織，讓孩子看到父母變成藝術工作者時散發自信的模樣，感受父母的優秀技術，以及辛苦的一面；父母也能因此找到自己的價值，更看重自己、戒除懶散，給子女看到好的典範。

鄭校長的做法顛覆了我們習以為常施捨給予的方式，反而讓原住民回頭檢視自己的能力、發揮自己的長處。

原住民的藝術天分都很高，若只是幫忙銷售成品，三個禮拜才編成一個草編，收入一定不夠開銷。所以，是不是還有什麼更好的方法？

我從鄭校長的經驗想到，偏遠學校若要廢校，為何不能變成夏令營、體驗營？讓原住民在這裡發揮藝術專長，再發動退休老師協助解說，當帶隊志工，由政府來幫全國小學生辦體驗營，輪流來這些學校住幾天，深入體驗台灣原住民的文化。

全國學校的校外教學也能因此擁有豐富的學習資源，原住民不是來這裡賣產品，他的工作本身就是教學，原住民可以有收入、孩子看到自我尊嚴、全國學生得到豐富體驗，這就是一個三贏的做法。

一個真正的兒童教育者——鄭漢文校長不替父母做該做的事，反而協助家長發揮父母的角色、提升原住民的教育成長，難怪胡德夫先生稱讚他是一個最偉大的校長，我也非常認同。

城市裡的家長、環境還不錯的家長，也常常一不小心就請別人代替家長的工作，安親班就是在幫父母做父母，甚至讓菲傭代勞，其實不應該這樣。

我建議好的安親班應該規定家長須至少參與幾小時活動，未達標準不接受安親委託。

孩子童年時我工作很忙，平時較晚起，獨自開車上班。有一天我六點就醒來，特別陪孩子一起吃早餐，他們一吃飽要坐車上學時，傭人就代背書包、代提便當，司機急忙代開車門……孩子一副輕鬆模樣。我看到這個畫面突然很擔憂，若孩子就此認為人生就是這樣，那就完蛋了。後來，我去接孩子放學，看到校門口一排排車子，成群司機和傭人在旁等候，我終於下定決心跟太太說，我們一定要離開這個環境。

那時亞都正好要在加拿大開設新飯店，我就順便帶孩子到溫哥華讀書住校，過獨立的生活。我和太太也會常去陪小孩，生活一切從簡，主要目的是要讓孩子知道，我們只是一個平凡的家庭，要過平凡的日子。現在，孩子長大了，不會去羨慕名牌，一點奢華的生活習慣都沒有。

孩子高中暑假時，我安排他回台灣亞都做行李員，不讓員工知道他是誰的兒子。考上多倫多大學之後，就在溫哥華的獵人頭公司打工，觀察人家怎麼考核、遴選一個員工，其中要負責打電話到員工以前的公司，詢問他們過去的表現。

因為他將來也會成為別人的員工，就要知道人家會怎樣遴選考核員工，若想做一個成功的領袖，更應該從中學會怎樣觀察人和任用人。

他大學四個暑假都沒有浪費，分別在人事、財務、行銷、觀光等領域實習打工。畢業第一件事就想讀碩士，我勸他不要急著深造，這樣反而會跟真實社會脫節。我鼓勵他先回台灣的高科技業好好歷練。目前他在大陸的銀行擔任主管，溝通和應對能力均佳，我非常放心。

「有人問我的人生活水源頭是什麼？其實就是「無可救藥的熱忱」。」

我現在除了熱忱滿滿，還必須要管控熱忱，把自己的能力跟資源用在最有效的地方，想要一下子就改變台灣，是不可能的，只能慢慢去影響，一點一滴帶往正面的方向，總有一天，就會匯聚成一股大力量和大潮流。

就像鄭校長在教育領域默默耕耘，其實台灣每個領域都非常需要有這樣熱忱的典範。看看東部海岸山脈的瑞士籍宣教士，連外國人都願意把他的一生奉獻給台灣這片土地……他們雖然都是一群沒有聲音的人，可是他們好了不起，帶給人莫大的啟發。

低頭耕耘，即使沒有人知道，都願意奮鬥到底，才最令人尊敬。

給孩子空間，闖蕩屬於自己的童年

金惟純（《商業周刊》創辦人）

一般人認為現在的小孩很幸福，但我完全持相反看法。

相較於我們成長的年代，我覺得現在的小孩滿可憐的。雖然我小時候家裡管教嚴格，但是治安良好，所以孩子可以到處亂跑，現在的小孩卻無法擁有同樣的自由。

在我印象裡，小時候的寒、暑假，帶著車票錢就能自己出門搭公路局的車去親戚家，跑到基隆、跑到新竹、跑到台中……才小學三、四年級，就能一個人這樣到處跑。

現在的孩子像活在罐頭裡，所有事物，大人都幫他們規畫好了。導致的結果是：自主學習的能力降低了，所以孩子根本就沒有機會學習「選擇」，甚至變得沒有生活自理的能力。

過去，孩子有一大片的課外空間，那是屬於孩子的社會，是存在於學校、家庭之外的。孩子得自己發展人際關係：有人會變成領袖，要去疏通別人，就算打架也好，打贏的人就變成「孩子王」。要加入團體，小孩就要學會察言觀色，否則難以融入其中。一大夥兒人想做的事若沒有資源，就得自己想辦法解決：動手解決、用團隊的精神解決、用承擔風險解決……而這樣的課外生活現在全部都不見了，孩子沒有了人生體驗、沒有自己解決問題的能耐、沒有主動學習，甚至失去在有風險的情況下歷練成長的機會。

這對孩子的人格養成，是非常非常致命的缺憾——生命沒有動力。

有段時間我們住在新加坡，樓下就有三個漂亮的游泳池，新加坡是四季如夏，我還幫孩子請了游泳教練，但孩子還是學不會游泳，這是我完全無法理解的事，這樣好的條件和父母的誠意，他居然還學不會，對照我自己當年是怎麼學會游泳的，不禁讓我大吃一驚。

現代的孩子失去了學習動機，課外生活交給家教、補習班，但是那種「自己渴望一樣東西、然後想盡方法得到、自己用盡方法解決問題」的情境和態度不見了！

此外，孩子面臨的另一個大問題是什麼？就是商業化的機制比以前強太多，所以孩子被商業化機制操控。孩子課外時間花在電視、電腦、手機，當然還有隨身聽等一大堆三C商品，現在的小孩子兩歲，甚至是一歲，咬著奶嘴就坐在那裡看電視了。

而這些三C商品造成的後遺症，孩子被動接受所有被規畫好的訊息，完全沒有自主

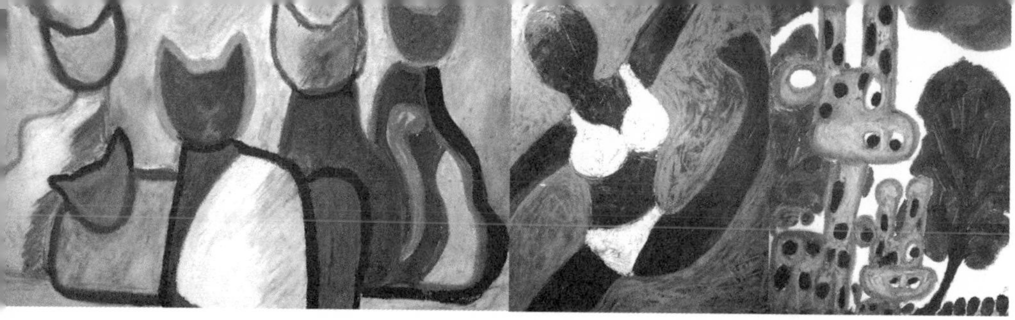

性，還浪費很多時間做無厘頭的事，在網路上閒扯淡……學校是規畫好的，家庭是規畫好的，加上課外的商業世界也是規畫好的，這三塊東西，都是被大人規畫好的，侵占了孩子的全部生活，他們掉進商業營利的牢籠，喪失了自己的真實世界。

我們那個年代除了學校與家庭，還有一大塊恆久存在的課外生活部分，我們對世界有自己主動的認知和體驗、了解自己是誰、如何加入團體生活、如何學習領導能力、如何自己解決問題……然而，都市化的結果讓自然環境消失了，這是多可怕的一件事！

一份多年前的大規模調查研究：

「和一個人的成就與幸福相關程度最高的是什麼？」
結果發現這和父母學歷沒關係，跟家庭經濟狀況的相關性也不高。
影響最大的是——有沒有做家事。

從小做家事的人，長大後幸福感和成就感最強，沒有的則最弱。理由是家庭是小孩生長過程中最重要的場所，做家事即表示有參與，所以生活與他有關，因此是決定人生有無成就的重要因素。

從這個指標來看，現在的孩子還有誰在做家事？將來會不會有幸福人生？我猜大概都沒有了。然而，有什麼方法能讓孩子做家事？如何讓孩子得到磨練？

聽說中國大陸現在有一種「吃苦營」，寒暑假時把孩子送到一個偏遠地區，生活全部自己解決，甚至把貴族學校的小孩送去連廁所也沒有的黃土高原，這些孩子回來後變獨立了。如果台灣也有這樣的吃苦營，我會讓孩子趕快參加。

細想之下，現有課外生活大環境的商業拉力太大了，家長不規畫也不行了，而且要透過更周全的規畫，來解決現代孩子的困境。

因為我們不可能回到從前，唯有更用心、更理想的規畫，才足以抗衡現有的商業大環境，想辦法為小孩營造一個獨立的天地。

因此，我們必須先把現有的商業化機制縮減在最小範圍內，再來想辦法如何提供孩子自由探索的大自然環境，主題正確但不必細微控制，要讓孩子自由地去打造童年，家長只要關心基本的安全問題就好了。

面對孩子成長要掌握關鍵時刻：幼稚園時期，應該開始多多接觸大自然。小學階段，學習短暫脫離家庭生活，像英國貴族很早就發現，孩子在家容易養尊處優，最好及早脫離家庭住校磨練，週末或寒暑假時才可以回家，童年歲月幾乎都在團體生活磨練中度過。

讓孩子脫離大人的呵護和環境的操控，及早面對和應付自己的真實生活，將來長大後才足堪重任。

野孩子也能「野」出希望，別讓制式抹滅特質！

無視孩子特質卻想培植其他可能的潛力，是父母最常犯的錯誤

蔡岳勳（金鐘獎最佳導演）

我從小就很不適應學校的生活，小學就很會蹺課。記得才小三就跟一個很要好的朋友，兩個人一大早坐公車從永和坐到淡水，沿路去天文台、兒童樂園玩，最後發展成鐵路旅行，從台北火車站出發到楊梅、內壢、最遠到中壢，下車之後到鐵道附近玩，算算時間差不多才坐火車回家。

小時候很野，什麼怪招都有。那時候住三樓，想出去玩不敢講，就自己拿了一條麻繩從三樓垂降到一樓。我太太聽到後十分訝異，才國小三、四年級怎麼敢做這種事？

我對她說：「我們的兒子跟我很像，他就是會這樣，以後還會做出更可怕的事。」

「如果他出事的話怎麼辦？」太太開始擔心。

「那沒辦法，我們只能讓他學會注意安全，其他事就沒辦法制止了。」我這麼回答。

我小時候很勇敢、愛冒險，但面對體制權威的時候，就非常懦弱，可說是「課外一條龍，校內一條蟲」。

有一次校外教學，老師說不能遲到，我只晚到一點點，看著大家正在排隊上車，但我卻不敢去報到，最後只能眼睜睜地看著遊覽車開走。不得已只好帶著所有的零食，到附近一條大水溝，爬上樹吃零食，一直到了中午該回家的時間才敢回家。

其實我無法了解自己為何如此矛盾？在國小階段，我一直不被老師認同，但每到講故事時間，我又表現得很好。大部分同學很膽小，認為上台簡直是一種虐待，而我完全不怕，彷彿天生就擁有說故事的能力和勇氣。

我兒子很像我，充滿表演細胞，也和我有同樣的問題，在團體中沒辦法自在、愉快地和別人相處，注意力常不集中，甚至有過動兒現象和學習障礙。我非常清楚自己孩子的行為，所以當兒子每換一所學校，我就先跟老師見面深談，傳達想法。

「希望老師能接受兒子不見得被學校體制所認同的專長跟優點，也千萬不要用制式的框架把孩子的優點抹滅掉，因為那是他很重要的特質與本領。」

我也曾幫兒子找過所謂的理念學校，但令人失望的是，辦學者自認找到無敵的教育模式，就用驕傲的心情看待自己的世界。那種「只認可自己的模式，堅持用自己的方法學習」的教育態度，和一般學校並無不同，同樣沒有彈性且制式！

比方說，兒子從小就愛唱歌、很愛玩，活動力超強，可以從早上一直玩到晚上睡覺，我很擔心地跟太太討論：「怎麼辦？他是不是過動兒？要不要帶他去看醫生？」

momo親子台「幸福加加油」採訪

太太就轉過來看我說：**「難道現在連快樂都是一種病了嗎？」**

她的話讓我頓時驚醒，訝異自己怎麼會變成這樣地自以為是。

學校把孩子們的本能消滅了，長大後還得自己有自覺才能想辦法讓自己復原。

父母教養孩子也常犯同樣的錯誤，認為他們胡思亂想，就不自覺地說出「這樣行不通」「不可能」，制止小孩子將想像轉化為動手實現的機會；再加上父母因為自身的工作、生活壓力、不快樂的情緒，不經思考便跟孩子愛玩鬧的天性對抗，還嫌孩子們太吵。

其實，一面抹殺孩子實踐創意、嘗試錯誤、修正缺點找到再試試看別的可能性的「實驗精神」，又一面心急地幫孩子培植別種可能的「潛力」，正是我們大人對孩子最常做的蠢事。

大人必須承認，我們永遠不知道，孩子在不斷自我嘗試的過程中會碰撞出什麼令人意想不到的火花……所以我們大人不應該自以為是，要尊重孩子的天生本能。「讓自己快樂」正是人類最強烈的天生本能，音樂就是這樣產生的，人類在沒有這些社會限制和教條之前，本是活力很強的自由人，其實只要自己想要，每個人都能找到最快樂的生活方式。

如果，我能以童年為主題拍一部戲，那麼我最想要傳達的是，孩子們天生本能就是喜愛自由、享受快樂。

「共學」是積木，協力構築孩子能力的城堡

李偉文（牙醫師．作家．環保志工）

學習本來就不必硬要分課內、課外，頂多區分為：學校之內，一定要在上課時間內學習的知識；一個是學校之外，屬於家長可操作的部分。

然而，我們為何又要強調課外教育的重要性呢？

因為課內的部分我們改變不了，然而家長卻可在課外教育大有作為，不只是消極地彌補學校教育的不足，更要積極地把它當作一個完整的教育領域去用心營造。

家長千萬別以為孩子每天在學校上足八小時課之後，就會具備該有的大能力，反而要多花心思如何去善用課外時間，培養孩子的關鍵能力。

課外學習攸關孩子關鍵能力的養成，如何採用有效的方式來達成？是每位家長不得不面對的教養課題。

當然，有些比較有勇氣的父母，乾脆完全放棄學校那一套，直接自己帶孩子。

但是一般人不得不把孩子送到學校去，那麼，剩下的課外時間該怎麼利用呢？我建議

家長們可以幫孩子組成「共學團體」，找幾個學伴成立課外學習團體，或參加社團活動來學會各種大能力。

別以為孩子在學校就叫做團體學習，那充其量只是跟三十個學生同坐在一個教室罷了；所以，孩子放學之後的課外時間，千萬不要再獨自度過了。

擁有一群學伴的「共學團體」，即便都只是學習而不是玩樂，過程也都是快樂的。孩子可以每週三到四天跟「共學團體」在一起，其他時間則可留給自己獨處或與家人同遊。我甚至建議組成不同性質的「共學團體」，讓共學內容更豐富多元，當然也包括參加各式社團活動。

有些人會說，「共學團體」會不會讓家長太費心了？但我的觀點是，如果不這樣費心，很多原本孩子該學會的東西，以目前的學校環境來看，大概就沒有機會完成了。何況現在的孩子非常欠缺團體討論和團隊運作的機會，在我們以前時代可能相對容易，跟街坊鄰居孩子一起長大，經常跟不同年齡層的小孩打混磨練。

然而，目前這些條件都不見了，孩子多被局限在課堂上單方面聽課，同學互動變得很難。再者，以前的年代容許我們慢慢成長，還可以應付緩慢的時代變遷，但是——

現在社會環境變化很快，知識爆炸典範轉移，如果不刻意安排有效學習，會讓孩子在面對未來的挑戰時遭遇困難。

「共學團體」的重要性在於，提供孩子學會溝通協調、團隊合作的真實情境。孩子最重要的能力，都要在真實情境中才能學會，但這樣的情境也正是現代孩子最欠缺的。要學會理解別人在想什麼？怎麼表達自己的意見？如何接受不同意見的人？所謂接受，不是口頭上說尊重別人，而是要在真實的場景中驗證，當孩子跟別人衝撞爭執，有問題有意見會提出討論，那才是真心面對、真心思考後自然而然形成「接受」的感覺。

組成課外「共學團體」，家長的負擔也比較小，就時間資源來說，家長不必自己陪小孩，如果有四個家庭輪流，各自負責四分之一的時間，是還可以容許的；如果要使用外部資源或外聘老師，也只要付四分之一的錢，經濟上也還是可以承受的。

「共學團體」不但節省家長的時間跟金錢，還能整合彼此的人脈和資源，享有四倍、五倍的加乘效果，絕對比一個人單打獨鬥有更多好處。

家長若能積極參與孩子的課外教育，對家長來說不是無聊、不是負擔，反而是和孩子一起學習成長，並且好玩有趣，又能增加跟孩子相處機會，不是件好事嗎？

有些家長認為，自己以前沒有人管，還不是活得好好的，但是現在社會環境劇變，孩子的課外教育若不好好規畫，我們小時候自然學得的能力，不會自然發生在孩子身上。所以我建議家長對於課外教育要重新思維，要用心看待。

教育最容易犯的錯誤是，用我們過去的經驗來教育孩子的未來。教育必須朝未來看，預見未來會有什麼狀況？未來環境會如何？未來跟現在有什麼不同？我們看到這些不同並做調整，引導孩子面對未來的世界。

現代的家長已不能再自誇「我吃的鹽比你吃的米還多」，我想家長必須重新謙虛學習，因為時空環境真的不一樣了。

台灣父母普遍只想要孩子成功，不許失敗，孩子因此無法忍受挫折，不知如何抗壓？長大後恐怕更無法在人生逆境中生存，這是非常值得我們警惕的。

有篇論文強調：抗壓本身是需要儲存能量的。抗壓能力會被耗損，當然也可以再補充。以我觀察自己的角度來談抗壓能力：精神體力狀況好，就比較能忍耐挫折；但如果身心狀況不佳，就很容易無法承受而情緒崩潰。因此讓孩子經常運動，維持身體健康、精神良好、開心快樂，孩子的抗壓力就會比較好。

其實，家長還可以用更積極的態度——用心設計難度恰恰好的挑戰、直接試煉孩子的極限，讓他原本以為做不到的，卻能靠自己的力量完成，這樣獲得的自信所產生的生命韌度是最強大的。

讓孩子自己克服艱難，儲存抗壓能量，以後面臨真正人生難關時，就可以隨時汲取。讓孩子在成長過程中勇於面對挑戰，不怕失敗，相信自己：「我以前可以做得到，現在更難不倒我！」

人生是加法，別讓學業減損了活力童年

游乾桂（臨床心理學家／作家）

一個人到了四十歲才發現，自己若缺乏美好的童年回憶，那麼所謂的成就都是騙人的，人生不算幸福圓滿。

我常常慶幸，自己擁有美好的童年時光。它真的是我人生最大的活水源頭。如果我的童年不是在宜蘭，如果無法自由玩耍，我大概也就沒有機會成為真正通透人生的作家。

童年對我而言是無價寶藏，是人生歷程中隨時供我們兌換、提取的心靈資產。也許我八歲時不比這個人出色，十歲時沒有那個人出色，但我相信我若扎實地過好每一個階段，累積到三十歲絕對比他人出色。因為我的人生就是加法。

然而，現在的孩子幾乎缺乏真正的童年生活，我覺得是因為我們的教育沒有讓孩子有「醞釀和等待」的時間。現代的孩子被揠苗助長，人生是減法：小時了了，大未必佳，八歲就忙於補習學業，多才多藝；十八歲到達頂峰，好厲害；二十歲每況愈下，後繼無力；三十歲以後，大概就跌入谷底了。

其實，童年教育的重點就是為了儲備未來人生的能量。童年生活最大的軸心就是「玩」。我很喜歡兩句話，一句是「高人玩世」，另一句是「玩出學問」。高明的人是用加法、用玩的方式讓自己的生命充滿色彩、發光發熱……

也許是因為家裡務農，寒暑假時，我幾乎都在果園裡頭度過，種過桃子、李子、金棗、橘子、竹筍、稻米……現在回想這些，好像都是瑣碎農事，但對我來說，它是大智慧的啟發，從小就要懂得解決河水的問題、大自然的問題、宇宙的問題……

童年的經驗會逐漸演化成大人的智慧。童年就是人生的活水源頭。比如說我們小時候要釣魚，可是沒有錢買魚竿，就自己跑到山上砍竹子，想辦法捲釣線、做魚鉤；要如何知道哪裡有魚？要浮釣還是沉釣？魚是日行性還是夜行性？那日行性、夜行性的魚又該怎麼釣……這學問不是課本教的，是大自然啟發的，可惜現在孩子讀的死學問卻只是考卷的呆板答案。

我呼籲每一位教育工作者，應重新檢視「玩」這件事，它本來就是這麼地重要啊！如今為何變得如此不屑?!

台灣的父母誤以為逼小孩子的功課是好的，但後遺症卻非常可怕。逼小孩子功課會造成心理壓力過大以及人格扭曲，減低孩子的壓力承受度和挫折容忍度，最後讓孩子克服人生挑戰的能耐都喪失了，因為他們童年缺乏「快樂」的正面能量，這很危險。

努力讀書考上名校不等於擁有「幸福」人生。人生本就是風雨不斷、充滿挑戰，最可貴的其實應該是讓孩子擁有解決難題的能力。

現在的孩子被過度保護，一次失敗就容易信心全失；好不容易拉拔到大學畢業，遇到挫敗就變成憂鬱症，反社會，訴諸暴力、不法來發洩。因為都是高學歷份子，人格扭曲的負面影響更大。

最常見的人格扭曲是：認為財富、權勢、地位最重要，一輩子變成工作狂。甚至踩踏別人往上爬，因為學業競爭壓力迫使孩子從小就一定要贏。有時明明是贏不了，也要贏。如果非贏不可的強迫人格變成台灣教育的核心價值，那就麻煩了。孩子從小到大都不由自主，一直不停地要去超越、超越、再超越……不想輸的時候就惡意陷害他人！倘若這樣的小孩以後當政主事，掌管政策福利時，會為弱勢族群著想嗎？當然不會！

台灣教育的核心價值，為何變成只是追求一紙文憑？在德國，即使是學歷普通的水電工也覺得自己很棒，但為什麼在台灣就不行呢？每個人特質本來就不同，應該走自己的

路。真理本來就不需要證明，結果說破嘴，大家還不理解，我覺得很悲哀。

當今時代改變、自然環境流失，雖然已經不能再用過去的童年去設計孩子的童年，但我們仍可因時制宜。

首先父母必須承認童年是孕育孩子一生幸福的最佳沃土，至少要選擇有利孩子成長、接近大自然的居住場所。

我也曾寫過一篇文章，提倡「五種閱讀」：人除了眼睛，還有耳朵，可以傾聽天籟；嗅覺可以捕捉香氣；嘴巴、心靈，甚至移動中的腳步，這都是不同的閱讀方法，可以讓孩子充分感受他的住家環境。縱使不得已必須住在城市裡，家長也要盡量帶孩子親近自然、閱讀環境，很多美麗的感覺就會無所不在，對不對？

我兒子大概小二、小三就跟著我溯溪，這對城市孩子來說是高難度的，他卻覺得好玩極了，是他到現在都還時時回想的開心事。這些都是我們家長可以安排的。或許要特地到荒郊野外很難？到社區小公園應該不難吧?!

傍晚時分，若能帶著孩子近距離觀察樹，讓他趴低身子撥開草叢，看看在樹根附近不知忙什麼的螞蟻、聽蟋蟀嘶嘶嘶的鳴聲；貼近樹幹看誰爬上來了、聽一聽有沒有叩叩聲，或許高處樹洞裡就住著啄木鳥或五色鳥；若能爬到樹上，還能享受風帶來的涼意，聽風吹過樹梢的聲音、看陽光從樹葉間灑落的光點……這都是快樂的童年生活！像我兒子小時候超喜歡到公園找蝸牛，還會記錄牠一分鐘會走多遠呢！

有人擔心：如果讓孩子的童年這麼快樂，但他周遭的同學卻每天忙於補習，身處功利價值的洪流該怎麼辦呢？我卻認為從小愈快樂的人，自我療癒能力愈高，怎麼可能輕易被沮喪或憂愁打敗？

通常很有成就、真正傑出的人物，小時候成績大部分都不太好。相反的，成績好的孩子，長大後成為科學家的人卻很少，因為成績好只是博聞強記，稱不上慎思、明辨、篤行，分數也無法評量出思考能力和懷疑精神！

其實，父母若能放手，有自己的生活嗜好，就可以給孩子多一些空間，而這個空間正是孩子要學會獨立的必需空間。

爸爸媽媽們如果能安排自己的生活，例如晚上去上陶藝課，回到家已經十點了，哪有時間逼孩子功課？孩子或許反而大樂：「巫婆不見了，真好！」

熱情、傻勁、過癮，課堂上學不到的生命素質

粘峻熊（粘巴達假日學校創辦人）

我在彰化廈粘村長大，一九六五年出生，有個田園式的快樂童年：村裡的老樹、池塘、大埕、柑仔店、廟會、稻田……都有我們快樂的足跡。然而國、高中的填鴨式聯考教育，讓我的生命變得僵化、無知、封閉；直到進大學，遇見許多特殊的人與事：參加登山社、上山下海……才又展開許多深刻的人生經驗。

一九九二年在偶然機遇中投入兒童教育領域，轉眼已經快十七年了，我沒有受過正規的師資教育，我的教育觀是用我童年的生命經驗為基礎來思索、設計培養下一代的課程。

我的童年有更多的探險故事以及自己與同伴共同創造的歡樂趣事。比起現在的孩子放學還得到安親班寫評量、讀英文，真是有天壤之別！

我常想該如何讓現在的孩子也能像我們以前那樣擁有充滿創造力、挑戰，以及許多玩伴的快樂童年，有堅實的快樂童年，孩子必然具備多元的能力與能量，替自己的未來人生創造出幸福與浪漫！

一九七〇年代孩子，普遍擁有快樂童年，為什麼呢？

一、孩子有足夠的混齡玩伴（大的會帶小的一起玩）；

二、開放且安全的遊戲空間（車輛稀少，社區行走很安全）；

三、能親近土地田野自然環境（有各種蟲魚鳥獸可互動）；

四、有充裕的時間讓孩子玩（放學回家後都是自己的時間）；

五、大人不管小孩的功課和遊戲（基本上是孩子自行處理功課，爸媽只管家事要求）。

有人笑我很天真，現在是什麼年代了，哪裡找得到這樣理想的條件？我總是帶著抗議的心情回應：國民所得突破一萬八千美元的意義何在？難道國民所得愈高，孩子的童年品質愈低！

一九七〇年代，一群孩子放學後在街頭巷尾、三合院的大埕、柑仔店玩到揮汗如雨、玩到天黑，才被爸媽叫回家吃飯洗澡的歲月，有一種過癮的快樂……有人玩射橡皮筋、跳橡皮筋，彷彿踏進橡皮筋主題教學，同時還有其他的角落活動在進行，有益智角、有運動角、有編織角……這項遊戲玩一陣子膩了，明天又會找到下一種好玩的遊戲：「尪仔標」玩一、兩個月後換彈珠，彈珠玩一玩，接著流行玩假錢……根本不需要老師引導，完全是孩子自發自學，會的教不會的、哥哥姊姊帶弟弟妹妹玩，玩個幾輪，大家自然而然都學會了，**自然而然養成崇拜、摩擦、領導、溝通、服從等社會行為與能力**，儼然上演著「街頭生活技藝傳承」的玩耍俱樂部。

反觀台灣目前狀況：

一、孩子的時間被安親補習才藝占滿，幾乎沒有和同伴一起玩的時間；

二、街頭巷尾變不安全了，馬路上的汽車和摩托車時時可見橫衝直撞的；

三、對治安喪失信心，孩子難以像過去一樣聚集一起玩耍！

現在，學校設備好＋教室好＋好無聊

台灣學校校園的發展一直加入人工設施而把自然環境移除，環境變得愈來愈單調，孩子的遊戲、亂玩、探索、體驗的空間也就愈來愈貧乏。

以我小時候就讀的彰化管嶼國小為例，一九七五年有很完整的森林和沙地讓學生下課玩耍，經過三十多年的積極建設，老樹、森林、沙地幾乎全部消失，取代的是盆栽、柏油和水泥！

台灣教育品質有沒有提升，不是看學校多蓋一棟大樓，裝了ＰＵ跑道，而是看老師是否愈來愈了解、信任、尊重以及引導各種不同性情的孩子，社會才會愈來愈幸福、進步。

貧窮的尼泊爾卻是全世界排名前十名的幸福國家，相對來說，富裕的台灣則遠遠落後。我們的社會、學校還不會以快樂力來衡量我們的公共政策，只會以校舍、ＰＵ跑道等設備來衡量學校有沒有進步。其實這是錯誤的方向。

如果我們敲開學校的水泥磁磚，讓孩子可以踩到泥土地！我們希望在學校土地上種樹，讓孩子可以享受綠意、體驗生態……

現在，孩子下課後很少有自己的時間

以前，放學回家寫完功課後，孩子們就可以到處玩耍，現在的孩子則得上安親班、補習班或才藝班，我們的社區營造並沒有注意到這一點，將孩子可以自己玩的時光又交給另一種學校，我覺得學校跟社區一定要協力擔起這個責任，不能讓家長單獨承擔照顧自己孩子的責任！孩子一定要有充裕的時間跟同伴一起玩或自己去探索。

以前，大人不管孩子的功課和遊戲

現在父母幾乎都會介入孩子的功課，可是孩子卻愈來愈被動，反問爸媽小時候是否有父母監督指導功課？大部分都說沒有，為什麼？因為當時的父母沒時間也沒能力來管孩子，結果孩子反而得到自主學習的機會，從小練習自己安排時間、功課和遊戲。

現在的父母大部分並沒有回想到這點，只想到功課好的學生才有機會，所以現在經濟好了，便多花一點時間在孩子的功課上，結果適得其反，反而變成控制孩子，孩子反而失去自主學習的機會，所以變得很被動！

有人會問現在的孩子應該很幸福才對，辦生日派對、吃麥當勞、玩具多、假日能出去

玩，怎麼會沒有快樂童年？

我們只要思考**「孩子能自由自在地跟一群同伴亂玩的時光，一星期有多少？」**答案：非常少。尤其現在又有電腦和電動的吸引，孩子基本上透過群體遊戲互動來發展人際關係的機會慢慢地被剝奪，透過自己創造發現的快樂愈來愈少，童年的記憶也愈來愈模糊！

孩子有很多美好素質是沒辦法在課堂上學到的，就像熱情，還有傻勁，是要在玩的過程中才能磨練出來。

以前遊戲不強調競爭，不會怕輸，有互助的樂趣，但現在孩子就很怕輸，怎會有熱情？該如何做才能培養出孩子的熱情出來？就是需要那種毫無顧忌的玩，玩到忘我，忘掉輸贏……就是那種有伴的感覺，就是很過癮的感覺。

童年的快樂很重要，現在雖然時空不同，但依然可以實現。事實上不是環境改變，而是我們要先認同過去那種童年黃金歲月的價值，讓客觀條件得以成形，再去推動觀念。台灣孩子真的可以擁有美好童年，只要我們願意！這是大人責無旁貸的要務。

歡迎加入第十名俱樂部，中等生反而出頭天！

王文靜（商周集團前執行長）

我在基隆海邊的八斗子長大，每天都伴著海浪聲起床。鄉下充滿自然的體驗，讓我的「五感」充分地展開來。家裡有五個兄弟姊妹，父母忙於生計，無暇照顧到每個小孩，也因此給了我們很多的空間。爸爸是從大陸逃難過來的，危機意識很重，彷彿隨時會流離失所，他常常叮嚀我：「妳是老大喔！凡事都要能扛起來喔！」

爸爸是影響我最深的人，從小就灌輸我許多責任感。

反觀現在的孩子，為了維持好成績，無法多元發展志趣。對照大多數後來有成就的人，他們小時候功課也只是中等，沒有太多壓力，可以依照自己的興趣發展，因此有所謂「第十名現象」。

我從小功課就不是很好，連第十名都排不上，只有二十、三十名；加上知道自己不夠傑出，不容易被注意，所有機會都必須要自己去掙來，這對後來的工作發展有很大的幫助，因為我早已經替自己打好預防針「人生的失敗是必然的，人生的成功是偶然的」。

我的工作常常是訪問成功的人，看到他們的成功理由，都在態度、個性的認真和堅強，而不是擁有多少的技術和學問。個性佳、EQ高，要如何驗證呢？智育好，容易用分數看出來；但隱形性格的部分，是沒有辦法被量化的。

分數至上的父母，只注重有分數評量的學業。華人孩子們共同的問題是IQ很高、EQ很低，因為成長過程中，所有精力都放在「學業」，一旦遇到小小挫折就想不開，成績不好或沒中請到獎學金就想要自殺。

華人父母過度望子成龍、望女成鳳的結果，卻讓孩子在許多事情的經驗和處理能力上留下空白，進入社會後功課雖好但卻不堪任用。這和我接觸過的很多成功人士相較起來，簡直是強烈對比。

中國大陸「重智育、輕德育」的狀況尤其嚴重。

郭台銘曾分享過一個故事：

有次，他回山西老家，一個中年男人在橋上哭，問他為什麼哭，中年男人說：「我很努力賺錢，因為我希望孩子可以在努力讀書之後，吃到雞腿，所以我們家的雞腿永遠是給孩子吃的。可是，有一天我生病了，太太就把雞腿給我，沒想到兒子竟說：『你怎麼可以搶我的雞腿？』就打了我，把雞腿搶走。」

這故事也讓我省思：**到底什麼才是父母應該給孩子人生的最好禮物？**

我看過太多有錢人都不快樂，所以快樂比有錢更難得，快樂的境界比有錢的境界更高。雖然富有比較容易快樂，卻也常常成為金錢的奴隸。

所以，我想要送孩子的最好禮物，應該是「知足」二字。當一個快樂的人，是比有錢更難能可貴，教會孩子「有錢可以很快樂，沒錢也能夠知足」，所以，考好不好、名次高不高，都比不上知足快樂重要。

職場成功要看全方位，而非單一表現

除了快樂，也要送孩子邁向成功的七大能力

邱文仁（104人力銀行前總監）

我媽媽對我的童年影響很深。她是老師，對我非常非常嚴格，每個週末都在教我寫作文，敦促我大量參加比賽。我的童年印象都是在比賽，包括寫作、演講、錯別字、畫畫、歌唱、舞蹈……

媽媽不容許我挫敗。成績也必須名列前茅，小學、初中、高中都是第一名、拿市長獎畢業。

可是我覺得很不快樂，從小壓力就很大；然而從另一個角度來看，童年的嚴格教育練就了扎實的基本功，長大後擁有不少主場優勢。雖然童年不快樂，可是人生要獲得什麼樣的能力，就要付出什麼樣的努力代價。

我仍然感激媽媽費盡心思地栽培，讓我獲得謀生的技能，例如我在104做行銷，需要大量運用文字書寫能力、口語表達能力，到處演講、接受採訪、發表著作……從小到大長期培養寫稿和表達的能力，讓我反應非常快，在任何狀況下，都還保持著邏輯清楚的頭腦，思路泉湧，應付自如。

最不能釋懷的，則是童年無法快樂開心地過，如同電影〈神鬼認證〉男主角被制約訓練成冷血殺手，雖然後來失去記憶，可是一受到刺激他就使出殺手的本能，我也被訓練成那樣，身不由己。

讀書要第一、比賽要第一，只能勝利不能失敗，這種不由自主的驅力讓我非常不開朗。

一直到了近三十歲，因為朋友的影響，閱歷比較成熟了，才漸漸把勝負看得雲淡風輕，人生也因此快樂許多。

所以，如果我進階為母親，我也會訓練孩子基本功，但不會給太多的壓力。

人不只要學會能力，也要學會生存智慧。

金融風暴經濟蕭條之下，不幸被裁員的人是真的能力比較差嗎？講白一點，也許只是跟主管的關係不好、人際關係不佳等因素而被裁的。

我們得隨時自我檢視：在績效上是贏家嗎？在人際上是贏家嗎？職場成功是要看全方位的，而不是只依賴單一的表現。

教養小孩除了學業競爭、升學考試之外，多跟孩子講一些人生的道理，從日常生活中取材、舉例，讓孩子自然而然學會如何與人相處，訓練他們如何做出正確判斷。

在人生職場上要順利成功，需要具備七種最重要的能力：第一是業務力、第二是雙語力、第三是專業力、第四是個性競爭力、第五是財務能力、第六是創造力、第七是國際力。教育小孩，也要從這七大能力去著手。

媽媽對我的教養方式，雖然不一定是最好的，但我仍然衷心感謝，因為她深信這樣做有利於未來發展，只是她覺得如果能重來的話，一定會讓我更快樂一些。所以，我覺得父母對自己要有信心，不要給自己太大的壓力，不要自責沒有辦法給孩子最完美的。為人父母千萬不要陷入跟別人的競爭與比較之中而覺得自卑，只要自認已經盡心盡力，就會是子女心目中最棒的父母。

跟孩子一起享受童年，發現人生的真幸福

樊雪春（台灣師範大學學生輔導中心研究人員暨諮商心理師）

我從沒上過安親班，國中以前也沒有補過習，我最好的老師就是嘉南平原。

國小下了課我就會走田埂回家，附近有家番茄工廠，淘汰的番茄就會被流放出來，沿著田埂旁的水溝發芽生長，目睹一大片番茄的意外成林，真是生命中滿特別的經驗。

所以我覺得嘉南平原是我很重要的老師，讓我對季節的感覺非常敏銳，讓我不花錢也能自得其樂，例如春分插秧，田裡都是水，所以只能在旁邊的竹林、溝渠裡採番茄、木瓜或釣魚；夏至時，稻子長到一定高度了，就可以釣青蛙；秋天採收過後，田也乾了，於是秋到冬可以玩蓋茅屋。這對我的影響非常大，因為當我成為老師的時候，比較能體會因時制宜的道理，知道什麼時候是可以教，什麼時候是不能教。

反觀現在的孩子，一直重複在寫測驗卷，我女兒常說：「**媽媽，今天有四張考卷，我都沒有時間做我想做的事情。**」因此，我們沒有讓孩子去安親班，我們認為，讓小孩子覺得學習是快樂的很重要，像我們鄰居小孩，每天去安親班，晚上九點多才回來。

孩子如果一直處在這種高壓狀態，我認為一定會造成心理情緒的負面影響，也許現在憂鬱症患者愈來愈多，就是跟這個有關。

考試的功用是用來了解孩子學習狀況，成績不是絕對，所以我不贊成重複練習做功課，那是邊際效用遞減，更會因小失大，例如創意。

此外，問題孩子也會因此增加，壓力之下，不是順從就是反抗；順從的變憂鬱，反抗的變叛逆。因此，如果孩子有幸遇到好的父母親、好的老師，用比較正向的方式帶領孩子，他們當然就可能變成很傑出的人。

小學生壓力過大的狀況，依據兒童心理治療師的觀察，就是看他有沒有突然尿床，因為尿床和控制有關。大部分的孩子沒有很好的心理語言，沒有能力說出來，所以回家不知怎麼跟父母說，可是會反映在行為上，所以孩子會尿床、做惡夢，再來是突然不想上學、成績掉下來，或是回家的時間變晚。所以當孩子有這些舉動時，父母就必須注意。

體罰對孩子的心理傷害尤其嚴重，有人問，「打」有效嗎？打絕對有效。但是**打的問題是後面的苦果：孩子會變成不打就無法自發性學習**。所以絕對不要打，一打就完了。

從事心理輔導工作多年的經驗是：體罰造成的傷害，其實不是被打的人，而是在旁邊看他被打的，因為心裡會想：哪一天就要輪到我了？這樣的心理壓力最大。「殺雞儆猴」，雞還好，被打久了，麻痺了，常常心理上最受傷的是猴子、是那個沒有被打的，因

此戒慎恐懼，一生都沒有辦法放鬆。

身為母親，我主張讓孩子擁有快樂的童年，保持自動自發的學習態度。重點不是考卷寫得多不多，而在於孩子的意願、學習的動機，喜歡的話，寫一百張都沒有關係。

我跟我先生都是博士，在社會被認定是菁英，可是回過頭來看，我們快不快樂？菁英階層會得到社會較多的尊敬，比較不會被壓榨、被喝斥，但這樣就保證幸福嗎？所幸我們夫妻價值觀很一致，外在的名利成就再高，都覺得沒有比跟孩子在一起更幸福。

跟孩子們一起享受童年，我覺得就是最大的快樂，再忙都要撥出時間陪孩子，參加他們的運動會、母姐會、校外教學，「enjoy and be happy!」

我們的孩子也反過來教導我，人生就是要把握跟家人的相處時光。

如果沒有這兩個孩子，我和先生到現在四十郎當，恐怕會渾然不覺讓自己的人生陷溺忙碌漩渦而罹患憂鬱症。還好，有了孩子之後，才真正發現，原來這就是幸福人生。

PART II

Story!

為了孩子辦教育，人生從此大轉彎！

真心愛孩子就要做好孩子的教育，主動安排，不靠被動運氣，讓美好人生成為他命運中的必然，而不是偶然。幫孩子教育出正面的人格特質最重要，這才是教育的根本價值。

但很多家長只想到要給孩子能力，忘了要給他們更重要的能量。

因此在孩子人生價值和生活能力的最佳塑造期──小學階段，就要幫孩子們充電，培植長遠學習的動力，在各種生活環境中探索體驗，累積解決生活問題的能力，從小就打好一生能量源頭的基底⋯⋯

安親，不是課後生活的唯一選擇

女兒從我為她創辦的幼稚園畢業了，上了小學，課後可以念太太自家開的安親班，我似乎再也不用這麼勞心勞力了。但問題是，女兒連自家的安親班也念得不快樂，這對我來說真是一個大警惕……

回想十年前我在商業周刊擔任副總編輯，一九九九年五月女兒出生，原本離我遙遠的教育議題突然變成切身焦點，我開始不斷思索，該為女兒追尋怎樣的理想教育。剛好教育部開辦首屆小學英語師資培訓招考，我突然靈機一動想利用此難得機會，獲得教育大學進修的機會。我很幸運考上，後來為了專心進修教育學分，在二〇〇〇年毅然辭掉副總編輯工作。同時利用時間，開始幫剛滿週歲的女兒找尋理想的幼兒園。

不看不知道，看多了才發現，台灣的學前教育非常制式化和商業化。不知不覺看了四十三家，失望之餘，只好痛下決心自己辦幼兒園。投下畢生積蓄，將位於台北縣永和市，自己住了三十多年的透天厝，經過三年籌畫和施工，改建成我心目中理想的幼兒園

〈關鍵聯想〉

我一直認為孩子最重要的學習階段在小學，透過經營安親班的過程中，我從中觀察小學教育的得失，逐漸萌生辦一所理想學校的夢想。

——「雅德賽思幼兒別墅」。為了孩子的教育，我的人生竟然從此大轉彎。

在「幼兒別墅」裡，女兒和其他三十多位孩子，擁有自在快樂的幼稚園時光，終於畢業了。誰知，我為她付出的教育奮鬥史並未因此停歇，反而隨著女兒上了小學，又跟著更上一層樓。

二〇〇五年，女兒大班畢業上小學，課後在媽媽開的安親班就讀。花了畢生積蓄為女兒創辦理想的幼稚園，和她一起畢業的同學家長，一直催促我再開一家理想的安親班，但我苦笑說已經沒有多的三千萬再燒了！只好請這些寄予厚望的家長，另覓合意的安親班。何況女兒念自己媽媽開的安親班，應該可以符合自己的理想了吧？

在幫助太太創立安親班時，我們也賦予了與眾不同的使命。家長稱讚我們是「森林小學」，有別於一般安親班的擁擠、狹小，而是兩間公寓的一樓和庭院打通的大空間，三分之一空間分成兩間大教室，平均一間二十幾個學生，而剩下三分之二空間規畫成圖書室、遊戲室、視聽室，希望讓孩子的課後生活能夠舒適豐富，而不是待在擁擠無聊的「牢籠」。

沒想到女兒讀了我認為理想的安親班一年之後，我問她的感覺？她竟說不是很喜歡，因為總是有人欺負她，在午休睡覺的時候踢她。問她為什麼不跟媽媽說？

「這樣的話，媽媽就會沒有生意了。」女兒很貼心地說。

我分析的結果，根本沒有所謂理想的安親班，會送到安親班的孩子大部分都是因為父母忙，安親班變成幫父母安置小孩、盯功課的狹小教室，無法讓孩子海闊天空地自由外出探索，本質上是一個有壓力的場所，很多孩子根本不想來！也許那個欺負安親班主任女兒的孩子，就是希望藉此行為，讓自己被趕走，以後就可以不用來安親班受罪了。

發生了這件事，讓我慎重思索女兒小學階段的課後問題。

在安親班的拘束環境中，就算不被欺負，也會有不好的影響，因此我下定決心打破安親班模式，成立一位老師只帶四位學生「共學共遊」的課後教育，追求海闊天空的生活體驗。

二○○六年女兒小一升小二的暑假，我白天放下工作，帶著她到處探索，但帶了一、兩天只能投降放棄，不只女兒會因為我是爸爸而學習效果低，更因為我的事業也快要因此而停擺了。

當時幼兒別墅正值招考新老師，恰好有個各方面條件都很好的小學老師來應徵。

「為什麼不去小學當老師，要來這裡當幼教老師？」我好奇問她。

「現在小學根本進不去。」她無奈地說。

記得二○○○年我小學師資班結業時還不乏教師缺額，沒想到幾年後少子化問題如此嚴重，加上師資多元化後，競爭益加慘烈。這位老師很優秀，可惜我要的是幼教老師非小學師資，只好跟她說抱歉。

〈關鍵聯想〉

有精采的老師，才有精采的教育活動，因此我花了許多時間心力徵選符合理想的老師，老師本身的生活經驗是否豐富、是否具有教學熱誠，遠比學經歷有多豐富、證照有多少來得重要。

目送她離去後，內心突然有股難過不捨，覺得一定要想辦法僱用她，便打電話給她。還記得那位老師說，她正在回宜蘭老家路上，雖然我心裡沒個譜，不知道僱用她來做什麼，但我一通電話，她馬上趕到，那天夏日午後的滂沱雷雨使她全身濕透，她的熱忱讓我十分感動。

我跟她說，她唯一的工作就是帶我女兒。

「要怎麼帶？」她很納悶。

「你就帶她去動物園，有什麼地方可以參觀就去。」

隔天她真的就帶我女兒去了動物園。女兒回來之後興奮地跟我說：「爸爸，老師帶我去大象林旺館那裡耶！」接著她又考我：「你知道大象林旺小時候的名字叫什麼呢？」我搖搖頭，「不知道。」她興奮地公布答案：「叫小花！」

其實，我已經帶她去動物園N次了。我帶她去時，這些知識說明她都沒興趣看，為什麼換成老師帶她去，她就知道了呢？我想是因為父母對孩子而言，就是「索求」的對象，我帶她去動物園就只想吃喝玩樂；老師帶領，她就會很認真學習。當時她才小一要升小二，國字不懂幾個，居然會熱情求知，猛問老師。這些細節讓我發現——

父母不適合當老師，交由專業老師來帶女兒，是個很棒的決定。

〈關鍵聯想〉

如果家長有意願讓自己的孩子，在這樣的課外學習環境下成長，我建議愈早規畫愈好，甚至孩子還是一歲、兩歲時，就可以開始進行「邀集學伴、共聘教師」的準備。

可惜，那位老師帶了一、兩天就不做了，原因是她父母覺得這個類似「家教」的工作不是長遠之計，所以在宜蘭幫她找好職務。但她認為這是很棒的教育工作，便幫忙在全國教師會網站刊登徵師訊息，果然，立刻有老師回應，而我也同時在人力銀行網站徵人，沒想到居然有幾百個人跑來應徵。

還有一個值得令人深思的現象。

有了專職老師帶她一個人到處探索，我就問我女兒說：「怎樣，不錯吧？」她說：「好無聊。」因為沒有伴！我才意識到，原來有沒有伴是這麼的重要！

於是我連絡當年跟女兒幼稚園一起畢業的八位同學，沒想到大家上了安親班之後都覺得很痛苦，所以我就集合大家，要他們暑假先不要去安親班，所以，幼稚園的「畢業生」們都回來了。我一開始讓他們免費參加，所以他們都願意嘗試看看。試過果真滿意，再討論平均分擔教師薪水時，每位家長都覺得非常合理！

二〇〇六年暑假無心插柳，這種類似家長互助會，「邀集學伴、共聘教師」的課後教育模式，奠定了「共學共遊」兒童學社的發展基礎，後來加入的學生和老師愈來愈多。從此，女兒再也沒有回到制式的安親班，跟著一群孩子們展開了全新的課後生涯。

童年美好經驗成為理想教育的基礎

童黨，凝聚孩子無比學習力量

我很「幸運」，遇到一群踏實認真的鄰居小孩，從小玩在一起，成為互相砥礪的同儕。我有時會想，當時如果我們分開來成長，不知道會怎麼樣……

我沒有顯赫傲人的身世，也沒有智商破表的天賦，應該很輕易成為凡夫俗子。然而可能是因為我「幸運」的成長歷程，硬是幫助我踏出一條與眾不同的人生道路。

提早練習與體驗——讓學習從困難變簡單，也建立自信心

家中有七個兄弟姊妹，我排行老五，上面有四個兄姊，年齡差距很大，各年級各科的課本應有盡有，或許是因為小時候家裡太窮，沒有什麼故事書可以看，所以哥哥姊姊的課本就變成我的唯一讀物，不知不覺就從小養成喜愛學習的習慣。

因此，小學的課程對我而言，變得很簡單，學業成績和自信表現都很好。那時候本來

〈關鍵聯想〉
不揠苗助長，也不執迷於贏在起跑點，只是多多提供孩子未來可能遇到的情境，多多提供和鼓勵孩子去體驗和體會，未來的成長和學習就會變成一件很輕鬆自在的。

以為自己很聰明，但其實是因為我先看過了，有印象了，雖不是完全理解，但等到老師教時就比較容易進入狀況。

相對於我「幸運」的學習歷程，我大哥剛好跟我相反，因為他一切都要從頭開始，努力用功也不一定有好成績。這樣的經歷讓我體會到：

「共學共遊」的教育模式其實可以適時提供孩子比較成熟的體驗、接觸和學習超乎年齡的事務。

大人不用害怕孩子會無法接受，也不需要馬上跟孩子分析、解釋得很清楚，等到他們長大後自然而然就會懂。有時這種會被以為是一種無師自通的直覺，或是天生聰明，其實大都是先前的經驗累積的印象，這對孩子的成長、自信心的建立，其實是很有幫助的。

童年一起成長砥礪的好朋友，是成功人生的最佳助力

我在台北縣三峽鎮長大，在四十多年前，那算是很偏僻的鄉下，每年國中畢業生難得考上建中。然而我的同學，連我在內，竟然有七個考上建中，這是非常不可思議的。

我想這又是我另一個非常「幸運」的學習歷程，遇到一群踏實認真的鄰居同伴，因為住得近，從小共學共玩，直到國中畢業，誰家有書就去他家看，自然形成互相砥礪的好同

學、好朋友。

我常想，如果我們這群好友當時是分開來成長的話，不知道會怎麼樣？

毫無疑問，失去了這群共學共遊的夥伴激勵，那股上進的衝勁，勢必孤掌難鳴而欲振乏力。童年時期一起長大、共學共遊的夥伴，竟然對我的人生發展有如此重大的影響，這也更加堅定了我推廣「邀集學伴，共學共遊」的教育理念。

孩子的玩樂學習都是需要同伴的！

這點從卡通裡都可以發現：科學小飛俠裡面有五個人、天線寶寶有四個，海綿寶寶也有派大星、章魚哥這些朋友，海綿寶寶甚至還去上班呢，所以他有個「蟹老闆」得服從。然而現在的孩子，放學後不是待在家裡，就是關在安親班，缺乏呼朋引伴共學共遊的機會和情境，失去了同儕互動、情感交流的激勵成長，實在可惜。

因此，讓孩子擁有一群相惺相惜的長期學伴，是我們最大的目標。剛開始也許每一個人都不是很優秀，但是透過同儕之間「你給我一點、我給你一點」，彼此可以長期互相砥礪，累積成長。

momo親子台「幸福加加油」採訪

課輔，不該拂去孩子的學習能量

孩子的學習得知道怎麼去「用」，然後才知道「不足」，進而激發渴望學習的能量。現在學校裡的教育都是缺乏動機，不是因為學生想學所以要去學，而是因為一切都已經被安排好了……

很多家長只想到要給孩子能力，但忘了要給他們更重要的能量。所以我覺得在小學階段要幫孩子們充電，不是要他耗盡心力學好美語、數學或才藝技能，而應該是要注重身心健康、充滿學習動力，從小就打好一生能量源頭的基底……

何況孩子本身就充滿了生命力，所以，家長與老師只需要知道怎樣引導他，而不是一直去壓抑他，不應該犧牲未來的無限能量去換取眼前有限的成果。

我們應該培植孩子長遠學習的動力，在各種生活環境中探索體驗、累積解決生活問題的能力，不要像補習班安親班，只追求課業輔導成績分數，只強調英文數學珠心算才藝。

從孩子放學到晚上父母下班，老師有三到五小時的時間可以安排許多有趣活動。平日放學時，老師自學校接孩子到某位家長家（活動場地）寫完功課後，就可以學習生活技能，

〈關鍵聯想〉

平時讓孩子有一些真實情境是最好的，但真實人生體驗是可遇不可求，而且代價太高！或許透過生活教育和虛擬實境，可以輕鬆又有效地開拓孩子的人生歷練。

如製作餐點、電影欣賞、閱讀、下棋等嗜好培養。每週三或週五下午固定安排遠程外出活動，平時也會到附近公園運動，甚至到圖書館蒐集資料做更深入的主題探索。

被安親班視為「重點服務項目」——寫功課，反而不一定是老師優先完成的任務。家長加入「共學共遊」團體的目的，是希望孩子享有豐富活動與課外行程。功課可以晚上帶回家再寫，而且大人本來就不該幫助孩子寫功課，才能呈現孩子實際的學習成果。然而現在孩子功課都在安親班被「加工」完成，隔天交出完美的家庭作業，學校老師如何從學生的作答看出真實的學習狀況而調整上課進度？這對孩子在學校教育的學習反而有害無益。

教育方式的優劣與人生幸福與否息息相關，父母對孩子最真誠的期盼，就是希望孩子未來的人生能夠幸福，但怎樣才會保證幸福？就是給孩子最好的教育，啟發獨立自主的大能力，讓他能勇敢開拓自己的人生道路。

教育孩子能獨立自主，不能等到長大成人以後才開始，小學階段正是孩子人生價值和生活能力的最佳塑造期。

小學明明沒有升學壓力，正好是訓練獨立自主的好時機，可惜時下父母仍停留在「學業至上」的思維，讓孩子的寶貴童年浪費、淹沒在功課洪流之中，斷絕生活教育的必要養分。教育，就是給土壤，讓孩子茁壯成長。我確信「共學共遊」課後教育的肥沃土壤，將是我送給孩子人生幸福的最佳禮物。

找到好老師，替孩子儲備人生顧問

師友，是帶領孩子人生飛翔的翅膀

孩子能擁有一輩子的師生、同學關係嗎？國小、國中、高中、大學畢業了，師生同學關係時間一到就要重新歸零，孩子的學習生態系統每到一個階段就要被喊卡……

回想我的成長歷程真的非常「幸運」，兒時有一群共同成長的鄰居同學玩伴，一直陪著度過國小國中階段。國中更幸運遇到一位好老師，他們都是我人生的貴人。所謂貴人，並不一定是給你物質幫助或具體財富的人，而是能引導你人生向善，最可貴的良師益友。

由於家裡是工廠，連一張書桌都沒有，國中時期在班導陳淑梅老師的關心與提議下，父母同意我到老師家寫功課，讓原本痛恨寫功課的我，上了國中卻因為喜歡導師，而願意寫功課了。陳老師是藝術大師李梅樹教授的外甥女，一家人充滿文化氣息。陳老師除了提供我寫功課的地方外，並沒有再特別教什麼；所以，我一有時間就廣讀老師家的藏書。

仔細分析起來，因為我國中小都在很棒的教育氛圍裡成長，有感情要好的老師和同學陪伴，學習也變成一件樂事，因此輕鬆考上第一志願。可惜，這氛圍到了人人稱羨的建國中學後，反而消失了。同學來自四面八方，上學放學來去匆匆，缺乏熟絡交集。再加上升學主義競爭壓力，讓我的學習興致跌入谷底。

記得我進建中的第一堂課是生物，課堂上老師說：「你們考上建中先別高興，如果三年後的那場戰爭沒有打贏，你們什麼都不是。」然後開始講解聯考試題。

建中老師第一堂課就灌輸這樣功利的價值觀，讓我非常錯愕失望。我原本一心嚮往建中自由學風，追求智慧成長的憧憬，頓時幻滅！

老師要成為學生的人生導師

當時，有本暢銷書叫《拒絕聯考的小子》，作者是建中的學長吳祥輝，大我沒幾屆。我高二讀到那本書，就等不及要拒絕聯考，不想再讀下去了。我想主動休學這件事爸媽一定不答應，所以我去翻校規，研究要如何被建中退學，結果發現「無故曠課十六堂自動退學」這條校規，如獲至寶。

我還清晰記得決定曠課當天便當的菜色是茄子和荷包蛋，高二下學期才剛開學，我在建中對面的植物園逗留，忍著冬末初春的寒意，枯坐到中午，飢腸轆轆地吃完冷便當，繼續看閒書。第一天熬過了、第二天熬過了，一天八堂課，兩天剛好十六堂，應該夠了。第三天一早，我急忙跑去教室拿點名簿一翻，居然沒有記我曠課，我立即去找導師理論。

「我以為你生病了。」導師回答。無論我怎麼說他就是不肯記我曠課，令我懊惱不已。

〈關鍵聯想〉

我們常常強調企業要請顧問，可是我們的人生為什麼都沒有聘請顧問？難道我們都沒有警覺到經營人生其實比經營公司更重要！更需要顧問！好老師，就是孩子的人生顧問。

我當時非常熱衷參加國學社的活動，指導老師是文化哲研所畢業的辛意雲老師，他的藝術造詣很高，國學底子也很深厚。講的是人生道理，像是「孔子鼓勵弟子要有自己的志向，所以我們也要追求自己的想法和志向」等，拿古聖先賢的智慧啟發我們，令人耳目一新，如沐春風。尤其是講述《史記》項羽自刎的那一幕，非常精采又深富感情，聽得我們都快要哭出來了。他是我最敬仰的老師，一有心事就會去找他傾訴。

當天放學，辛老師陪著我一路走到站牌等車，後來又邊走邊聊，居然陪我走了兩個小時到達永和。他耐心傾聽我的心聲後，便勸我說：「聯考是必經過程，你一定要進入台大、拿到那張門票才能實踐夢想，如果你現在退學了，就沒有這樣的機會。」

由於辛老師的引導和鼓勵，原本念理組的我一上高三立刻轉文組，決定要考上台大的文史哲科系。認定目標埋頭努力，短短一年成績從谷底翻升，考上台大歷史系第一志願。

如今我已年近半百，辛老師的教誨仍在我心中迴響。

當老師就要成為人師、成為學生的人生導師，一定要讓學生看到自己、看到更遠，縱使老師不在身邊，這些教誨還是會繼續影響他一生。

雖然建中沒有我國中小時期親密的師生夥伴，然而我很「幸運」參加了國學社，又得到了一個志同道合的教育生態系統，學習動力因而獲得茁壯生機。

好的教育，單靠一個人的力量是不行的，辛老師，加上國學社同學、辛老師的老師、還有他們的著作等，才足夠深深影響我。

好的教育，不是一個人說了就算，要集結一群師生、醞釀一種氛圍、感染一種情緒、強烈傳達一種生命情操給孩子。

要為孩子醞釀一個教育環境和生態系統，當做是一輩子的事。很多人主張「終身學習」，但現在的教育體系中，卻缺乏終身的師生同學關係。國小、國中、高中、大學……每個階段的師生關係一畢業就重新歸零，孩子的學習生態系統每到一個階段就要被喊卡。

所謂：「一日為師，終身為父。」師生學習夥伴應該是一輩子的關係。現在，我們的教育體系中一直忽略這件事。我常舉的一個例子是，孔子的學生有畢業嗎？好像沒有，他們的學習是沒有課表、年級之分的，師生情深終身互動。我認為，唯有讓師生同學關係長久，才能讓正面的教育深入，影響孩子長長久久。

因此我理想中「共學共遊」教育模式：老師、同學可以從小一相處到高三，如同孩子的終身顧問，陪伴和引導孩子突破每一個人生的轉折。

透過這種終身教育系統，我們父母對孩子教育的主動用心，就可形成長程有效的實踐架構，孩子不必依靠被動的「幸運」，美好人生必定成為他命運中的必然，而不是偶然。

積極運用快樂與遊戲，有效培植孩子的競爭力

遊戲，讓教育與人生相通相繫

每一個老師設計的課程都不一樣，但都有一共通前提：不脫離真實人生和生活趣味。像是看地圖坐捷運巡禮大台北、探索活生生的自然與人文知識、體驗在地生活文化等，遠遠比在教室裡看投影片、紀錄片好玩得多……

我之所以要創立「共學共遊」教育精神的兒童學社，是看到目前的教育環境問題叢生，不但讓孩子不快樂，更失去了重要的競爭力。表面上，造就了用功苦讀成績優秀的學生，事實上，他們的幸福成功卻因此減損流失。「共學共遊」教育模式的本質不是只要孩子快樂、將未來的生存競爭放一旁，反而是積極運用快樂和遊戲的方式，有效培植孩子更強的競爭力，邁向幸福成功的未來人生。現在少子化造成教育機會過剩，全球化造成未來工作機會稀少。若依照台灣教育強調紙筆測驗，校內競爭成績排名，缺乏生活體驗磨練的「學業至上」傳統方式，是非常令人憂心的。

孩子一天的生活

早上10:00，老師們與園長開會
討論教學、準備教案等
咕咕
呱呱
啦啦
老師幫小孩裝飯、
準備中午便當
12:00前出發準備接
小朋友放學

然而，未來是全球化競爭的時代，
著重發揮個人特色與創意、講求團隊合作，才能發展生存。
父母早該放棄升學主義的窠臼，應該把教育重點從就學轉移到就業，
放在如何發掘孩子個人的志業特質，培養大能力，以因應未來人生挑戰。

教育的目標可以很嚴肅，然而教育的氛圍卻可以溫馨有趣。看過經典名片〈真善美〉的讀者，對裡頭一個老師帶著幾個孩子，在風光明媚的山坡上席地而坐、輕哼歌曲的畫面一定印象深刻。這樣美好的教育憧憬，只能在電影或小說裡出現嗎？我想不是的，至少在「共學共遊」的大前提下，我們施行的正是在生活中悠遊享受的學習模式。

反觀台灣孩子小學放學後，正過著苦惱的課後生活。不是長期關在「安親班」、就是忙於趕場「才藝班」「英文補習班」。學社老師每天利用課後以及假日時間，帶領孩子快樂學習。輔助學校教育不足之處，開拓豐富的學習體驗，協助忙碌父母實踐家庭教育理想，預備各種情境讓孩子深刻體驗生命並進而成長茁壯。

或許家長應該考慮讓孩子脫離苦海，可以合作聘請老師，組成「共學」團體，給孩子海闊天空的教育體驗：共聘一位老師帶領四至七位學生，大夥兒一起寫作業、討論功課、到公園運動遊戲、外出參觀增廣見聞、遊山玩水……多麼快樂，宛如電影〈真善美〉。

我們每一位老師都是經過嚴格的徵選程序，擁有豐富的學養和教學能力，更重要的是具備活潑樂觀的開朗性格。**在不脫離真實人生和生活趣味的共通前提下**，每位老師各自發

揮所長，**教學計畫無不獨特而多元、充滿生活創意**：像是引導學生看地圖坐捷運巡禮大台北、探索活生生的自然與人文知識、體驗在地生活文化等，就會比在教室裡看死板投影片和教材有趣得多、好玩得多。

每週三或週五參訪活動，運用機關團體組織，拓展孩子的生命視野：老師帶領孩子固定外出參觀天文館、科學館、圖書館、史博館……等不同主題的博物館，深入進行各項主題學習。

打開孩子敏銳的感受觸角，強化寫作力：而一般家長最傷腦筋的作文能力，其實是孩子缺乏體驗和感受所致，老師便藉著帶領孩子閱讀經典名著及欣賞電影名片，長期培養讀書興趣，建立孩子對文學的喜好。孩子有了感受之後，所謂「有感而發」，文字駕馭力自然水到渠成，作文成為輕鬆的文字遊戲。

運動改造大腦，讓孩子頭好壯壯：誰都不希望讓自己的孩子變成籠中鳥、飼料雞。孩子們堅實的體能訓練，更是我們生活教育的重點，老師會與孩子討論如何逐步學會單車、直排輪、游泳、體操、攀岩、跆拳、射箭、籃球、足球、棒球、羽毛球等好玩又健身的運動技能。

在生活中學英文，實用，孩子就記得住：如果孩子只在教室裡才會讀英文、黑板前才會講英文，這種無法活用的課堂學習不能成為孩子真正的實力。「共學共遊」的目的就是讓孩子實地逛街察看，蒐集英文的商店招牌、商品指示、看外國電影等，在生活中快樂學英文。

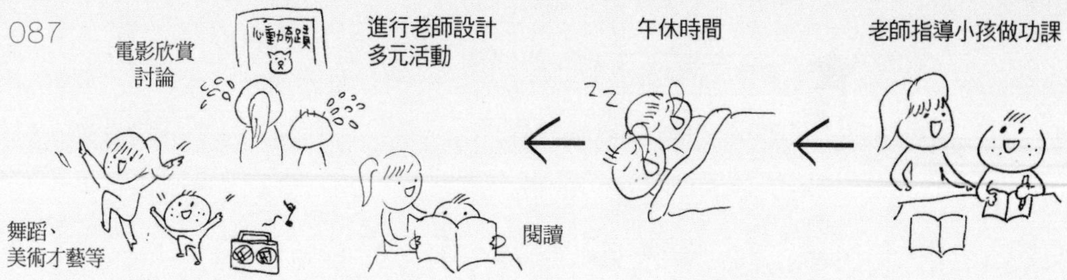

跨領域整合，多元學習國際觀：像我們有位主修俄文又曾擔任過劇團演員的老師，就辦過「俄文」體驗營，生活化的教學讓孩子從簡單俄語學習中，認識俄羅斯文化、美食、舞蹈，還教會孩子幾句遊戲童謠、排演短劇，也許算不上是多學一種語文，但至少能讓孩子輕鬆地接觸另一國語言、文化，建立國際觀，同時開拓多國語文基礎能力。

從當小老師、主持週會，讓孩子習慣團隊溝通的能力與技巧：現在台灣孩子最缺乏足夠的同儕互動，無從培養起領導統馭的能力，如果課後仍留在注重學業的安親班，就更沒有機會學到。因此設計活潑多元的活動，讓孩子互動密切，或經常安排不同議題的分組討論，學習如何形成共識及企畫執行，加強孩子團隊合作的能力就特別重要。

生活本身就是一本超級偉大的教材，而遊戲與活動本身，更是帶領孩子成長的最佳教具。在生活中學習、在遊戲中學習、在活動中學習。「共學共遊」的教育就是把握當下，無學不樂、無樂不作，每一個片刻都在為孩子締造健康成長的未來人生。

當父母看著自己孩子能夠開會討論籌畫活動、訂定主題、蒐集資料、擬定計畫、落實執行，甚至進行街頭愛心募款，或是自動賺取零用錢，養成獨立勤儉的生活能力，肯定會欣喜萬分。

透過「共學共遊」的模式，學會卓越能力就有如水到渠成般容易，比自己一再地對孩子緊迫盯人、耳提面命、說教嘮叨，來得有效多了。

一般家長如果知道，孩子能夠和老師一起規畫籌備寒暑假旅行，深入探索台灣各地；國小一年級的孩子也能在外過夜、旅行，甚至自己洗衣服、整理行李，肯定會覺得很驚訝吧？深具困難度的旅行，在稚嫩的小一學生眼中居然變得如此輕而易舉、樂在其中。

★ 有整天課的日子

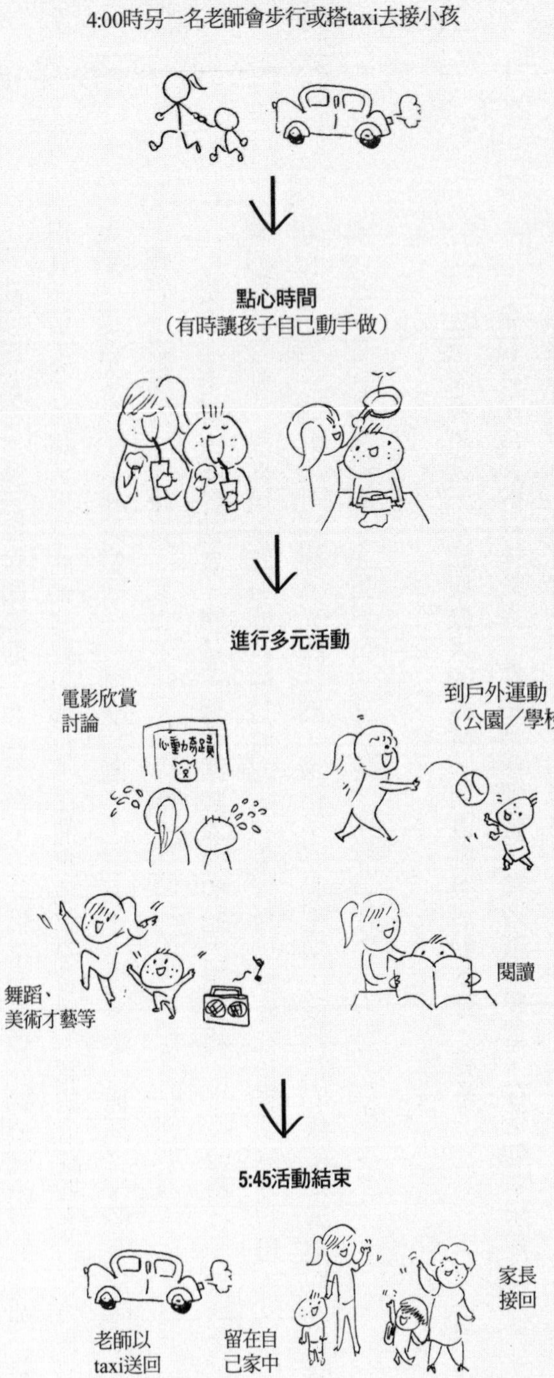
4:00時另一名老師會步行或搭taxi去接小孩
點心時間
（有時讓孩子自己動手做）
進行多元活動
電影欣賞
討論
到戶外運動
（公園／學校）
舞蹈、
美術才藝等
閱讀
5:45活動結束
老師以
taxi送回
留在自
己家中
家長
接回

其他重點活動

週三外出活動

利用下午半天參觀展覽、博物館、爬山、騎車等各項體驗。

中高年級假日活動

週六或週日一整天，帶領能力較強的中高年級進行較特殊或較具深度活動，如小小建築師（紙箱蓋城堡）、觀賞矮靈祭、山訓訓練等。

少年學社夜間暨外宿活動

通常是週六晚間至週日晚間，可利用晚上進行特殊活動（如到街頭募款、參觀創意市集…等）

一起過夜可讓孩子瘋狂玩樂、培養師生感情。

寒暑假長途旅遊

寒暑假都會安排一週以上的長途旅遊，去過的地點包括彰化、墾丁、金門、東海岸、台東、蘭嶼、綠島、嘉義、台南……

PART III

Enjoy!

共學共遊，啟發大能力

學習＝遊戲＝生活＝練習長大，讓孩子愛上人生各式各樣的「第一次」！

剛升一年級的孩子學拿鍋鏟、煎蛋捲；三年級的孩子能編雜誌、辦報紙；五年級的孩子就會辦活動、忙募款……

只有在孩子們嘗試的過程中，才能展現出他們個性中的優點與特色，以及需要練習與加強的地方，相信這是學校考試也難以測驗出來的，即使孩子能答對選擇題的選項，還不如讓他們親身體驗過那些選項，不是嗎？

從累積點數、比價、發行流通錢幣到記帳本

——數學應用vs.新生活運動

很多家長、老師會用「記點」的方式來鼓勵孩子。但如果能將點數功能從品格教育的獎勵，再放大為建立理財觀，是不是一舉兩得呢？

既然有沒有富爸爸或富媽媽，不是孩子能夠決定的，那麼，給予孩子正確的理財觀，就等於是給了孩子一張無限額度提款卡。「給孩子魚吃，不如給他釣竿」，如何在孩子童年時養成正確並且終生受用的理財觀？

給乖巧的孩子「記點數」「記嘉獎」，並不是什麼很新鮮的做法，很多家長、老師會用「記點」的方式來鼓勵孩子。但如果能將點數功能從品格教育的獎勵，再放大為建立理財觀，是不是一舉兩得呢？

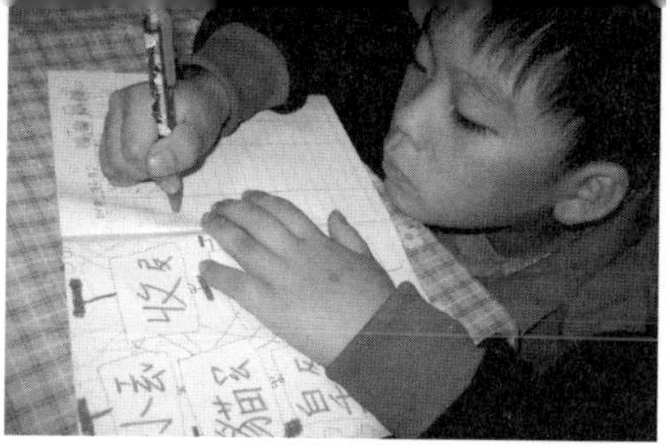

發行錢幣、練習記帳，培養「開源節流」好習慣

老師除了和孩子們討論上課時間做好份內的事，可以集點賺零用錢外，曾有老師讓孩子每週帶一張「貼心小乖寶」表格回家，讓孩子記錄回家後做了哪些家事，也增加孩子和家長一起做家事的機會。基本上每項工作工資一元，但家長若覺得工作難度高的，可以增加金額。孩子自創項目有：刷浴室、刷浴缸、對發票、照顧弟弟、唸故事書給弟弟聽、倒垃圾、煮飯……

為了培養孩子們「開源節流」的好習慣，做家事或其他所得的零用錢，都會讓孩子自己登記在帳本內，再由老師存入個人戶頭。

零用錢帳本除了讓孩子有練習計算的功用，並開始訓練「如何記帳？」「支出和收入和現在學的數學有關係嗎？」「什麼是結餘？」「記不清楚少錢了怎麼辦？」

有的老師為了讓孩子了解現實社會運作的「實際面」而發行「小貓皇后國」流通錢幣，「午餐」「點心」「購買自由時間」……都需要付費。同時，孩子們也自訂罰款規則，像是吃飯太慢、忘記帶東西、音量過大等，都要扣錢。

讓孩子由實際付錢、賺錢中，更清楚自己帳戶的餘額，並透過一來一往練習找錢、結算，在消費過程中，孩子若驚覺即將入不敷出，就會積極爭取掙錢機會。

另外，給每個孩子一張「提款卡」，可向老師提取零用錢。每個孩子必須小心保管自己的卡，一旦遺失便不能提領現金，也要記得跟老師申請掛失，否則別人撿到就可以把裡面的錢提光光！雖是一張假卡，但希望藉此養成孩子們保管重要東西的習慣。

打工賺取生活費＝孩子的獨秀表演

——鼓勵孩子打敗害羞、訓練台風

理財的觀念逐漸建立後，見孩子興趣濃厚，老師便打鐵趁熱鼓勵孩子上台表演。讓孩子們訂下本月目標：除了學會理財、記帳，還要有掙錢的好本領！

本來怯於上台發表的孩子，為了努力賺取生活費，紛紛自願上台講謎語、講笑話、說故事、唱一首歌、帶遊戲、擔任小老師、參加老師舉辦的注音或國字會考……

藉由一次一次的上台演練與觀摩，孩子們輪流當主講者，台下觀眾的反應一目了然：有人講謎語，一上場就直說自己的謎語很難、不好猜喔！吊大家胃口。當同學們直接回以一陣抱怨，才了解到這樣會「冷場」而趕緊講出謎題；也有的孩子頗有大將之風，侃侃而談，還會用吊詭的語氣製造懸疑氣氛，整個氣氛超 High……孩子終於了解到，要賺到十元還真不容易！再也不敢說：「只有十元，錢好少喔！」

貼心小乖寶

姓名：＿＿＿＿＿＿＿＿，日期：＿＿＿年＿＿＿月＿＿＿日～＿＿＿年＿＿＿月＿＿＿日

星期		(一)		(二)		(三)		(四)		(五)		(六)		(日)		合計
		孩子	父母	孩子	父母	孩子	父母	孩子	父母	孩子	父母	孩子	父母	孩子	父母	
上學前	折棉被															
	早起刷牙、洗臉、穿衣															
學校	上課回答問題／問問題															
	幫助同學															
	幫助老師															
放學後	上學喝水＿＿＿＿瓶															
	做功課（每項一點）															
	複習功課（每科一點）															
	整理書包，帶齊物品															
	幫忙洗菜／摘菜															
	擺碗筷／端菜／盛飯															
	自己用完飯（早中晚）															
	40分鐘吃完飯															
	收拾桌面／沖洗碗筷															
	掃地／拖地／倒垃圾															
	晾衣服															
	自己刷牙洗澡															
	收玩具															
	閱讀															
	寫／畫日記															
	練習鋼琴＿＿＿＿分															
睡覺	跟爸媽說悄悄話															
	10點上床															
合計：一共得到多少點																

※兌換規則：一點可以兌換＿＿＿＿＿＿元；兌換日期：＿＿＿年＿＿＿月＿＿＿日，

兌領簽收：＿＿＿＿＿＿＿＿零用金強制使用用途：＿＿＿＿＿＿＿＿＿＿

兌換規則可以比孩子年級數學程度再深一點的難度，讓孩子挑戰。

如果使用用途是跟學習相關（如買書、看相關展覽或影片），可以再有優惠，例如父母可補助1／4。

也可以填上家長希望孩子能養成的好習慣或嗜好，如閱讀、寫日記……

分兩格勾選，孩子先填、父母確認，可加強親子溝通：做事方法、學校發生的事……

兩樣新法寶：自由點數＋存款密碼＝讓孩子自我評量與擁有「不能說的祕密」

由於有孩子因為累積點數太低而傷心難過，老師心疼之餘，在檢討了原始活動設計後，想出一個「自由點數機制」，讓孩子自己決定每天在各項任務達成後，自己給自己幾點，還能自由加上他們自認為可以加點數的任務。

繼增加自我評量的「自由點數機制」之後，老師另外指派孩子一個任務，就是每天放學前，要計算出自己當天的「存款密碼」，還要「偷偷」告訴記點數的老師。（密碼就是加總自己當天可以得到的點數）

雖然孩子對計算每天的「密碼」感到有點困難，卻又覺得自己和老師之間擁有小小的祕密，感覺很棒，也不需要面對公布自己點數時，同學之間相互比較的心態。自從這兩個法寶一公布後，孩子們不管是打工表演、做事都格外積極與認真，甚至還會多做一些老師沒有規定的工作，增加收入呢！有時老師還會看孩子們整體點數的支出與收入，適時推出「免費點心」或「午餐優惠」等策略，讓孩子開心老半天！

更有趣的是，每天活動最後都有個高潮，那就是看見孩子偷偷地跑來老師耳邊竊竊私語講密碼，其他人也會很識相地別過頭去，大家真有默契！

思考轉個彎，原來數學好好玩──讓孩子愛上數學的遊戲

很多家長會覺得教孩子數學，最容易動肝火！往往弄得大人很生氣，小孩很痛苦。其實，只要花點心思，把數學變成遊戲，孩子就會忘記自己正在學「硬邦邦」的數學；比方說，孩子都看過〈柯南〉，如果把數學題變成一個推理遊戲，就可以降低數學的恐怖感！

老師曾出了一個題目：四個豬圈裡關了二十七隻豬，每個豬圈裡的豬隻必須是單數，每個豬圈裡都要有豬，究竟該怎麼關呢？

孩子的想法十分有趣：像是把豬分成兩半、把豬殺了、豬多生了幾隻豬……終於，有了跳脫的想法，轉為讓其中一個豬圈裡有一個小豬圈，卻又被困在單數雙數的麻煩裡。於是老師將旆旆的算法提供給大家，其他孩子們紛紛以此算法解出，但是聰明的旆旆卻又想到新算法，一個大豬圈裡面有三個小豬圈順利有了新解。

當老師說出正確的算法時，孩子直呼：「好簡單！」其實，數學偵探題只要思考轉個彎，就能順利解出！

老師們也改編了雷夫的「56號教室的奇蹟」中一些數學遊戲，其中「拉屎」變成孩子的最愛：選定一個數字如5，大家輪流報數，但遇到「5的倍數」、「數字中有5」的數字就必須以「拉屎」代替，講錯最多次者就被封冠「拉屎王」。還有人將難度提高，加入「數字相加或相減為5」（如23或61）。

「來玩『拉屎』！」這遊戲已經在孩子生活中生根了，像是在無聊的等車時間，已經

變成「拉屎」時間了，一邊玩一邊增加數理概念。

每次快期中考時，孩子們總是有些緊張，主動要求複習。老師不是請孩子拿出課本、寫考卷、解題，而是以「數字卡」複習數學，不用筆也不用紙，由老師唸出題目，孩子們直接在腦中思考後，然後用字卡比出答案。

當大家手忙腳亂找出欲回答的答案字卡的時候，老師又出了一題變化題，例如□×□＝36，孩子必須找出三組答案，思考方式剛好和平常背誦的習慣相反。

在複習遊戲中，大家竟然玩出興趣來了，一直要求老師再多出幾題，算得不亦樂乎。

數學與生活不分離——大家合作算數學

曾有個一年級的孩子辛巴對數學的乘法應用問題非常抗拒，不知為什麼要學乘法，老師就用孩子生活相關的案例舉例說明：「假設媽媽的麵店一天賺五千元，一個月賺多少？」、「假設辛巴月薪三萬四千元，一年賺多少錢？」並跟孩子分享如果不懂得乘法，有可能老闆少給你錢都不知道呢！先解決了孩子最大的疑問，再來就是如何讓他實際體會「數學對生活的影響有多廣」。下面例舉幾個不同時間不同需求下的生活數學案例：

- **購物應用：**一有外出購物行程，老師也會機會教育：讓孩子互問問題，對方只要回答

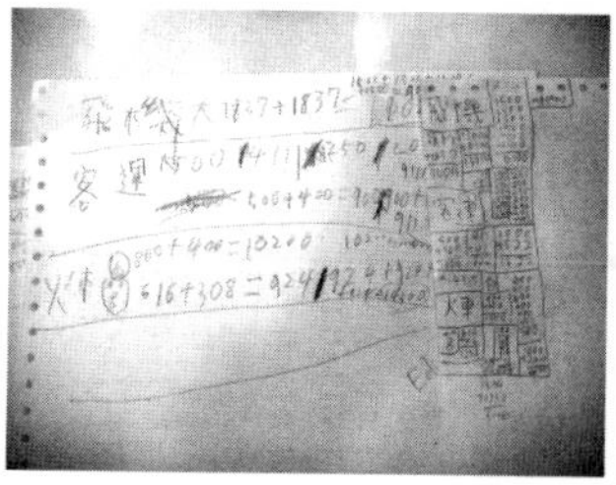

算式就好；買點心時也讓他們計算點心的費用：12元、15元的麵包各幾個？共多少錢？吃點心前老師還會出招，考驗曲折繁複的乘法應用題，兩人一組一起解答，過關才可以吃點心。在解題過程中，讓孩子們練習跟別人合作、如何解說給對方聽並達成共識而解決問題等。

- **交通工具選擇與旅費應用：**為了讓孩子對旅程規畫及經費更有概念，老師會以實例說明，例如到台東的交通方式有飛機、巴士、火車、包車等，如果所有人都去的話，交通費需要多少？哪一種交通方式最便宜？

結果，每個人算出來的答案竟然都不一樣，藉此讓孩子比較看看哪種方式最經濟實惠，因而更能珍惜旅程的一切。

後來，孩子們採分工的方式，每個人負責一種方式，最後終於把正確的票價都算出來了！答案是搭莒光號最便宜！大家一起計算複雜的數學問題，就不會感覺題目龐大複雜，也能互相觀摩。

- **幾個小二生平分一千元：**階段面試老師，每人一天一千元的資金讓老師任意運用，帶領初次見面的孩子出去玩一整天。當時，Eva老師就將一千元平均分配給四個孩子們，做為淡水一日遊的資金。

小學二年級的孩子可能生平沒拿過這麼多錢，他們紛紛問老師該怎麼花。每個小孩用錢的方式很不一樣，例如小兔打死都不敢坐船，所以就沒坐，但到快回家時又覺得要趕快把錢拚命花光才夠本。

有時不需一味地限制孩子別花錢，或許可以嘗試給孩子們錢，再觀察他們用錢的態度，適時引導或許對孩子們的理財觀、數理觀更有幫助。

• 學著精打細算買東西：採買，也是需要練習的。很多鮮少下廚的職業婦女忙到沒時間購物，不知米價、蔥價是多少，但老師可不希望孩子從小就對物資的價值沒有概念。在課程規畫上，有些假日活動需要採買很多東西，老師就會試著讓孩子結伴去買東西，起先大家都是看了就拿，直到聽老師說要怎樣挑選，例如罐頭有大有小、價錢也有不同，要怎樣挑到容量最多又最便宜的，可以看看罐頭上的包裝是幾克。這些「呷米不知米價」的孩子經過訓練，到後來連買衛生紙都會注意一包是幾抽呢，值得鼓勵鼓勵！

• 如何管好自己的錢包：在超市跟在傳統市場購物，感覺可是截然不同的。超市是一板一眼的不二價，但是傳統的菜市場就充滿人情味。孩子曾去雞肉店買雞肉，看到攤子旁放著一顆花椰菜（也是採買項目），便問老闆賣不賣，老闆說那是自己要吃的，不過既然他們想要就便宜賣啦！這小插曲就會讓這趟採買增添了一份成就感和冒險感。採買練習中，孩子也會逐漸注意到自己的用錢習慣是不是理想，像是找了很多零錢，如果全都要拿在手中容易掉，而且手上拿著大把的鈔票會不會被搶走呢？這些概念都是在每次的購物經驗中逐漸累積出來的。

Box

練習孩子需具備的生活能力

1.學習看複雜的圖表

- 方法：查火車時刻表、公車路線調查
- 概念：看圖表最困難的地方是必須比對縱欄和橫列的項目，交叉檢索出最適合的條件。如火車時刻表上縱欄是站名，比較單純；但橫列就複雜多了，有上行下行（搭乘方向是往北或往南開），又有假日加班車或區間車等不同路線，頗為複雜；縱橫交叉的時間點是火車抵達該站時間；但又有車次車種不同，停靠站數目不同，所花費的時間長短也不一樣，當然必須付出的代價——票價也不相同。讓孩子學習看時刻表，對未來自己規畫旅遊行程的幫助很大，也建立了看統計圖的概念。

2.人氣箱製作——生活vs.數學表面積計算

- 方法：引導孩子製作建立生活常規所用的人氣箱兩個，一個是反推（固定表面積求正方體的邊長）、一個是做出長方體求表面積。
- 概念：「人氣箱」是讓孩子們自由投入讚美或建議同伴小紙條的收集箱。一方面建立孩子的投票觀念，再者在製作投票箱過程中，孩子必須先算紙箱表面積。從測量長、寬、高後，再討論算法，從試算、失敗、爭論、找對方法，即使是已經學過表面積的高年級，也很容易被「邊長總和算法」或稍微複雜的運算過程給搞混了。三、四年級沒學過表面積、兩位數以上的乘法，便讓各組中懂的人當小老師教會不懂的人。雖然對某些孩子來說做表面積數學題不是問題，但拿到真實的盒子卻反而不知道該怎麼算、從何算起，是很有趣的現象。

大富翁玩上手，理財不靠富爸媽

——多元發展 vs.創造大富翁版本新玩法

可曾想過，玩大富翁方式可以很不一樣！這是一個為期兩個月的活動，完整養成孩子的金錢、數理觀念……

很多孩子都玩過大富翁，無論是早期的紙張版，還是後期的電子版，藉由大富翁的遊戲內容，逐漸培養孩子的理財觀。可曾想過，玩大富翁方式可以很不一樣！這是一個為期兩個月的活動，完整養成孩子的金錢、數理觀念……

從紙幣、幣值到機會命運卡，都有創新的玩法。進入大富翁情境教學活動的第一步，不是講解遊戲規則，而是教孩子「印製紙幣」。

老師先介紹有關鈔票的知識，像是分辨偽鈔、錢幣的法律規定，接下來觀察真正的鈔票，再以暑假旅遊地點的蘭嶼文化為主題，在珍珠版上刻製圖案，以版畫原理印製鈔票，像是一百元的圖案是拼板舟、五百元是人形紋……孩子們瘋狂地印了滿地的鈔票，宛如我們中央銀行的印鈔廠。

了解紙幣後，老師們讓每個孩子擁有一萬元的額度，他們必須去計算共需幾張一千、五百、一百、五十和十元的錢幣，才能組合成這個金額。對孩子來說，這是一個滿龐大的數學題，包括乘法、加法的運算，他們整整算了四十五分鐘。

「我想盡我的能力試試看……」雖然有的孩子才小一、小二，不會乘法，也想要動動腦用盡各種方法試試看，精神可嘉！

從遊戲中體驗人生—凡事都得付出代價

在為期兩個月的遊戲中，老師們設計了許多教案，讓孩子從遊戲中體會「凡事須付出代價」與「賺錢的辛苦」。

- **生活自理能力：**大富翁遊戲裡讓大家既期待又害怕的命運機會卡，老師將它賦予新的功能：結合「功課自理」「英文練習」「做好事」等能力訓練，將獲得大富翁錢幣的機會，改成「四十分鐘寫完功課，賺一百元」「大聲唸一個故事給同學聽，賺二百元」「幫助同學，賺三百元」等。
- **做家事打工賺錢：**將孩子平常要做的家事變成「讓孩子來應徵工作」，還必須經過「面試」才能得到工作。例如老師會應徵「身強力壯的清潔工」掃地，要能在10秒內做3

〈弦音老師想說……〉

在這個虛擬遊戲中，為了怕孩子太重視金錢，平常會多唸一些生活小故事給小孩聽，例如：窮人怎麼刻苦耐勞而致富、大富翁願意把錢財施捨給窮人，社會上的大企業家大部分會成立基金會或贊助公共藝術設計，回饋社會。讓孩子去看、去了解為什麼他們想這樣做，讓孩子懂得「施比受有福」、「回饋」的概念，不要被一時的金錢迷惑，變成吝嗇鬼。

個伏地挺身才通過。平時孩子推三阻四的苦差事，這時變成大家熱烈爭取的肥缺呢！過程中老闆（老師們）會觀察每個人的認真程度，隨時獎勵加薪，讓孩子了解「一個人的努力程度與得到的報酬成正比」。

- **使用者付費：**孩子以往認為可以理所當然地取得如「午餐」、「點心」或「上課」，在老師的課程規畫下，都要付錢（大富翁紙幣），讓孩子們了解有付出才能獲得，凡事得來不易，也可以藉機提升孩子「惜福」的價值觀，因此午餐、點心都變得更加珍惜可貴了。

- **利息——先享受後付款的代價：**小孩有些時候忘記帶「錢」，或因理財不當導致入不敷出，需要借款，每天就要多付十元「利息」，藉此讓孩子們了解在社會上「先享受，後付款」或者是「借錢」的行為後果，都必須要付出沉重的代價。

- **了解智慧財產權：**現在許多青少年都會在網路上違法下載影音產品，不知不覺中侵權、觸犯法律，為了給孩子正確的觀念，老師也設計了許多與智財權有關的教案；比方說，孩子們美術作品被登上網誌，終於親身體會「智慧財產權」的意義，當他們領到高達五百元的版稅時，智慧簡直就是財富，每個人都樂不可支！

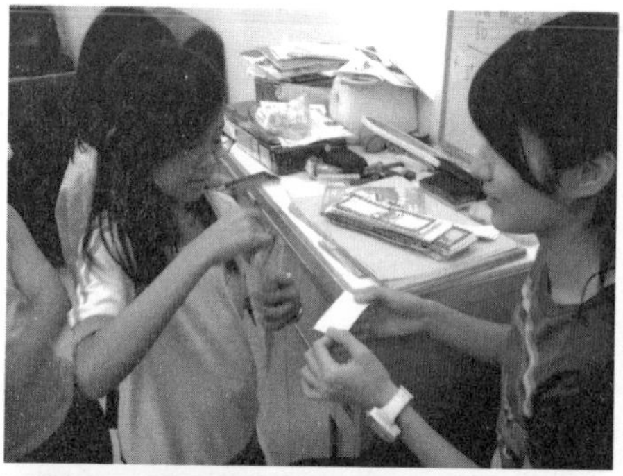

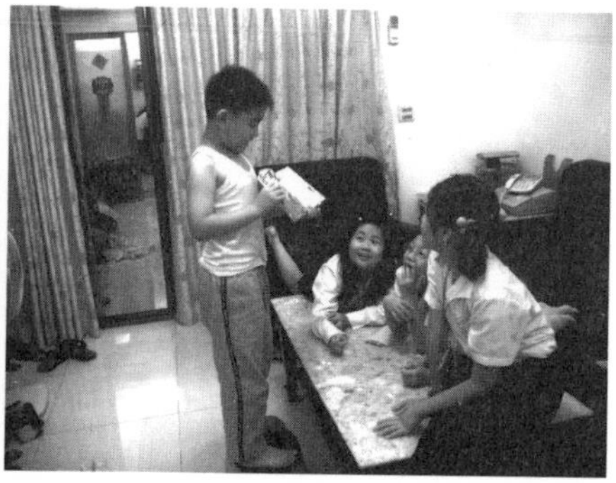

大富翁愈玩愈有心得！天下絕沒有不勞而獲的事！

為了玩大富翁，我們自己印鈔票、還得學會計算自己的收入和支出：吃點心、看影片、外出買門票都得付錢；只好努力上台說笑話、說故事、當小老師才能打工賺錢，才能收支平衡……

現金流遊戲中的社會縮影——原來大人要學這麼多！

「大富翁」是孩子普遍玩過的遊戲，後來坊間又有更深奧、更複雜的「窮爸爸與富爸爸現金流遊戲」，此版遊戲，孩子們稱之為「豪華版大富翁」。

● **基礎理財觀念養成：**現金流遊戲中有很多專有名詞，孩子們必須通過測試，才能取得玩「豪華版大富翁」的資格。老師在紙卡上分別寫下了「現金」「資產」「負債」、「收入」「支出」「利息」「信用卡」「金融卡」「定存」「活存」「股票」等，讓孩子一起動腦思考。全數通過測試後，師生們便進入「現金流」的虛擬人生。

● **從職業與收入支出關係，模擬人生際遇：**一開始玩首先，必須先抽出職業，詠涵抽到卡車司機，永敏是祕書，帆帆是警官，旆旆是護士。孩子們發現：不同職業薪水大不相同，還必須思考「支出」的項目，不小心還會「負債」，甚至遊戲中還模擬了生孩子必須面對的實際問題情境、支出相對增加，每月的現金流立刻減少。

孩子們一邊大喊生孩子那麼痛，一邊惋惜多出的支出，就會體會出當父母大不易。

這遊戲也引導孩子發現各個職業的支出大不相同，途中也會出現「額外開銷」，如結婚、朋友生日、出車禍……另外，孩子也學習分析做小生意、買股票的機會，該買或不該買。由於孩子們明白專有名詞的意涵，玩起來更投入也更大膽。帆帆、永敏在股票最低點買了上千股，又能把握時機賣出，因而多了一筆額外收入；詠涵、旆旆則嘗到失業的難題，除了沒收入，還必須支付每月的開銷，詠涵因此眼眶泛紅，旆旆雖然有些難過，但也理解這是人生中可能發生的狀況啊！

• 應徵一日職業不滿足，孩子也想玩角色扮演：現金流遊戲中也像大富翁一樣安排每日掙錢的機會：可應徵日薪三十元的會計師，每日一聘，想要取得資格，就必須通過計算測驗，答對率最高者就可獲得當日工作機會。

後來由於一天只能有一個會計師，孩子玩得不過癮，便想擁有自己固定的職業。早就伺機而動的老師當然不會錯過這班順風車，順勢引導孩子延伸討論「職業」的觀念，職位除了會計師外，最受大家歡迎的還有警察、護士，以及服務天使（服務生）。也約定銀行固定每月五日發下薪水，並討論每樣工作該負責什麼任務、請假需請人代班等，還會在月底討論薪水高低是不是符合工作內容，需不需要酌情減薪或者加薪。

遊戲最後必須結算手上資金，由於數目不小，孩子們還沒學到「進位」觀念，老師除了指導計算之外，也簡單告訴要訣。還記得當天遊戲結束，孩子們搭車回家時仍不停地討論著：「早知道就買股票」「失業真討厭」「生小孩好花錢」「我覺得買房子才可以賺錢」……

一輪遊戲下來，老師觀察到每個孩子的個性都不同：旆旆、詠涵較勇於冒險投資，對股票、房地產興致頗高；永敏、帆帆屬於保守經營，傾向統統存下來。

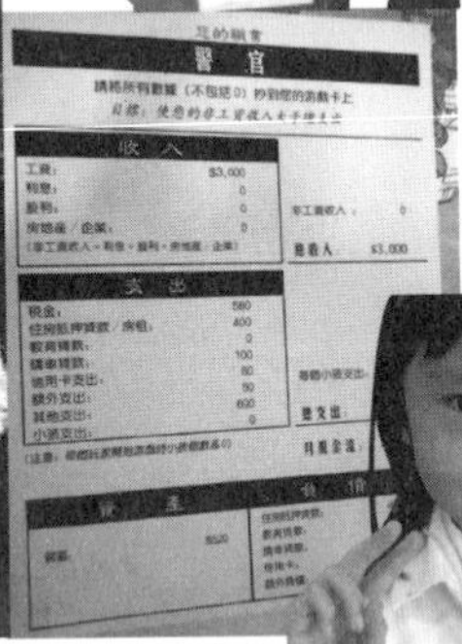

股票——MYT4U電子公司
市場繁榮使公司股價上漲。
只有你才能按此價格購買該股票
每個人都可以按此價格出售該股
股票代碼：MYT4U　今日價格：$4
無紅利（投資收益率=0%）
價格範圍：$5～$30

玩現金流遊戲，玩出投資理財好頭腦！

進階玩豪華版現金流遊戲，非得學會理財專業術語，還要能逢低買股票、會儲蓄理財，否則哪天生小孩要花錢，若不小心又休無薪假，就慘囉!!

Box 延伸觀念

1. 打折vs.百分比

「九折跟一折，哪個比較便宜呢？」老師問。

「九折！」孩子們大聲地說。

老師們這才發現原來孩子們對「打折」實在很沒概念。

所以老師們設計教案時若出現必須購買電影票、點心等物品，則會加入折扣的難度，經過幾次的實戰經驗後，「打折」問題便難不倒他們了。

2. 全球化衝擊下的「外包」

老師們給孩子看了〈世界是平的〉（outsourced）這部電影的片段，內容講述在降低經營成本的考量下，工資低廉又會說英語的印度大學生，成為美國電話網路銷售公司的最愛，美國紛紛將call center遷往印度。然而，本國勞工失業災難和廉價外勞商業利益卻形成強烈對比。

「你們知不知道『外勞』是什麼意思？」老師問。

「外國麥當勞！」這個回答引起一陣哄堂大笑。

「為什麼台灣公司不用台灣工人而要找外籍勞工呢？」老師們請孩子想想，再請他們想如果台灣企業外移或者都用外勞，那會有什麼影響？

「這樣台灣就會有很多人失業啊！」孩子們都知道企業外移和引進外勞對台灣的負面衝擊。

自己發明的大富翁遊戲——建立創新及邏輯觀念

大富翁遊戲多玩幾次，就會逐漸失去新鮮感及教育新啟發，這時，老師與孩子突發奇想，乾脆自己設計大富翁遊戲。幾經討論，師生們決定結合寒假的嘉義旅行，規畫自製一份「嘉義旅遊版」的大富翁，讓孩子們一一複習這一段時間每個人負責介紹嘉義景點的地方特色，再畫上機會格和命運格，剩下的空格由孩子們任選兩格，挑選出自己要介紹的嘉義地名及特色；遊戲進行中，只要棋子落在不同的地點時，就要做景點說明。孩子們對於難度偏高的大富翁真是又愛又恨。不過，當他們學著做景點介紹時，漸漸有小導遊的風範，講得頭頭是道，一趟玩下來，大家對嘉義更有概念了！

除了將大富翁改編為「地方景點」版，孩子們還曾運用創意，把來自西方的大富翁與東方的《三國演義》結合一起。改版原則不僅要和三國有關，還須從中建立「正面的品格」，例如幫助他人鑄劍可以前進兩步，喝醉酒亂打人就得後退兩步等。由於《三國演義》人物多、每個角色的「才智」「武功」「才藝」「品格」都不太一樣，在角色選擇時，孩子也對《三國演義》的故事內容更熟悉了！孩子共同繪製紙板、地名卡、武器卡等，透過角色在遊戲中得到不同功力的武器，彷彿真的神遊了故事裡提到的西涼、荊州、長阪坡、鳳鳴山呢！這個屬於孩子的「三國版大富翁」，也間接培養孩子數理以外的邏輯觀念。

有創意，就有機會成為大富翁

小孩創意源源不絕，以大富翁遊戲為架構，套進地方景點和三國演義內容，設計新的遊戲規則，有了這些創意，相信孩子長大後一定有機會成為「創意」大富翁。

這次來真的，練習自己當老闆

有些時候，社會上的大小事不是「老師講、學生聽」就能懂的。有時候，安排幾場讓孩子親自上陣的活動，鼓勵孩子參與，觀察孩子的特質與潛力，幫助他們找出有興趣的領域，更能學習當自己的主人……

玩扮家家酒時的孩子，都會幻想自己的職業、身分，去模擬成人社會中的現狀。孩子對長大之後的未來是有憧憬的，如果能善用孩子們的這份憧憬，轉化為行動力，真的讓孩子們自己規畫活動、提早與現實社會接觸，效果比在家的角落玩扮家家酒好太多了！

在這樣「共學共遊」的教育模式下，老師讓生硬的學科遊戲化，創造出不同的學習遊戲；孩子們玩著玩著還真的組成籌畫小組、辦起拍賣會及義賣會……

生活經驗就像是一本內容最豐富廣泛的隱形教科書，但是我們經常沒有時間好好幫孩子上這堂課，或者說引導孩子們自己幫自己上這堂課；因此老師就扮演著這樣推波助瀾的輔助角色，跳脫「老師講、學生聽」的傳統模式，鼓勵孩子參與，觀察孩子的特質與潛力，幫助他們找出有興趣的領域，真正當好自己學習的主人……

在引導活動的過程中，老師們常常發現：孩子們學習的觸角無處不在、從不間斷，也不會畫地自限，這些看似被家長過度呵護、寵愛的孩子，其實潛能無窮。

初階版 第一次當老闆——瘋狂拍賣會

從生活與遊戲中啟發數理觀念的模式下，到底孩子吸收了多少？為了考驗孩子們，老師安排了一場別開生面的拍賣會。先教大家「成本」、「批價」和「售價」的概念，除了孩子自己準備的商品，老師也提供舊文具、玩具，讓孩子以便宜的價錢來進貨，就像從工廠或批發商那裡批進商品。

等到孩子對成本、售價和利潤之間的關係都清楚了，老師再加入「匯率」的觀念設定新台幣與大富翁幣的匯率是一比三十，剛開始孩子似乎還是搞不懂，不過改成一比十之後就都會了，老師也趁機解釋真實生活中各國不同錢幣之間的匯率是常常變動的！

- **擺攤！從守株待免到主動出擊：**引導孩子將進貨商品一一登記在表格、學習帳目管理，再跟老師租攤位，設計招牌後，才能開張。由於剛開始大家喊破喉嚨都沒有生意上門，老師們就提醒孩子回想生意好的店家如何吸引客人上門，不應該只是坐著空等客人上門，可以用打折，或主動推銷的方式吸引顧客。

・有生意頭腦！從銷售物品到銷售遊戲與快樂：有些孩子非常有生意頭腦，在跟工廠進貨時，選了籃框、擲飛鏢的玩具，結果不是拿來賣，而是讓顧客付錢來玩，賣的是遊戲時的樂趣。其他孩子也跟進這種賺錢策略，當場設計九宮格遊戲投球、拍球遊戲，很受歡迎。過程中老師們發現每個孩子金錢觀和消費模式都很不同，女生比較專注在賺錢上，男生則比較注重玩樂。

・樂透彩真的樂嗎？機率最現實，一翻兩瞪眼：第一次嘗試當老闆的孩子們，幾乎很快就把錢花光了，老師便臨時加入「樂透彩」遊戲。彩券裡有多張「銘謝惠顧」，讓孩子了解到現實，買彩券多半是「賺的人少，賠的人多」，有的孩子賭性堅強，一買再買，有的則絲毫不受誘惑。

在這場逼真的市集遊戲結束後，有人覺得賣東西有趣，有人覺得買東西時還可以玩遊戲很超值，也有人感嘆買彩券都沒中獎，花光錢卻買了一堆不重要的東西……老師們則在這個過程中看到孩子們為了節省成本，凡事自己動手做以獲取更多利益；為了吸引顧客上門而絞盡腦汁想點子，不僅體會到賺錢的辛苦及樂趣，更在經濟學、金錢觀方面，上了最真實寶貴的一課。

小孩做生意比大人更賣力

看到孩子為了生意興隆，無不絞盡腦汁，並不真正是為了賺錢，而是追求成就感。這才真正抓到了做生意的訣竅！

進階版

「囝仔頭家」手創市場

有了瘋狂拍賣會成功的經驗後，孩子們躍躍欲試，希望再籌畫一次拍賣會。於是又舉行了手創商品拍賣會。

這次不一樣的是，孩子們除了自己生產部分商品外，還必須站在經銷商及管理者的角度，處理貨品管理的進貨、數量、商品統計、編號、退貨等；銷售方面，則需設計海報、布置會場、物品擺放、親自銷售、收費、找零等。加上布置會場也提升了活動難度，讓孩子腦袋中有限的字彙裡構思出文案，也訓練了國學能力。

另外，孩子也學習了如何估價，定出各項物品的價格，還預先規畫招攬客人的方法。手創市場完全模擬成人版的市場行為，讓孩子對社會中的商品銷售、物流金流等未來會接觸到的面向，預先有了初步概念。

延伸版

「義賣會活動」——讓孩子打電話邀約

有了這兩次經驗，我們發現舉辦實際活動激發孩子學習動能的效果顯著，因此只要有機會，老師就會引導孩子進行活動統籌與規畫。這次的義賣會，老師放手讓孩子們進行電話連絡的工作，經過事前模擬練習後，每個孩子都表現得比預期中還棒；例如向來害羞的球球原本一直語帶恐懼地說不敢打，但實際上都能按照步驟進行。小兔、明彥和辛巴不僅

〈猴子老師想說⋯⋯〉

看孩子為了把商品做得更精緻，一針一線要求自己的煎熬模樣，再看到她們賣出商品笑得合不攏嘴的表情⋯⋯這不就是老闆嗎？她們就這樣「活生生」的體會到了！

有禮貌地順利完成工作，而且進行前就一直躍躍欲試，不是被老師趕鴨子上架的。

而老師們也安排活動進行時每人應負責的工作，如排鞋子、招待客人、導覽、端送食物等，但或許是因為籌備時間太匆促，加上孩子們受到當天美食和玩具的誘惑而忘了自己的任務。但也有意外的驚喜；例如臨時加演的街舞秀，原本以為孩子們在眾人前會放不開，竟然忘情地大舞特舞起來；而原本大方表演走秀的辛巴竟臨陣脫逃，換成害羞的小兔完成個人走秀，贏得了大家的掌聲⋯⋯每次的活動中，都有孩子發揮出連自己都不知道的潛能！

真實版 天母創意市集擺攤——不只是玩玩，期許自己成為文化創意人

之前幾次拍賣會經驗，都是對內進行，隨著孩子一天天成長，他們的行為更成熟了、更有自己的想法，當然，也更有能力去面對未來的挑戰。為了給孩子真實面對社會脈動的機會，老師們決定讓孩子到天母創意市集擺攤，真正經營一個攤位，真實面對顧客、真實體會做生意、買賣，真實面對成本和營收，真實學習如何服務顧客。

「創意市集」情境主題的構想來自於老師發現孩子很喜歡動手做東西，加上弦音老師曾參加創意市集販賣自己設計作品的經驗，才訂出這個主題。

這次的終點目標是：除了增加「創意」及「美感」的元素外，還必須發想品牌、商品

〈家長迴響〉

舒妤媽媽「特地」不到市集捧場，她跟舒妤說：「不認識的人跟你買，才是真正的賣出去！」

規畫、估算成本、包裝到商品售出，都是一人獨力運作；因此創意充電期便不斷讓孩子看很多設計雜誌，實際去逛位於師大、紅樓等地的創意市集，給予孩子「創意」的養分。

一開始有很多孩子想直接複製雜誌中的風格，但老師們藉機想給孩子一個觀念：「設計者就是別人做過的不做，但又要把創意跟實用性結合。」

漸漸地，孩子開始設計自己的名片、logo，愈來愈有「創意人」的模樣了。

有趣的是，孩子的創意邏輯真的與大人不同。有孩子把安迪沃荷的作品〈香蕉〉、瑪麗蓮夢露、花朵等圖騰做成包包、書卡、筆記本等商品。也有孩子將她的商品全部都加上幸運草圖騰，希望買到商品的客人都能夠幸福。

老師便提醒商品製作必須更精緻，有時孩子會因為沒有耐心而做工草率；例如舒妤縫鉛筆盒時縫歪了，這是要販售的商品，萬一客人問起該怎麼回答呢？還有嫚均縫製不織布蛋糕時，加上一圈蕾絲時懶得縫，直接用熱熔膠黏，當同學們看到成品便異口同聲地說：「妳應該用縫的呀，這樣客人看到熱熔膠會覺得沒有質感。」

經過一次、兩次、十次的創作，每個人耐心、細膩度都逐漸提高。當天，連《蘋果日報》記者採訪時，都不敢相信是小朋友做的作品！**從實作過程中不斷磨練、學習，才能體會腳踏實地用心做，才會有完美的成果。**

正式擺攤前，老師們為了讓孩子有機會演練如何應對進退，便扮演各式各樣的路人，有冷漠型、好奇、大驚小怪型等，讓小孩依不同情況應變。到了天母創意市集擺攤當天，剛開始時布置攤位孩子有點手忙腳亂，但也很快就彼此分工、穩定下來。作品都陳列妥當

〈關鍵聯想〉

推廣「薄利多銷」的觀念：
幾次的活動下來，孩子們也摸索出生意經了！比起之前一件件用手慢慢縫出的手機袋、筆袋等織品，都是比較費時費工的產品，定價也偏高，因此老師也跟孩子提到「薄利多銷」的觀念。建議大家做一些可大量生產的絹印、版畫卡片，比起目前定價高、較難生產的高價位商品，或許獲利更多喔！

後，看著琳瑯滿目的手工商品，孩子們驚覺：「原來我們做的東西有這麼多啊！」看著孩子驚訝的表情，老師們也十分以他們為榮。

一整個下午，孩子輪番上陣發DM、顧攤位、叫賣商品、介紹客人感興趣的作品，每個人都相當稱職。本來神經緊繃的孩子笑開後，做起生意更有親和力，還體貼地為客人介紹作品呢！舒妤的貓咪系列商品富有特色及童趣，一件件地賣出，深得客人喜愛，還跟前來購物的妹妹與商品合照。更溫馨的是，許多客人一聽到有部分商品收入會做慈善捐出，都很感動並表示支持！

第一次的創意市集開賣，孩子就已經有這樣的態度和水準，爸爸媽媽和老師們看了，都為他們驕傲。此外，還有萬年百貨的業者見孩子的商品很有特色，希望能在店裡擺櫃！孩子的用心連專業業者都看見了。

孩子的學習必須隨著年齡成長而不斷提升。中高年級的孩子都會互相觀察、模仿，也懂得加入自己的創意。透過創意市集的經驗，孩子們都體會到，自己用心做的商品，有人喜歡，就是很大的肯定了，賺不賺錢是其次。那種「有人欣賞自己作品」的成就感才最重要，同時也讓孩子對創造、設計、生產，有了更深一層的理解。

一針一線一筆一畫，都是教育！

在創作過程中，孩子從互相比較砥礪中，逐漸體會到追求完美的精神，體驗到原來完美就是藏在流血流汗的細節裡。

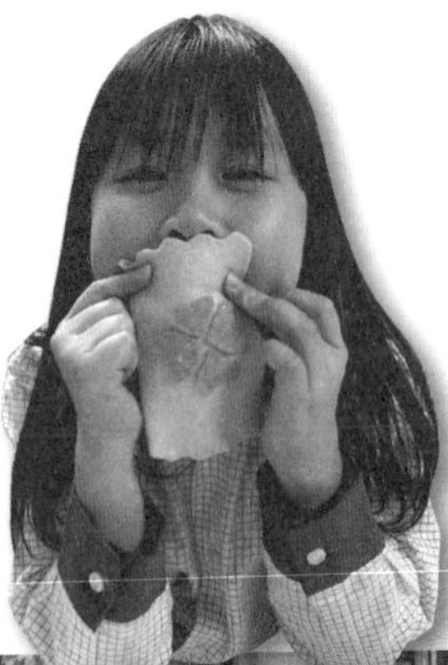

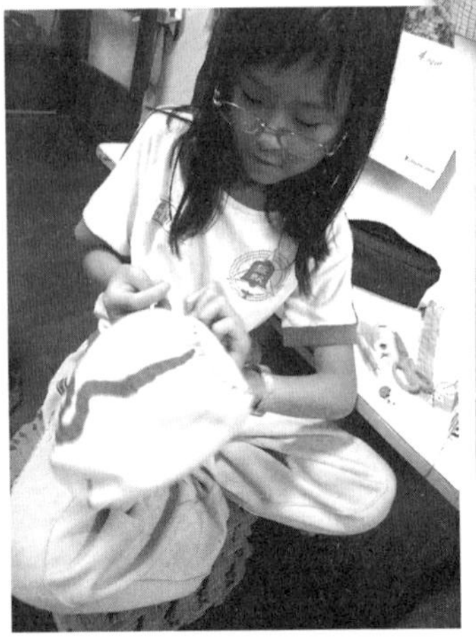

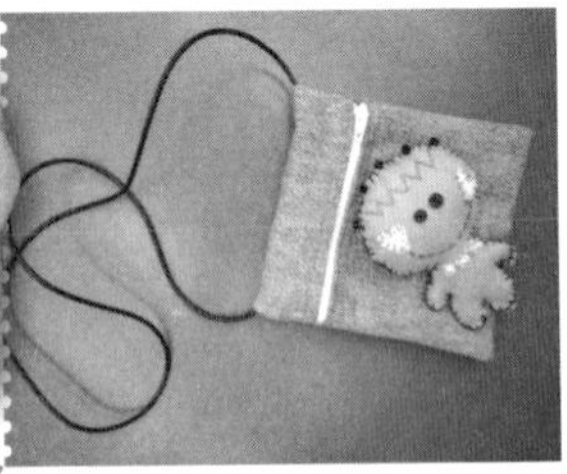

創意市集開張了！

經過辛苦的商品製作和攤位設計，終於最後都派上用場了！哇，真是琳瑯滿目、貨色齊全呀！

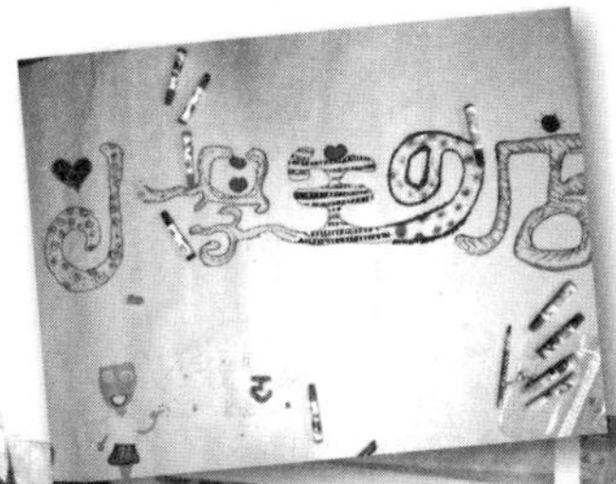

創造外語環境——英語生活化，生活化英語

在過程中，孩子們不但蒐集到大量Useful words，也深深地意識到英語在生活中的重要……

很多孩子都在上美語課，無論是哪個體系、哪種師資，學新的語言對吸收能力佳的孩子來說，都是件好事。但也有許多家長感覺到，孩子只敢在教室裡說英文、在考卷上寫英文，在生活中遇到需要用英文解決的狀況，孩子常常還是鴨子聽雷，對英文看似熟悉卻又陌生。

這是怎麼回事？難道是學習的方法出了問題？

我們的孩子也有英文課，只不過沒有固定課本、也沒有特定的多媒體教材，而是**老師帶著孩子在生活中找素材：**學語言不一定要花大錢，生活中到處都有英文。

老師試著用自己的方式先將遍布的英語一網打盡，引導孩子想像自己來到了一個英語系國家，面對 everywhere 都要用到英語的環境，請孩子們想想 What to do? 老師都會絞盡腦

汁，幫孩子在中文環境中，找出學英文的契機，而且不需英文名師加持，也不用花大錢買教材，是人人隨時可做的好方法。

英文課是無所不在的，當孩子上美術課時，可以順便教孩子認色彩、認形狀的英語說法；當孩子開心享用大餐時，一邊咀嚼美味，一邊記下酸甜苦辣怎麼說、常吃的台菜的英文又怎麼說；或者是搭捷運的時候，車廂內外常見的英文單字，也可以變成活的英文課本，任由孩子悠遊其中……

當孩子熟悉英文、不懼怕英文了，就可以安排進階課程，教孩子用英文問路、指路，在小腦袋裡組成一句句實用的英文會話，幫助孩子更有能力接觸這大千世界。

無論你是否有機會讓孩子一同參加這些生動有趣的英語練習，但我們相信，人人都可以應用下列方式，為孩子設計一堂堂獨一無二、創意無限的英語課。

初階版　生活元素化身美語版，同步學習

學語文，要避免總是以生硬的課本來學，適時加入各種不同的學習方式，可以讓孩子一直保持高度興趣。

曾有老師貼心地依照程度分級，讓對英文沒自信的孩子不會因為跟同學比較之下而喪失信心，再運用大量的遊戲、有趣的對話讓大家愛上英文，更準備許多英語短篇小故事，

讓孩子反覆朗誦，只需要懂意思不需強記單字文法，建立孩子「會唸」的信心，同時利用錄音筆讓孩子錄下英語小故事，以後可以出版成孩子專屬的「英語故事集」，另外還有rap、歌曲教學、旅遊對話、製作英語漫畫專欄等，增加英語課程的變化。

・美術結合美語：製作一本獨一無二的非賣品繪本

弦音和Eva兩位老師曾合作指導孩子製作英語動物繪本，孩子花了一整個學期製作這本書，成為他們人生中寶貴的一項收藏品。老師曾故意問孩子，如果有人要買這本書，多少錢你才肯賣？很多人都說：「我不賣!!因為這是我自己做的，而且只有這一本！」

當老師絞盡腦汁用生動有趣的方式，漸漸啟發了孩子對語文學習的興趣後，接下來，還有更創新的教學玩法。

有一陣子，美語課的主題是「顏色」和「形狀」，因此，老師就把美術課的主題結合美語課，要孩子們發揮創意，製作一本「shapes & colors」繪本。

首先，老師先幫孩子們複習各種形狀，像是triangle、circle等各種形狀的英文，然後再跟孩子講解繪本的製作方式，要孩子挑選五種喜歡的形狀，然後去想像可以變成什麼東西，同時在句型中搭配上顏色，例如"It's a red circle"→"and it's a red elephant"，並限定孩子只用學過的單字來想像，這樣才能把自己做的繪本唸出來。

老師準備了很多種不同材質的紙張，如色紙、廣告紙、瓦楞紙等，讓孩子自由選擇。剛開始先讓孩子自己畫出想要的形狀。當孩子們苦惱著怎麼畫出圓形，老師提示身邊不正有很多圓形的東西嗎？可以拿來描啊！孩子們恍然大悟，開始去拿瓶蓋、膠帶等來描輪廓；觀察了一會兒後，老師又發現孩子不太知道菱形（diamond）的結構，於是便示範了一次菱形的畫法，讓孩子知道菱形是兩對角線互相平分的，到後來，就連二年級的孩子也能夠畫出完美的菱形。

這堂美術課大約花了兩個半小時，但其實也包括了美語、數學的練習，將孩子所學的東西統整起來。其實——

「教育是需要夥伴的，就連老師也需要共同教學，才能碰撞出更多創意火花。」

・試著加點英文做專業的事——英文練習結合職業模擬

孩子們有了採訪各行各業的經驗之後，老師們再給孩子新的練習題，設計了讓孩子能擔任主播、親自播報新聞的課程體驗——CCK節目錄製（CCK=Channel Crazy Kids），試試孩子的能耐。

節目中除了播報每月的大事之外，亦設有英語教室單元，例如有一次是由球球與文頤所報導的旅遊英文篇，這兩個半大不小的孩子，十分認真地準備播報內容，以下是她們所設計的報導內容：

各位觀眾大家好，歡迎收看CCK，我是劉文頤、我是莫凱卉，你們有沒有去過國外？你們有學過什麼英文嗎？今天就讓我們教你們一些關於旅遊方面的英文吧。

當你們要從國內準備出發的時候，有沒有想過出發的英文怎麼說呢？答案就是departure。相對的，抵達的英文叫作arrival，那麼，飛行了好長一段時間後，相信大家都累翻了吧，那你要怎麼知道終點站到了呢？在這裡，教你一個終點站的英文terminal。

到了國外的第一關是什麼呢？是入境檢查對吧？入境檢查的英文是immigration。之後就可以開心地去領取你的行李囉！這時候你就要去找一個叫baggage claim的地方，也就是行李領取處。來！各位觀眾，我們再來唸一遍吧！baggage claim。接下來由球球老師為您介紹一些在國外生活中可以使用的英文。

在您認識新朋友時，他們可能會好奇你是從哪裡來的，這時我們該如何告訴別人自己來自台灣呢！那就是I am from Taiwan。也可以換個說法I came from Taiwan。

接下來，為您介紹如何在一天當中的不同時刻裡跟別人問好呢？早安叫做good morning。但如果過了中午十二點之後，就要改說good afternoon。晚上則是good evening，睡覺前也可以跟身邊的人說聲good night。相信您學會這些說法後，一定會變得更有禮貌哦！

以上是由劉文頤、莫凱卉為您報導，謝謝收看。

雖然只是在中文播報中，穿插英文單字，但對孩子們來說，她們漸漸適應生活中隨時需要熟記英文的習慣，相信假以時日，孩子們就能用英文播報整段新聞。

• 中英文閱讀加上賓果遊戲——找到學習靈感

老師經常帶著孩子到圖書館閱讀及借閱圖書，孩子們已經愈來愈能找到閱讀的樂趣，一進圖書館便能迅速定下心來閱讀，也能自動利用寫完作業的空檔，閱讀自己所借回的書籍。有時借了中英對照版圖書，引起大家討論英文的興趣，為了妥善發揮孩子的好奇心，老師便安排英文故事閱讀。

為增加孩子的興趣，老師會運用遊戲來引導，像是 Bingo 遊戲就是一個好方法，把賓果的數字變成英文，孩子大聲地念出英文單字，其餘的孩子練習聽力來連線，雖然一開始要孩子唸英文，有些人還是有點怕怕的，不過經過幾回合後，大家終於找回了一點信心。

而英文小故事也可以加上單字卡，讓故事不但能念也可以玩；比方說，每個人手中先拿幾張單字卡 easy、idea、little、rooster、mother、river、tell、swim、help 等，當故事唸到字卡上的單字時，老師就會停下來重複唸單字，並簡單解釋意思及延伸片語，孩子試著拼音，判斷手中是否有這張字卡；等大家稍微熟悉後，再互相交換手中字卡。老師並以孩子做短句中的主角，大家聽到自己的名字，就會少點對單字的害怕，多點唸單字的勇氣。

原本單調的唸英文故事書，經過創意與遊戲加持，孩子對英語的接受程度就更高了。

• 捷運變身行動美語教室——生活中的美語體驗遊戲

許多老師一向認為，語文需活用，才能真正學習。孩子們固定在週三進行外出活動，到目的地之前，老師也會利用交通往返時間，進行美語教學。

某日課後，老師帶著孩子到非常熟悉的公館捷運站和台北車站，用來到國外的心情，進行公館到火車站「捷運美語體驗遊戲」，過程中刻意忽略中文，請孩子大量寫下英語標語、註解、警告、指示標示等。

捷運站中有許多台北地名，如公館Gongguang、古亭Guting等，這些字彙是為了來台灣的外國人而拼出來的，不是到國外會使用到的英語，所以老師們請小孩盡量蒐集到國外才用的單字。

孩子們一聽完老師的說明，有人便發現的標示為Caution:Wet Floor。真的是非常重要的字彙；此外像是Hall（堂、大廳）、Memorial（紀念的）兩個單字，是趁捷運過站短短數秒鐘寫的，可說反應和手腳都非常迅速。

經過觀察，捷運站裡的英語標示真的很多，光是指示方向、車種、各種設施位置的就琳瑯滿目，還有各種縮寫連大人都可能被問倒。比方說「什麼是TRA」、「HSR是什麼？」也許很多大人也答不出是台灣鐵路管理局Taiwan Railway Aministration及高鐵的High Speed Rail呢！

在過程中，孩子們不但蒐集到大量useful words，也深深地意識到英語在生活中的重要。抹去中文部分，小小一個捷運站的英語就很可能讓人學不完呢！沒想到美語體驗的活動讓孩子有進步，老師也有教學相長之感，遇到生字或不確定發音時，翻字典和孩子一起

「解惑」，感覺真棒，讓大人看了也不得不豎起大拇指。

所謂的「生活中的學習」就如同這樣一般，我們不需要固定的教材、固定的地點，只要有心，不管到哪兒都是孩子們的教室。

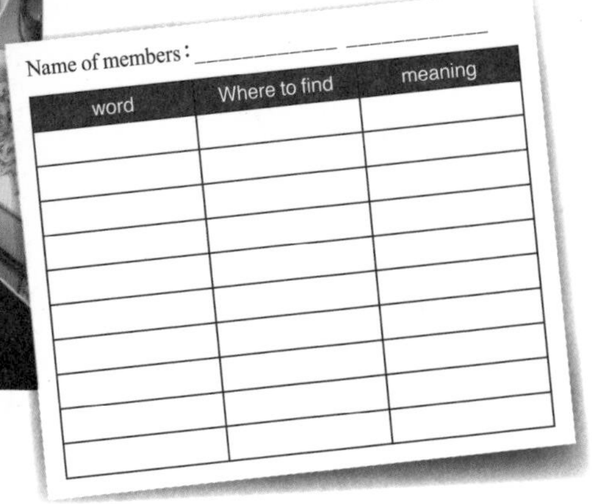
Name of members：

word	Where to find	meaning

進階版 熟悉英文再活用，情境式會話訓練

• 吃進嘴裡也記到心裡——從食物學美語

在生活中安排學習英文的契機，不僅僅是在捷運上，在一般課程中，也會適時加入外語學習。像是常聽見的 pizza 是外來食物，很值得結合生活美語教學，老師便趁著製作 pizza 的機會，教孩子一些 pizza 食材的英文，如蝦子 shrimp、火腿 ham、番茄醬 catchup、洋蔥 onion、鳳梨 pineapple、吐司 toast、蛋 egg 等等，由一人負責記住一個再教會所有人，不知不覺，孩子們把所有材料的英文都學起來了。老師們也會出其不意，依照情境，適時將所學用上，比方說要讓孩子看影片時，就伺機轉化為「英文電影院」的情境，大家必須以「How much is the ticket?」「I'd like one ticket.」等句型來買票，才能進場。

學習外語的環境，從來不局限於課本之中。

有一回，孩子們到墾丁進行long stay時，跟大家成為好朋友的Jonah邀請孩子們至家中，準備做一頓好菜請大家吃。與Jonah的相處中，潛移默化地實踐了最佳的「生活美語」教學示範喔，例如，Jonah會拿著彩椒問大家：「What color is it?」或者在他家中時大家因為需求就必須講：「May I use bathroom? May I have water?」而在情境英文中加入點菜、餐廳對話，也是引導孩子敢說英文的方式。

孩子除了經常做英語會話的練習，也學習如何以英文點菜。老師曾安排了連大人都很有興趣的台菜名稱，讓孩子猜英文。像是豆花是 Tofu pudding、小孩都猜 Been flower，

也很有創意；紅豆糕是 Red bean cake，這個孩子們就都猜對了。而蛋炒飯是 Fried rice with egg，孩子們猜 Egg fried rice，聽到正確說法時覺得非常扼腕。

老師們也製作過「美式餐廳」菜單，帶領孩子玩英文點菜的遊戲，大家輪流扮演客人、服務生的角色，運用到的句型有：服務生從一開始的「Welcome!」、帶位的「Please follow me」、到「May I help you?」「May I take you order now?」and「Ok! coming right up.」，以及客人點菜時的「Waitress! I'd like to order......」等等。

當孩子逐漸能掌握每個句型的運用後，老師會適時教導孩子怎樣才是比較有禮貌的講法，凡事都要加上 please，點菜時說 I'd like 比 I want 更有氣質。

餐桌邊的英文課，還可以延伸至用餐時如何以英語表達對味道的感覺，課程除了說英語，還必須加上誇張的身體動作，來加深孩子的印象。

比方：SPICY!孩子就要辣到吐舌頭、直搧風；HOT 則誇張到「直灌水」。DISGUSTING 是集體嘔吐，SOUR 則是整張臉皺成一團等等。

誰說沒有了英語環境，台灣的孩子就只能有一口「菜」英文？至少，先讓孩子對外國語文非但不排斥，還學習到留意生活中出現的實用單字，這會比強記文法、時態、句型的學習法，更加平易近人，也更有效率。

•要學就學最實用的——英語問路會話練習

許多學了很多年英語的成人，面對外國人問路，或是出國時需要問路，總是會腦筋一片空白，額角冒出三條線，連最基本文法、會話都忘光光。

會有這種情況就是因為在台灣少有練習的機會；因此，老師也針對孩子的狀況，設計了「旅遊英語問路篇」。

旅遊時，問路是很常發生的狀況，因此老師設計了一張虛擬地圖，每個景點都以孩子的名字來命名，如：LILY PARK、DOROTHY GYM、DHARMA CAFÉ 等，孩子看到以自己為名字都非常興奮。

玩法很簡單，在模擬問路遊戲開始前，老師先讓孩子練習TURN LEFT（RIGHT）和GO STRAIGHT，孩子還輪流出來當「機器人」，必須聽從其他孩子的指示左轉、右轉或直走；有時會發生機器人撞壁的情況，此時就要很快的改變指令，緊急又刺激，孩子們覺得好玩得不得了，紛紛搶著要當機器人。

後來，課程進階到可先決定目的地，利用簡單指令來指揮機器人準確地走到目的地。過程孩子得試著說出正確的地名發音，基本功練成了才能進行問路遊戲。

開始練習問路之前再複習一次句型：How to go to......? 孩子反覆練習後，終於可以互相模擬問路了，起先報路人始終以「TURN LEFT」、「GO STRAIGHT」回答，逐漸進階為孩子開始運用：IN YOUR RIGHT SIDE YOU CAN SEE LILY PARK. NOW TURN LEFT!

有了幾次的問路、報路經驗，孩子漸漸熟悉相關的英語會話後，老師再出新習題，之前教的問路方式是很直接，比較沒禮貌的問法，進階後就要提醒孩子，問路時記得開頭加個「Excuse me」，不要直接問How to go to.....?而是以「Could you tell me how to go to.....?」代替。

Box

我們這樣教俄文！（文／猴子老師）

我教俄文的想法非常簡單，我相信現在學了，長大後基本上會統統忘光，因此跟小孩分享俄語和俄羅斯風情，只是希望勾起他們探索外語和世界文化的好奇和興趣罷了！小孩從聽我講彼得堡留學的生活經驗開始，看著在當地拍攝的照片，輕鬆聽故事，慢慢地認識俄國……

自從玩模擬遊戲後，外語教室總是充滿開心、熱鬧的氣氛，在玩遊戲中學習果然是孩子最喜歡的。

・從數字、問候語、情緒學俄文

一開始讓每個孩子都擁有自己的俄文名字，讓人驚喜的是，一有了俄文名字，孩子似乎馬上對俄語產生了親切與認同感，每次上俄文課時被叫到名字都特別開心，因此學習意願都很高昂。

學俄語數字時，我模擬購物的情境，讓大家自然而然學數字。老師製作1～10，50和100元的「假鈔」，利用「問價錢」、「找錢」等，讓扮演老闆與客人的小孩能練習俄文數字，還可順便練習數學運算。「買單付帳」是出國旅遊很重要的一環，即使看收銀機的數字便知道價錢，但詢問價格時也得開口問：сколько стоит?（多少錢？）從基本的1～10的數字學習，進階至10～90十位數的說法，最後以100做結束。小孩就這樣在模擬購物的遊戲

中自然而然學習俄文。當小孩熟悉數字後，我們還玩起「俄語數字九宮格」投球遊戲，我以俄語喊出數字時，小孩要用球投到該數字，投中就闖關成功，投不中或記錯數字投錯就再接再厲。這樣一邊練習數字一邊玩球……小孩的俄語數字能力就在這個遊戲中真正達到「很難忘記」的程度！

另外，除了基本的打招呼和禮貌如「你好」、「謝謝」、「掰掰」、「你好嗎？很好！」等用語，還延伸至情緒用語，讓孩子懂得用俄語表達喜怒哀樂與身體狀況，並與音樂達人配合，介紹音樂、音樂家、樂器等俄語，如指揮家、歌手、鋼琴、小提琴等，同時也配合CD欣賞俄國民族與現代音樂，俄國有個Band叫「時間」，風格超像Beatles，不過小孩不太欣賞、覺得太吵，哈哈!!

• 從卡通、歌謠學俄文

讓孩子看俄羅斯卡通，是學俄語的妙招。小孩有時一邊看一邊問意思，有時不需翻譯就能了解劇情，完全看到入迷！

「卡通」開啟了孩子對俄國文化的好奇，他們開始：「為什麼臉那麼紅，進公車或屋子就不紅了？」「那是什麼衣服？好漂亮喔！」「為什麼那個大茶壺還有『水龍頭』一打開就有熱茶？」

之後還播放 Discovery 俄羅斯的影片給小孩看，本來還擔心他們不知會不會嫌沉悶，沒想到反應跟看卡通一樣地入迷，莫斯科紅場有如童話般的建築讓孩子讚嘆不已，不停問我親眼看見的感覺，還直說長大後一定要去！跳

蚤市場包羅萬象也讓小孩嘖嘖稱奇，俄羅斯的建築、街景、河岸……在在都引起小孩對美好的嚮往。

此外，還有學唱俄國歌謠，順帶學跳俄國民族舞蹈。

• 從服飾學俄文

順應季節的變化，進入秋冬趁著換季，讓大家學一學服裝用語，依自己衣櫃的變化，認識俄文的各式服裝，也順帶讓孩子了解不同場合的穿著！

• 讓俄文與戲劇結合！

從繪本中將比較簡單的對話翻成俄語，教學後於每次排戲時再次練習，平常時間鼓勵小孩多練習繪本對話及基本會話，俄文課並搭配趣味遊戲引發孩子學習動力與加強印象。

「俄語聽說課」學了一年後，便和小孩討論，決定要以中俄文夾雜的方式演出俄國文學大師果戈理的《鼻子不見了》。排戲過程充滿笑料，有時動作和情緒很流暢，但卻忘記怎麼說台詞（俄語）；台詞說對了、很流利，表情卻完全不搭，大家毫不在意這些「NG片段」，總是開心地繼續練習。本來就自信大方的孩子把握上台機會盡情揮灑，有些天性害羞內向的孩子這一次居然也克服怯場勇敢表現自己，永敏（以前比較文靜）甚至還毛遂自薦，擔綱演出主角「鼻子先生」！

我的美語課本很藝術喔！

孩子天生就對動物、顏色、形狀、畫畫，最有興趣，當這些元素都碰在一起了，就成了我們的無價之寶「英語藝術繪本」！

「菜」英文？用菜學英文！

孩子們最愛的就是「吃」，我們把各式英文菜名做成精美菜單，這樣一來，每個英文單字都能深印腦海！

「畫」英文，用繪畫加深英文印象！

記英文，不如畫英文，把畫好的美味食物標上英文，用胃口來幫助腦袋學外文，真是無往不利！

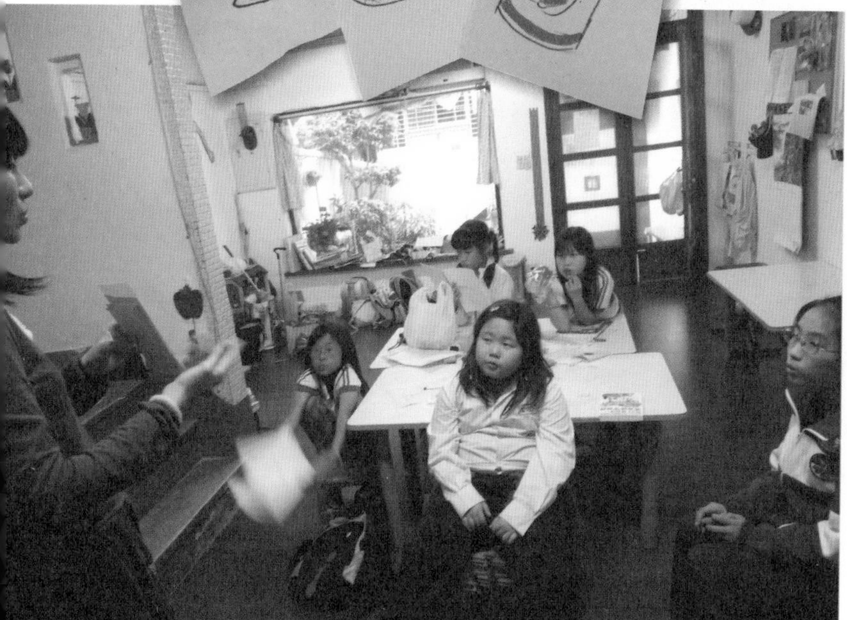

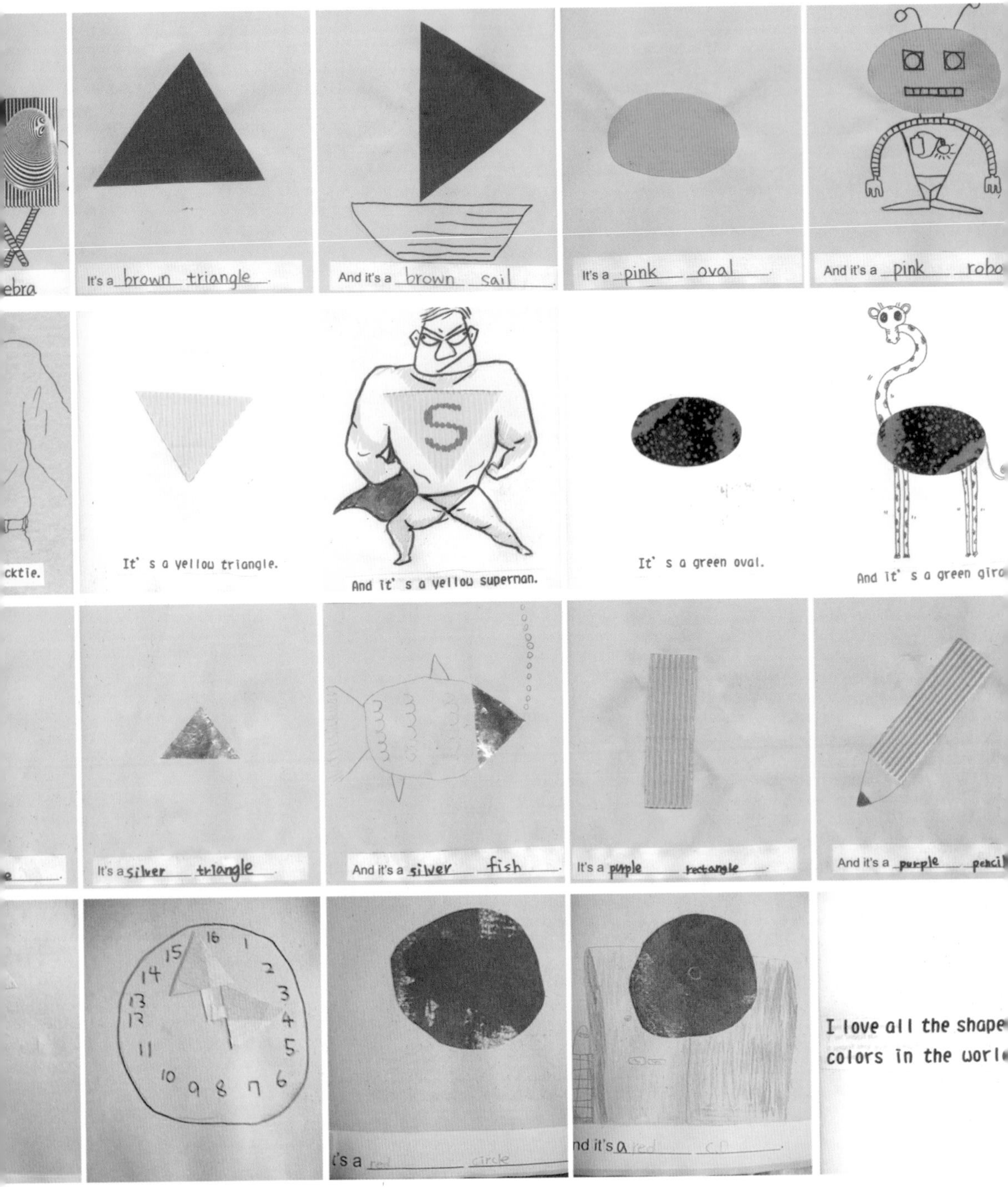
ebra
It's a brown triangle.
And it's a brown sail.
It's a pink oval.
And it's a pink robo
cktie.
It' s a yellow triangle.
And it' s a yellow superman.
It' s a green oval.
And it' s a green gira
It's a silver triangle.
And it's a silver fish.
It's a purple rectangle.
And it's a purple pencil
t's a
nd it's a
I love all the shape
colors in the worl

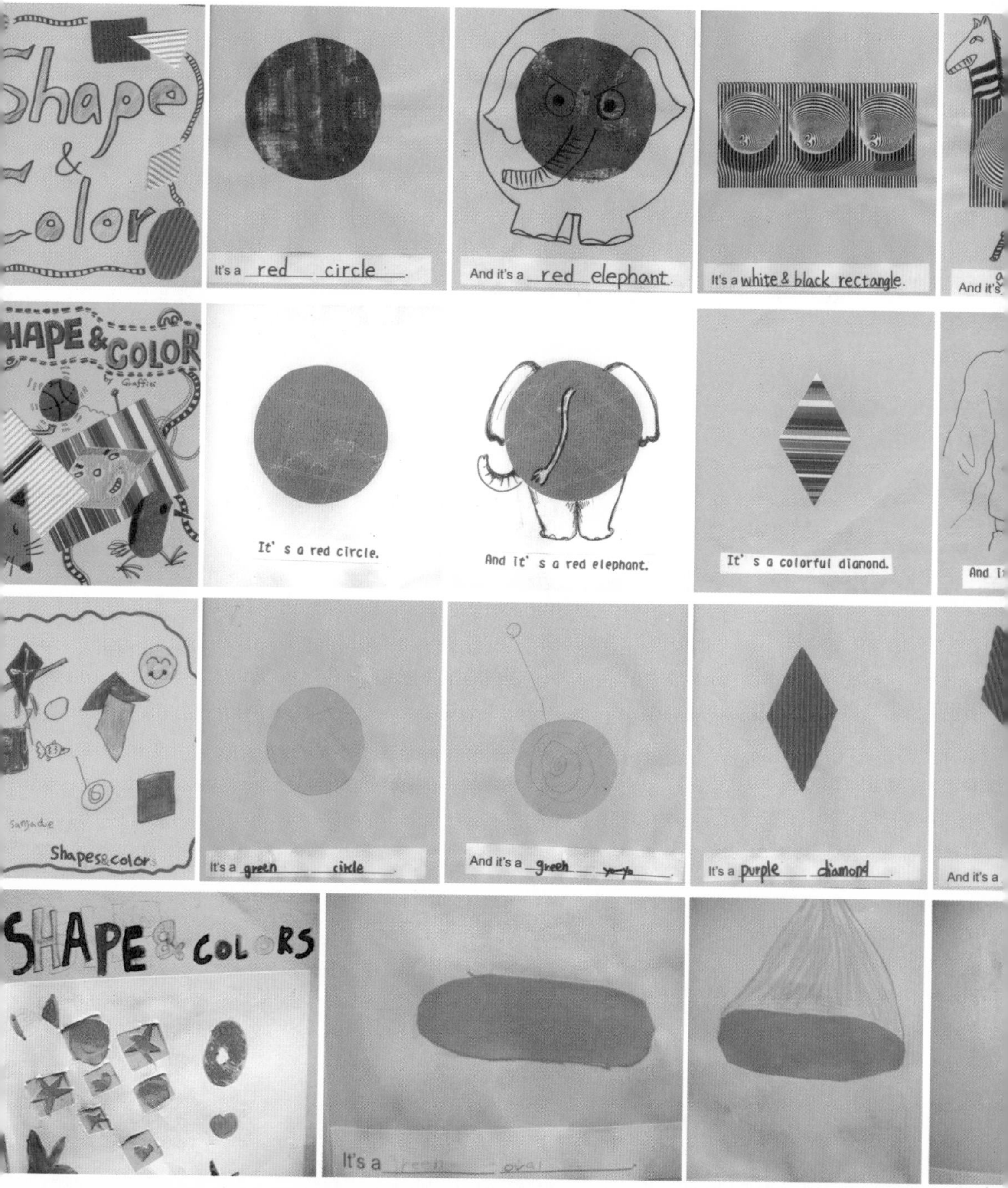
Shape & Color
It's a red circle.
And it's a red elephant.
It's a white & black rectangle.
SHAPE & COLOR
It' s a red circle.
And it' s a red elephant.
It' s a colorful dianond.
Shapes & colors
It's a green circle.
And it's a green yo-yo.
It's a purple diamond.
And it's a
SHAPE & COLORS
It's a oval

從鍋鏟、針線中體會大學問——不怕動手做，孩子就不會怕失敗

孩子一天中最在乎的就是「點心吃什麼」、「什麼時候可以玩」，結合吃與玩的最佳活動就是動手做食物。自此之後，萌生了「小小美食家」的例行活動，孩子可以學會開火、拿鍋鏟、調味……

孩子使用最多的器官是什麼？答案就是嘴巴。孩子的小嘴除了不停說唱喊叫，就是「吃」了。

「吃」和「玩」是每個孩子生活中最重要的兩件事，「小小美食家」的烹飪課程安排，就是最能滿足孩子這兩件欲望的活動，同時充滿ＤＩＹ的樂趣和成就感。

然而，許多父母卻視廚房為孩子的危險禁地，萬一玩火失火？萬一被刀子割傷？萬一被油燙到？孩子幾乎都沒有使用過廚房設備，因此要先教會孩子正確的觀念，如何開關瓦斯、如何使用刀子，知道危險在哪裡、要怎麼預防危險的發生，教導正確的觀念會比一味地禁止來得好。

曾有這樣的社會新聞：有位國中生因為爸媽不在家，所以餓到去便利商店偷東西吃，但其實他有零用錢，足夠買食物回家料理，只是完全沒有自理能力，甚至連最簡單的泡麵也不會。不禁令人感嘆：「如果國中階段的教育，還不足以擁有基本自理能力，將來長大如何獨立生活？」

孩子第一次動手做點心
——就算杏仁餅變成了雞蛋糕，還是自己做的好吃

孩子一天中最在乎的就是「點心吃什麼」、「什麼時候可以玩」，結合吃與玩的最佳活動就是動手做食物。自此之後，「小小美食家」便成為例行活動單元，每個人都可以練習到開火、拿鍋鏟、使用開罐器、洗菜、調味……食材的處理方式也是在一次次的練習中邊做邊學，甚至漸漸愛上「料理」，有的孩子還夢想當廚師、開餐廳。

老師們曾選擇製作過程簡易的「杏仁餅」，做為孩子的初體驗。結果原本該是酥脆的杏仁餅，竟然變成了軟趴趴的雞蛋糕，而且長相很抱歉，但這怪模怪樣的產物，竟然大獲孩子喜愛，一點也不介意。

從此之後，我們便發現一個祕密：孩子對自己動手做的食物，永遠認為比任何瓊漿玉露都好吃百倍！

第一次進廚房拿鍋鏟——從不會煎蛋到做早餐給家人吃

「鮪魚蛋」、「火腿蛋」吐司是常見的早餐選項。有一回，老師們大膽嘗試想讓一年級的孩子煎荷包蛋，真正讓孩子嘗試開火、下油、拿鍋鏟……。

聽到要煎蛋，孩子們都不敢置信，因為幾乎所有孩子們都沒有進過廚房使用瓦斯爐。老師先示範一次程序：打開瓦斯安全鈕、點火、熱鍋、倒油、打蛋、翻面、起鍋。記得煎鍋油濺出來，有些孩子害怕地退後一步，老師們趁機跟孩子說：「媽媽都是這樣煮飯炒菜給你們吃，所以當你們挑食時，想想媽媽每天可是像上戰場一樣煮飯呢！」

輪到孩子上場時，光是第一步開火，就折騰了好一會兒。當有孩子提到「沒開好會瓦斯外洩！」大家恐懼指數立刻飆升，非得老師大費唇舌鼓勵一番，才能鼓起勇氣嘗試！操作過程中，大家對於把蛋打到熱著油的鍋子裡非常驚恐，有人「蛋沒打準，打在鍋子外圈沒有油的地方，立刻成了碎蛋」，也有孩子挑戰精神十足、功力也不錯，煎出了連自己也很滿意的蛋！

等到每個小孩輪流煎蛋結束後，老師再次提醒大家煮完東西後最重要的一件事就是：關瓦斯！而且也讓孩子們知道瓦斯外洩的嚴重後果。

「今天早上我幫全家做早餐喔！」幾天後舒妤跟老師說。

「真的啊，妳做了什麼？」

「我幫全家人做三明治，還有煎蛋！」

孩子不僅學到了實用的生活技能，還得到了照顧家人的成就感。

自製總匯三明治──實際配菜後，才發現每個人的喜好都不同

自從孩子第一次嘗試煎蛋後，三明治就是我們最常做的點心，因為做法很簡單又能讓孩子自由選擇喜愛食物的口味，大家就像吃沙拉吧一樣自由挑選喜歡的佐料，對孩子來說新鮮又好玩。

每次進行自製美食活動前，老師都會讓孩子們事前先開會討論：該買些什麼材料、要用番茄醬還是美乃滋、要不要鮪魚、要不要火腿、玉米……在這些過程中，孩子們開了無數的討論會，溝通與協調的能力也進步很多！

準備材料時，大家一起切番茄、切火腿、洗生菜、洗水果，有趣又令人印象深刻的是，孩子們記得老師曾說：「蔬菜容易有農藥殘留，必須徹底清洗！」因此他們連小黃瓜也一根根很有耐心地洗了好幾次，沖水搓洗美生菜又很怕自己用力過猛、碎成好幾片……動作慢到大家抗議卻又一副認真無比的模樣。

其實，在自行搭配材料的過程中，孩子每次都會嘗試不同的配菜，實驗哪種搭配比較好吃、哪種搭配吃起來很怪，比較想像和實際操作上的味覺落差；而從大家輪流挑選的過程中，孩子才會真切知道自己愛吃什麼，也才能進而注意到別人愛怎麼吃、愛吃什麼；下

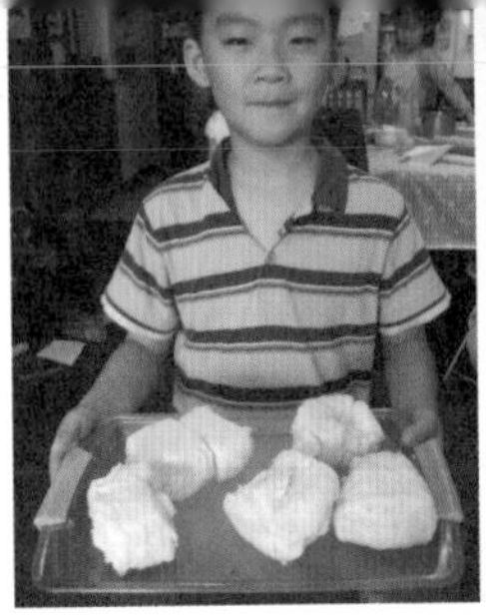

次開會討論購買食材時，也才有機會想到別人不同的需求。

食物得來不易，三國演義饅頭店開張！

烹飪除了讓孩子體會自己動手做的成就感外，還可以讓他們知道食物得來不易，要好好愛惜。像是平常點心吃的饅頭，似乎是那麼的平凡不起眼……但孩子們經歷了「自己製作」的過程，參與了所有饅頭製作的步驟與方式，小小顆的「手工饅頭」居然像魔法般變得如此美味，而且誰也沒想到製作過程竟然如此費事。

做饅頭第一步驟就是認識原料：麵粉、糖、鮮乳都是孩子們熟悉的，但「蘇打粉」、「發粉」大家就很陌生！

蒐集完材料後，還要學著秤重、認識磅秤的刻度，經過一番練習後，才能慢慢拿捏傾倒的速度——麵粉、糖與鮮乳的比例都要抓準，這很不容易。

孩子們之前雖然學過「公克」的單位，但從製作饅頭的過程中，大家還是十分驚訝：原來一百公克這麼少！有的孩子還差點把「公克」和「公分」搞混，經過解釋才了解原來一個是「重量」單位，一個是「長度」單位，也有人舉一反三地問老師：如果水壺裡裝滿了五百CC的水，是幾公克？老師解釋因為水的密度是1（嚴謹地說應該是水在4℃時，密度是1），所以1CC剛好是一公克。孩子們有點似懂非懂，要理解物理特性對孩子來說確實是難度太高，但孩子能問出這麼有深度的問題，也常常讓老師們刮目相看!!

透過實際的製作過程，孩子們互相學習「幫忙」、「了解公克」、「知道製作饅頭的繁複步驟」、「使勁揉捏麵糰竟然這麼累」……再聽到老師說明，饅頭竟是三國時代諸葛亮的發明，原本這群夢想成為三國將士的孩子們，也幻想著開一間「三國演義饅頭店」!!

做料理不只是「烹調」這麼簡單——讓孩子練習「整個」過程

烹飪其實只是培養孩子自發學習的其中一環，藉由有趣的烹調過程，除了讓孩子體會媽媽煮飯的辛苦，也可以學習如何善後、清潔。

而採買及事前準備也是重要且累人的工作，老師也會找機會讓孩子練習買東西，剛開始只是讓大家分組競賽，看誰最先可以在五花八門的超市中準確找到食材，然後在實際的尋找過程中，大大小小「問題」就一個個浮現了：「老師，青菜要怎麼選？」、「義大利麵放在哪一區？找不到啊……」還有「保存期限」、「比價」等問題也出現了，到底是十片火腿八十元便宜？還是五片火腿五十元的比較便宜呢？

除了問老師外，為了搞定採買任務，生性大方的孩子馬上想到「問店員」；而付錢時有沒有超過預定金額呢？該找多少錢呢？這些過程都不容小覷。

等孩子到了高年級時，大家對點心的意見開始變多，但因為沒有經常去傳統市場買東西，孩子不知道實際水果的價格是多少，一斤香蕉十九元跟十一顆蘋果一百元，該怎麼比價？一斤小番茄到底有多少？

我們曾經做了幾天的紀錄，分析水果的價格，然後讓孩子們結伴去買東西，學習怎麼挑水果。剛開始孩子連好水果、爛水果還分不清楚，或者跑跑跳跳提回來的過程中，就把水果撞爛了、蛋打破了、鮪魚買成鯖魚、玉米粒成了濃稠玉米醬等等。不過，也漸漸訓練出孩子買東西的「才華」。

和育幼院孩子一起煮菜，讓孩子體會「施比受有福」

學習烹飪不光是讓孩子明白如何照顧自己及家人，我們也希望孩子可以體會到，自己有了能力後，還能照顧需要協助的陌生人，更是件榮耀的事。

老師們曾帶孩子拜訪榮光育幼院，要和育幼院的孩子一同合作完成點心。

那天先進行分組，每組搭配幾個育幼院的孩子，再一起出發購買食材，由於之前曾發生過玉米粒買成了玉米醬的糗事，這次大家都會互相提醒「要再三確認」。

一回到院內廚房，女生們便主動爭取工作，打蛋、開罐、煎玉米蛋、煎香腸，大家都躍躍欲試！一陣忙碌過後，大家陸續完成了「法國吐司」「起司蛋餅」「生菜沙拉」還有「玉米蛋香腸卷」，看到滿桌的美食，團結果真力量大！孩子們都覺得自己煎蛋技術變厲害、熟練了，對自己的廚藝也愈來愈有信心。

離開育幼院時，院長告訴老師，這樣的交流很有意義，育幼院的孩子都很開心、很有成就感！而當我們的孩子發現原本陪伴自己的哥哥、姊姊不見蹤影，院長才告訴大家：

「他們已經上樓回到各自的『家』囉！在這裡，老師就是大家的父母！」

原本準備回家的孩子們聽到這席話，忽然靜默，心裡頭充溢著一種說不來的感受……

讓孩子當美食節目主持人，延續對烹飪的熱忱

幾堂烹飪課下來，看到孩子們對製作、品嚐美食情有獨鍾，老師們因此突發奇想，幫孩子錄製美食節目，在鏡頭前展現廚藝。孩子們這才發現原來主持美食節目可不是簡單的任務，除了手得不停地動，嘴巴也得一直解說！

拍攝前必須先選購商品，老師再次叮嚀孩子們了解彼此要進行烹飪的「美食材料」，孩子因而想出藉由製作「節目卡」，能讓自己再次對料理的食材有深刻的記憶。在討論的過程中，老師也引導孩子們「專注」聆聽並「尊重」正在講話的同學。

美食節目正式開拍時，每個孩子一開始鬧了不少笑話：害羞地不敢面對鏡頭，或因為緊張而把一些台詞講反了……經過一次又一次的笑場、NG，第一場總算拍攝完畢。

進入廚房進行正式料理才是真正緊張的開始，因為食材下鍋後就不能再回復原狀了，所以就算NG也挽回不了已經煮熟的食物。看到孩子們更加努力地讓自己的排演過程流暢，其他人也在一旁協助擣碎蒜頭、倒調味料等工作，大家似乎漸漸懂得「分工合作，讓

工作順利進行」的道理了。

在老師協助開火後，孩子們一面開始動手料理一面解說重點，還能很俐落地翻炒，連攝影師都忍不住稱讚大家很有美食家的架勢！

在一邊料理食物一邊拍攝的過程中，孩子們專注而投入的樣子，讓父母看了都覺得欣慰！

訓練日期：2008/06/21

引導教師&攝影師：婷婷&小溢老師
培訓選手：酈薇、紫瑄、于庭、舒妤
實習選手：子涵、瑀帆
培訓地點：雅德賽思

訓練記錄

美食節目錄製：舒妤&于庭的食譜

焗烤番茄義大利麵

美食節目名稱：薇薇&瑄瑄的美食教室

材料： 義大利麵、肉醬包或者洋蔥番茄麵醬 、番茄醬、冷凍蔬菜、火腿片、綠花椰菜、起司片、起司條、起司粉 、番茄、洋蔥

做法：
1. 先將花椰菜洗淨川燙過，再切成容易入口的大小
2. 將冷凍蔬菜燙過，與花椰菜一同放置備用
3. 將火腿片切丁，番茄、洋蔥剁碎，一樣放置備用
4. 準備容器將義大利麵放入有些許鹽的滾水中煮至軟化
5. 將煮好的麵放入容器，加入番茄醬、肉醬或者麵醬，拌至均勻
6. 放入花椰菜、洋蔥末、番茄末、冷凍蔬菜一起攪拌到醬料分布均勻
7. 起司片切丁加入少許，灑上一些起司粉
8. 灑上「大量」起司條
9. 送入烤箱10～15分鐘

鳳梨果醬三明治

美食節目名稱：小庭的美食節目

服裝：輕便服裝

材料：鳳梨500克、糖600克、吉利丁75克、吐司半條

作法：1. 糖和吉利丁一直攪拌，攪拌到融化
2. 把鳳梨用水煮再加入第一步驟的東西
3. 煮到水沒有了，再裝罐子，把吐司切成你想要的樣子，再把果醬抹在吐司上。

年糕炒牛肉

美食節目名稱：愛吃美食家

服裝： 上面穿普通衣服，下面繫圍裙

材料： 年糕、蔥一把、白芝麻、鹽、糖、大蒜、牛肉

作法： 1. 年糕切片，煮三分鐘
2. 把白芝麻、糖、大蒜和鹽加在一起，變成調味料
3. 把蔥爆香
4. 加牛肉下去炒
5. 加年糕下去炒
6. 加調味料

從擬菜單、採購、切洗烹煮、囫圇下肚，一氣呵成！

民以食為天，孩子以吃為樂！不辭辛苦從採買到準備，孩子發揮了人類生存的本性，也從中學到照顧自己的本領。

吃出大學問，用知識做美食

帶孩子到圖書館找尋食譜，研究美食料理的製作過程，自己再吸收消化自創方法，雖然色香味不算完美，卻個個是不容小覷的未來「阿基師」。

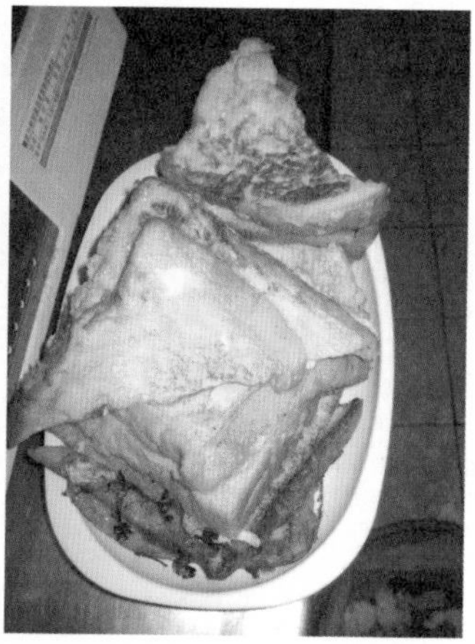

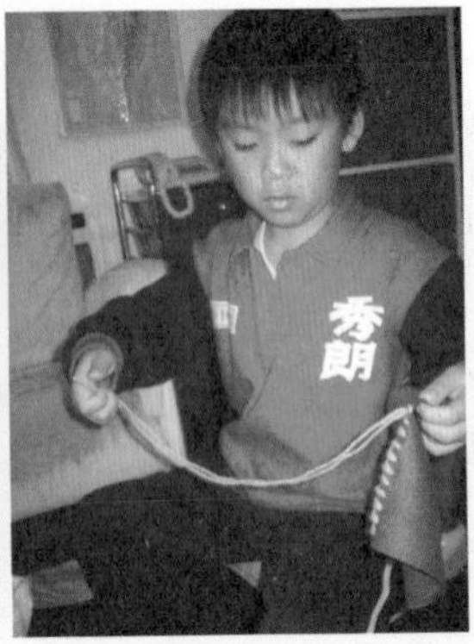

Box

讓孩子拿針線，訓練專注力

家事的範疇很廣，烹飪只是其中一小環。老師希望在孩子對此產生濃厚興趣的同時，再增加一些其他的家事讓孩子練習。因此，就萌生了教孩子「做女紅」的想法。

活動開始時，老師先介紹縫紉安全規則，也提醒孩子們必須把針先安置在板子上，否則針掉了是很難再找回來的。

一針一線基礎功夫不馬虎

一開始先讓孩子們練習把針穿到針孔中，這需要很高的專注力，孩子們都定下心來努力的試圖把線穿過去，一開始都覺得好難，也有人希望老師幫忙完成，這當中開始有人成功，鼓舞了大家。

大家陸續完成第一步驟後，開始練習沿著圖形縫線，打結。有些孩子很快進入狀況。手工很細膩，對縫紉有著高度興致的宜詠，一直興奮地和大家分享試驗成功的好消息，也努力地練習著。縫紉中的宜詠，大家都感受到她的好心情，很多人也請這位大師協助！孩子們認真地練習，完全定下心來。看來，練習縫紉可以訓練專注力、減少分心的狀況。

到永樂市場買布、參觀服飾文化館——讓縫紉和生活連結

進行一個月的「穿針引線」，老師發現孩子們縫紉時既專注又認真，決定著手設計圖稿，預計以布袋針、麻布、棉線、毛根、毛線來製作大型作品，過程中配合實際狀況，與孩子討論作品內容細節，再做修正調整。

看到布袋針與毛線，大家眼睛立刻為之一亮，在布料上開始畫上底稿，可惜布料不適合縫紉，改在紙上畫上底稿，緊接著開始縫上圖案。有些孩子的專注力、細心程度很高，順利地縫圖案，但不小心還是會把紙弄破了。草圖畫完之後，最難的是動手縫紉，布袋針穿過門簾布有點費力，一針一線的距離也不能太遠，有些孩子把線拉得太緊了，讓布幾乎捲成一團，於是拆線重來，布上便留下一堆大大小小的洞口，讓大家笑翻了，但孩子很快的拿捏到使用布袋針的力道。

孩子們在歡樂的聊天中，一邊縫紉著，不過用針還要更小心，開始有刺到人以及被刺到的狀況發生，由於不太痛，大家反而開心地笑了，不過，在老師的一再提醒下，如果刺到眼睛就糟了，大家才開始有所警覺。

縫紉是靜態的活動，為了延續孩子的興趣，老師安排孩子參觀位於萬華的服飾文化館，也帶孩子到最有名的布市——永樂市場，自己挑布。看到琳瑯滿目的布料，孩子們都很興奮，也學到不少料子的分類、辨認方式，同時為自己要做的作品找材料。

過程中每個孩子都很認真地參與，一般人認為只有女生才會的縫紉，其實男生一樣也可以縫得很好。像是孩子們練習製作不織布手偶時，買來的材

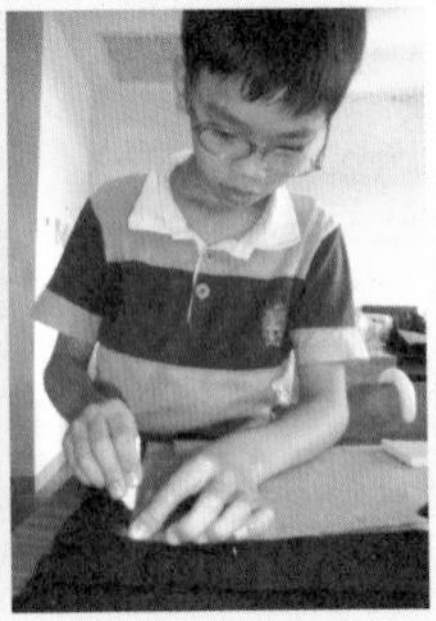

料包雖已將布打好洞，但孩子們依舊能體驗縫紉的感覺，並練習穿針引線，以及不同的縫紉方法。

縫製帥氣忍者裝束，大成功！

除了手縫的技巧之外，老師也示範了縫紉車的用法，看到縫紉車以迅雷不及掩耳的速度，一下子就把衣服縫好，孩子都覺得很神奇，很希望有機會能夠自己使用裁縫機，嘗試腳踩踏板手移布料的感覺。

為了讓孩子有機會練習，老師們再次安排孩子到服飾文化館「實習」。服飾文化館的老師十分用心，特地準備一大袋的不織布讓孩子們體驗車車樂。先設計、剪下自己喜愛的圖案，再用車車樂的機器將圖案縫在衣服上，針的部分因為有用塑膠蓋護住，比較安全。

雖然老師預先畫好了一些圖案讓小朋友選，但大家都想發揮創意自己設計。大俠畫了一支寶劍，旁邊用熊熊的火焰裝飾；翰翰也設計了一把劍，劍中間繡了直線當花紋；昕昕根據原設計圖剪了一些閃電，再搭配一隻可愛的小熊；翔翔原本決定剪一個圓形就好，後來在老師的鼓勵與協助下，還是做了一隻古錐的小魚兒。

大夥兒將不織布與衣服大略固定後，就可以開始動工囉！老師先示範指導一次，再讓孩子自己動手做。昕昕與翰翰很快就掌握到技巧，腳踩踏板的

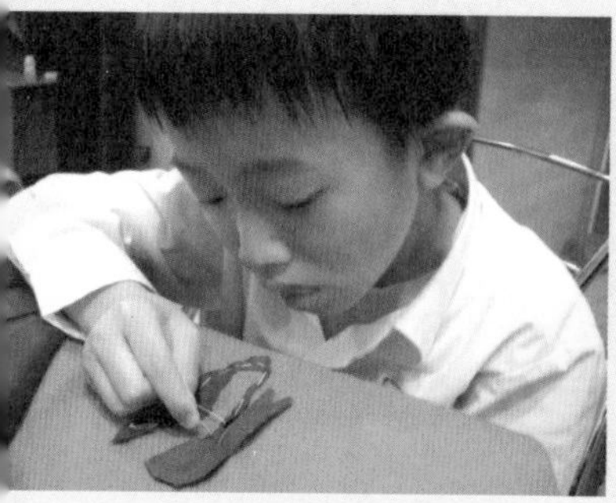

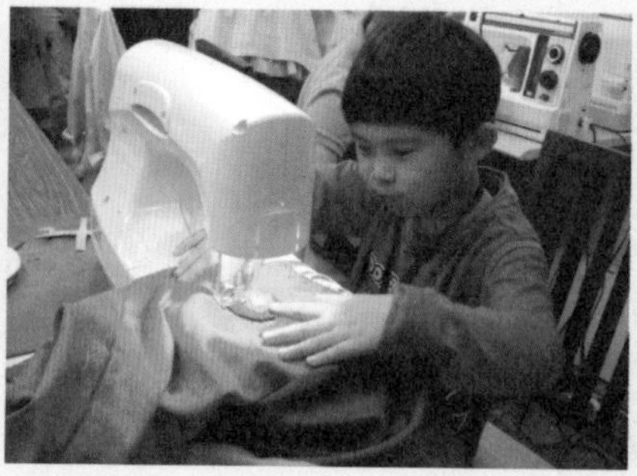

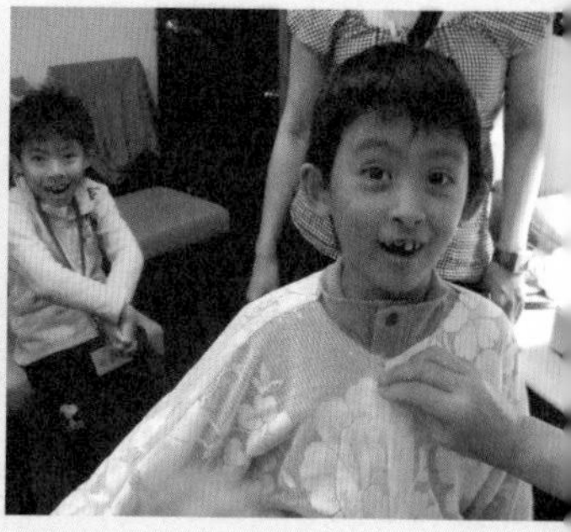

速度和手移動布料的快慢搭配得天衣無縫。昕昕縫到欲罷不能，甚至連上週就已手縫好的圖案再車一次；翰翰能夠自己操作機器，完全不需要老師幫忙，還會隨著圖形的輪廓旋轉布的方向，很厲害！而大俠在一旁躍躍欲試，一直問別人好了沒。輪到他時好興奮，很認真地看著自己的作品，用起裁縫機也是有模有樣。

然而也有孩子無法專心縫衣服，正在使用裁縫機時，眼睛還會看著別人在做什麼，這樣很容易刺到手，而且老師叫他停卻還繼續踩，結果針又斷了，老師只好一邊指導，一邊讓孩子在莽撞中慢慢學習。

作品完成後大家都很開心，孩子們換上五彩繽紛的忍者服，戴上帥氣的護額，每個人都成了職業級的忍者！老師也覺得孩子的潛力真是無窮無盡，竟然能夠完成這麼難的工作，實在令人佩服！

孩子們學習的速度都很快，男孩子的表現一點都不輸給女生！昕昕最拿手的就是打結，彥明擅長捲針縫，翰翰連困難的迴針縫都能縫得很好，翔翔則是會少一個沒縫到，不然就是一個洞縫兩次。孩子們對縫紉的喜愛出乎老師們的意料，只不過在製作的過程中每個人常常叫老師支援，常讓老師快忙不過來！

從學做家事到當老闆——「一日餐廳」實習

「小孩の琴夢」即將開張，老師把需要做的工作分配給孩子們認養，透過表格化讓孩子可以更加清楚之前的準備工作該如何進行，孩子可以學到做事情條理化的概念，為共同的目標盡努力的氛圍，也看到孩子產生了主動性……

老師為孩子設計出的生活技能課程不只是烹飪，還延續至生活中的大小家事。

因為老師幾乎每天與孩子一起用餐，用完餐的收拾工作、做家事就是一個生活課程重點，孩子每天都必須洗自己的便當盒、擦桌子、洗抹布。剛開始孩子做家事會帶著好玩的心情，要不是用了過多的洗碗精，就是花很多時間在玩泡泡、抹布總是擰不乾、碗總是洗不太乾淨……不管做得如何，老師們都以「貼心小乖寶」來鼓勵孩子做家事。

初時有些孩子總是會說：「這又不是我弄的……」等推托的話，因此老師必須不斷跟孩子強調，幫大家撿地上飯粒的人、幫大家掃地的人會累積更多的福氣在「福氣袋」中，養成孩子分工合作、團隊精神的訓練和觀念是很重要的。

煮出一桌好菜——從餐點搭配、買食材，到全面掌控內場烹飪

為了「驗收」孩子的學習吸收能力如何，老師再度找機會，用「怎麼當老闆」的角度，吸引孩子們投入興趣，於是，經營一日餐廳的想法產生了，老師們決定從過去的活動中整理出關於這部分的訓練，讓中高年級的孩子在一個月一次的假日活動時，到佳明老師爸爸之前經營，目前歇業的「堤岸紅塔」餐廳，進行一場真槍實彈的餐廳經營。

出發前需討論菜單。孩子們分成三組討論，最後都推出了令人垂涎三尺的餐點組合。以于庭、姿慧組為例，香脆鬆餅搭配水果、冰淇淋灑上巧克力脆片，這樣一盤精緻的甜點，讓人好想扮演客人大飽口福。

這次活動以內場烹飪為主，老師們決定讓孩子自己去買食材，先體驗煮出一桌好菜後，大夥兒一起在餐廳中享用的樂趣。

孩子們分工合作：舒妤、紫瑄負責奶油培根義大利麵，而姿慧負責沙拉，但因為拿錯刨刀卻把蘋果削出有趣的形狀；嫚均煮玉米濃湯，還從家裡扛來鬆餅機及材料，為大家準備甜點，但因還不熟悉與太緊張，頻頻呼喚媽媽幫忙，不過也獨立完成了不少部分。

開餐廳好辛苦——從內場到外場與事前行銷準備

孩子們延續在「堤岸紅塔」體驗到在餐廳掌廚的快感，又衍生出另一個更大、更轟動

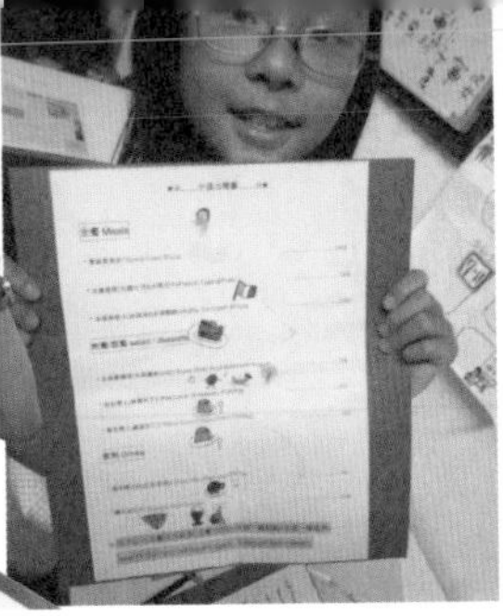

的計畫，這回除了烹飪，還有外場訓練，簡直就是完整體驗「經營餐廳」的一日實習課。

為了讓活動順利進行，老師拍了許多餐廳照片讓大家了解實際的空間配置、有什麼工具可用等。「自由廚房」的胡老闆人相當好，讓我們自由使用所有空間，因此可以擺設創意市集商品、畫作，也可以演奏鋼琴、放音樂等，而且還會派一位服務人員幫孩子們開火、洗碗等，實在讓人感動。

- **想個好店名：**為了吸引顧客光顧，店名一定要特別，有人提議跟創意市集一樣「小學生的店」，還有「哈比人」「交響音樂餐廳」「小孩の琴夢」等，最後由「小孩の琴夢」勝出，由對煮東西沒什麼興趣的熙寧當琴師，沒想到會彈鋼琴的姿慧、舒妤也想當琴師，於是大家商量輪流當內外場、招待、發DM者、琴師等。

- **餐點名稱一定要浪漫：**平常孩子們雖然很會做菜，只為了訂出唯美浪漫的餐點名稱卻花了不少時間，還試畫了菜單的表現風格。雖然老師曾在行前調查表中提醒他們輕食餐點為主，但孩子們還是用心準備了琳瑯滿目的菜色：球球和舒妤的「水果華爾滋（沙拉）」、「法國物語（法國吐司）」，嫚均的「粉紅戀人（草莓布丁）」、「黃色戀人（雞蛋布丁）」，紫瑄、子涵的「藍色夏威夷（夏威夷口味披薩）」，姿慧、于庭的「冰淇淋甜心（冰淇淋水果鬆餅）」，最後，還有嫚均的「鑽石冰可可」！在外場訓練時也將餐點製作演練一次。

● **塑造專業的外場服務生形象：**老師們為了服務生的集訓，特別請教了以前在餐廳當店長的姊姊，了解「服務生就是餐廳的門面，乾淨整潔是基本原則」。大家就在一堆髮簪、髮夾等物品中整理好儀容累癱了，還感嘆地說：「原來當服務生要這麼謹慎地把儀容處理好。」孩子們也才知道都低估了這份職業背後的生存藝術。

孩子們雖然喊累，但演練時無不打起精神，表情十分專注。特訓的重點有：迎賓、引導入座、點餐……從動作到言談之間，每個孩子各有特色：姿慧的嬉皮、于庭的帥勁、舒妤的認真、紫瑄的溫柔、子涵的偷笑、嫚均的積極、球球的嬌羞……

訓練過程中，孩子既要當服務生，又要充當客人，想想面對不同的服務態度時自己的感覺是什麼，再評分給建議。當然這也是老師們用心良苦的安排——就是為了讓孩子從接受者的角度提醒自己，記取別人的優點、改進缺點。

● **制服圍裙風格與DM海報設計：**自從經歷過創意市集密集的設計實作與手藝訓練後，孩子們對於設計DM、海報、縫圍裙，早就駕輕就熟。再加上這兩個活動準備期很接近，還記憶猶新、手也還沒忘了拿針線的感覺。因此，一分配好工作，每個人馬上就有想法！

大家一致通過：深藍色圍裙是展現餐廳整體特色的制服。雖然底布全都用同樣深藍色，但卻展現了同中求異、各顯神通的獨創特色：姿慧歪一邊的口袋設計，有彩色愛心點綴，任誰看了都想買一件；于庭則是把口袋變成一隻貓咪……

老師也爆料自己試做第一件時，居然不小心將口袋縫死了，還是紫瑄提醒才發現；熙寧的表現最讓大家跌破眼鏡，原本一個口袋大剌剌的只縫了五、六針，被大家退貨兩次，後來竟縫出超工整的口袋！老師這才發現，原來之前是熙寧不認真，並不是做不到！

準備工作真的是一籮筐，所有大大小小的細節都要張羅，孩子們得反覆練習，那一陣子走過她們的活動地點時，常常聽到此起彼落的「歡迎光臨」！「請問可以點餐了嗎？」充滿了活力、主動與積極的氛圍！

「一個人熱愛一件事，能感染到周遭的人；當所有人熱愛同一件事，會形成一股力量，如同心圓的漣漪般向外擴張、傳遞，形塑出一股激勵彼此的力量。」

Box

用表格讓孩子學習「有條有理」的做事方法

「小孩の琴夢」即將開張之前，老師準備了大大小小的表格，有排班表、採購表、菜單目錄、點菜單、結帳表……，希望透過表格化讓孩子可以更加清楚之前的準備工作該如何進行，雖然這些表格是老師先設計好，但最大的目的是希望孩子可以學到做事情「有條有理」的概念，也因為一張張的表，就產生了很多負責人、管理人……每個孩子都能練習擅長與不擅長的事情。

（一）排班表規畫——每個職務人人都想軋一角

排班表為什麼看起來這麼複雜呢？因為趁著這個機會，「興趣廣泛」的孩子們各種工作都想嘗試，像舒妤、于庭、嫚均都想當內外場、琴師、櫃檯收帳……於是我們花了很多時間才「喬」出這張複雜的班表！

6/28當天工作排班表

工作 項目時段	琴師	內場	外場	櫃檯	廁所清潔維護
12：00~12：20	意涵	舒妤、紫瑄（球球、子涵支援）	于庭 嫚均 球球 子涵	熙寧12：00-12：30	子涵12：00-12：15
12：20~12：40	于庭			嫚均12：30-12：50	球球12：15-12：30
12：40~13：00	姿慧			姿慧12：50-13：20	嫚均12：30-12：45 意涵12：45-13：00
13：00~13：20	舒妤	于庭	舒妤	于庭13：20-13：40	熙寧13：00-13：15
13：20~13：40	子涵	嫚均、球球、紫瑄	姿慧、意涵、（熙寧支援）	舒妤13：40-14：00	舒妤13：15-13：30
13：40~14：00	熙寧				姿慧13：30-13：45 紫瑄13：45-14：00 于庭（加廚房垃圾）
工作內容	彈琴	煮菜	1.招呼客人 2.幫客人倒水、補水 3.跟內場覆述菜單 4.上菜 5.隨時注意客人用完的餐盤先收走 6.隨時注意客人有何需求 7.空閒時可到門外發DM	1.外場交給櫃檯算帳，再由外場交給客人 2.填寫結帳表 3.記錄商品販售 4.結完帳跟客人說﹁謝謝您的光臨！﹂	1.15分鐘左右內有空便去檢查廁所 2.衛生紙不夠時要補 3.看見馬桶內有不乾淨要沖刷

1.無論負責何種工作，每個人只要看到客人進門要馬上喊﹁『歡迎光臨『小孩の琴夢』！﹂，看到客人離開要喊﹁謝謝光臨，再見！﹂
2.請有手錶的人當天記得戴手錶
3.當負責工作時段結束時，請幫忙提醒下一個人
4.請記得對幫忙我們的工作人員說﹁請﹂（ex請幫我洗一下杯子，謝謝）

（二）菜單、點菜單設計

餐點的價格是師生們透過討論：從成本考量、賣點等諸多因素，才定出這些價格。

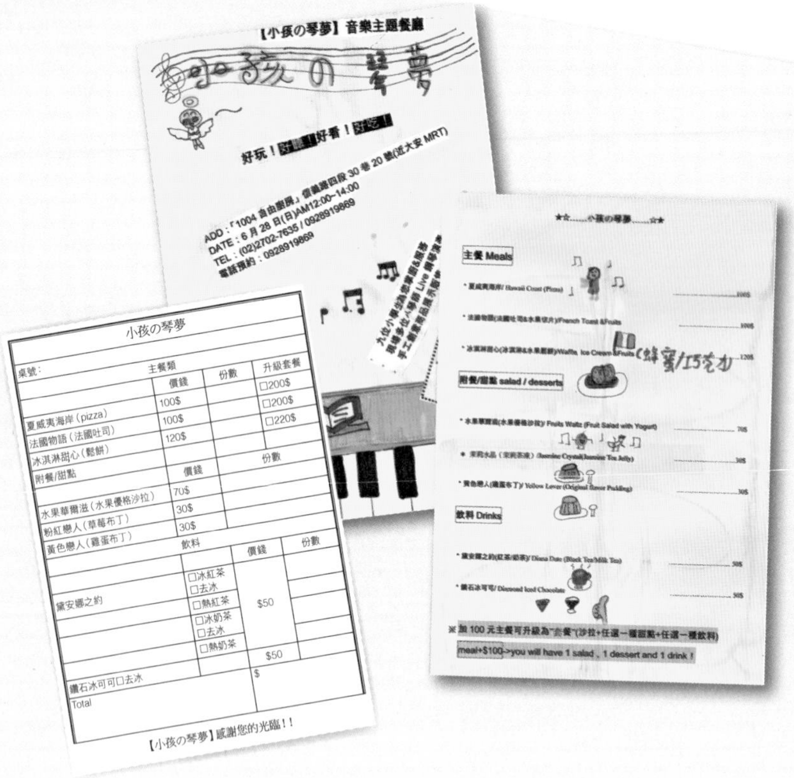

（三）外場人員應對流程備忘

1. **「您好，請問共有幾位？」**
2. **「這邊請！／請跟我來！」**
3. 有幾位就先倒幾杯水
4. 送上菜單↓**「這是我們的menu，請先看一下！」**
（過兩三分鐘再過去點餐）
5. 拿點菜單↓**「請問可以點餐了嗎？」**
6. 點餐後↓**「請問還需要什麼嗎？／請問都點完了嗎？」↓「好，謝謝，請稍等（坐）一下喔！」**
7. 發現客人的盤子用完時↓**「請問這個用完了嗎？可以先幫您收一下嗎？」**
8. 發現客人水杯沒水了↓**「請問需要幫您加水嗎？」**
9. 上菜時要問**「請問XXX是哪位的？」**
（例如：請問夏威夷海岸是哪位的？）
10. 等菜全部上完，櫃檯先將帳單統計好，外場再拿去給客人，說**「這是您的帳單，謝謝！」**
11. 下午一點半之後進來的客人，要先說**「不好意思，我們今天只營業到兩點，請問還要用餐嗎？」**

（四）採購表——數學計算真的有用！

填寫採購表時，大家遇到了許多數學問題，例如：我們抓出客流量約是45人左右，預計大概會有20~25人左右會點主餐，那材料該買多少份呢？老師建議大家可以用上次到「堤岸紅塔」試做的份量估計，像舒妤在計算法國吐司上的吐司到底要買幾包、一份需要一片半、約有25人份……該怎麼算呢？舒妤不停抓頭，結果竟變成要買150包！老師便用小數概念解釋25×1.5……嫚均估計布丁的數量也遇到同樣的問題，結果……雖然孩子算得很痛苦，但至少知道數學在生活上也有用處了！

（五）結帳表——收錢找錢不馬虎

結帳表還有「收」、「找」，還要簽名？孩子紛紛提問：「有必要這麼複雜嗎？」因為大家都想當櫃檯人員，但老師說：「收帳可不能只是好玩！」上次創意市集擺攤就曾發生登記錯誤、跟收入有差距的情況，因此老師希望大家多花一點時間將跟客人收多少錢、找了多少錢都登記清楚，同時還要簽名以示負責，因為在正式職場工作，算錯了錢，員工就真的必須賠錢！

「小孩の琴夢」採購表

材料	數量	金額（成本）

一日餐廳——小孩の琴夢食材採購表+成本淨賺明細

材料		數量	金額	備註
夏威夷海岸	起司條	2包	198	
	玉米罐頭	3罐	66	
	火腿	2包	210	剩一包
	番茄醬	1罐	53	剩半罐
	鳳梨罐頭	2罐	94	
	吐司（厚）	4包	145	所有吐司剩三包半
法國物語	吐司	4包	120	大家當點心吃掉
	奇異果	7顆	70	
	蛋	2盒	74	和冰淇淋甜心合用
	哈密瓜	1顆	67	
冰淇淋甜心	鬆餅粉	2包	294	
	冰淇淋	2桶	76	
	櫻桃	2盒	198	
	巧克力醬	1罐	79	剩半罐，大家當兩天點心吃
	牛奶	1大罐	112	
優格沙拉				
	美生菜	3顆	105	
	香蕉	10根	55	剩半串
	蘋果	11顆	100	
	小番茄	2斤	70	
	優格	5組	210	剩很多，大家吃光光了
飲料類	可可粉			嫚均帶
	茶凍粉	3包	75	
	布丁粉	1包	72	嫚均買
	奶球	2包	100	
	紅茶	1包	129	剩半包
	糖包	1包	33	剩半包
當天補買	蛋	1盒	39	剩一盒
	優格	4罐	80	大家一起吃光
	創意市集貼紙	1包	10	
Total			2934元	
自由廚房租金			2000元	
當天賺			6600元	
成本損失	嫚均布丁模具3個		99元	
薪水計算	(6600-2934-99-2000)÷9=174.11111每人薪水為174元 （經于庭、嫚均、紫瑄、熙寧計算檢驗後得到相同的結果）			

「小孩の琴夢」結帳表

帳單編號	價錢	收	找	值班櫃檯人員簽名

不只是扮家家酒：「小孩の琴夢」餐廳正式開幕
——「您好，歡迎光臨『小孩の琴夢』，請讓我們為您服務！」

開幕當天早上，師生們先合力準備食材，切蘋果、洗菜等，另外把食物分裝後，就上車趕去餐廳了。一到內場，孩子們就呈現一片兵荒馬亂的狀態，雖然每個孩子都認真準備，但因為沒有什麼頭緒，大家顯得有點焦急。

最早到的客人竟然是記者，還有大家期待已久的 Jonah 一家人……接著于庭一家人也來了、紫瑄爸媽、熙寧爸媽、荳荳一家人、跟我們去募款的怪叔叔和阿超哥……都是大家的好朋友，暗中計畫用來測試孩子的外語能力的外國客人也來了，加上一些網路預約的客人，大家沒有預期一下子湧進這麼多客人，簡直忙翻了！

原本大家為了每個工作都能體驗到的班表也都無法進行——琴師根本沒有時間彈琴，必須一直不斷烤 pizza；舒妤煎法國吐司煎到手軟；意涵忙做鬆餅（意涵第一次跟大家做東西，卻很快就上手了）；子涵切水果丁切個不停，但還很盡職地記得檢查廁所有沒有乾淨。負責外場的于庭內外場跑個不停、熙寧很盡職的當櫃檯結帳，但似乎有點應付不來了；球球不再害羞，跟姿慧一起當個盡職的外場服務生。

有趣的是，當大家熟悉的 Jonah 一家人和朋友來時，每個服務生都蜂擁而上忙著招呼，煞是好笑。

過程中也是烏龍百出：點菜單忘記寫桌號、客人結帳時找不到帳單、先來的客人等很久沒上菜、上錯菜、打破杯子等小意外。有些孩子們還是受到部分客人稱讚：舒妤服務相當專業、于庭相當有架勢，管理得很好……

等到客人大致都拿到餐點後，熙寧開始彈奏「給艾麗絲」，博得大家的掌聲，姿慧、意涵、舒妤、于庭也獻上精采的表演，「小孩の琴夢」任務才算是圓滿達成。

當天，「小孩の琴夢」營業額總計六千六百元！雖然扣掉成本、租金後，每個孩子只賺約一百多元，但這個精采的體驗機會千金難買，孩子內心的感受、學到什麼、體會到什麼才是這個忙碌到不行的活動中，最重要的一環。

小小插曲——媒體引起的小漣漪

值得一提的是，因為蘋果日報曾經訪問自由廚房時，老闆推薦六月二十八日有個小學生開餐廳的活動很特別，因此有記者前來採訪。

師生們聽到記者要來訪問就變得很緊張，也很興奮。訪問過程中孩子拿出自己做的DM、圍裙，介紹菜單、當天可能會表演的鋼琴曲目等，比預期中表現更大方、得體。當孩子們知道會有很多人在報紙上看到這個消息，都覺得不可思議。想必，這樣的經驗也會增加孩子們的動力，會更賣力！

〈猴子老師想說……〉

舒妤從很早以前就立志成為廚師，很多小孩嚮往開餐廳，甚至跟舒妤約好：「以後開店找我合夥唷！」，「小孩の琴夢」活動結束後，我們問道：「還想開餐廳嗎？」大多數的小孩都累到露出「要好好考慮一下」的表情。舒妤始終如一：「我還是想當廚師。」好多人投入社會工作後，才發現對工作的熱愛不如求學時期自己想像的那麼熱烈，於是花好多時間尋找、摸索自己真正的志趣（夢想）所在……而我們的孩子已經踏上這條尋夢之路囉！

週一報紙登出後來了很多採訪媒體，不僅是老師，小孩也覺得很光榮。透過受訪，孩子們練習講出自己如何籌備，也練習跟外界的應答。東森新聞的記者先生們還假裝是客人，讓小孩練習點餐呢！不過，老師們盡量不讓這些事模糊了焦點。

活動花絮

發薪水囉!!

在一系列專案活動過程中，成本、盈虧等概念自然而然就融入活動中了：知道成本不只單純是材料，還包括店租、一些意外風險，例如嫚均提供的布丁模有些遺失了，也都要算進成本裡；老師們假裝不知道到底會有多少薪水，想知道的人就自己去算……平常不太愛算數學的人，也都卯起來猛算：加減計算、四捨五入、小數除法都運用到了……最後，孩子們雖然只領到一袋少少的174元薪水袋，但大家也沒有失望，而是欣喜的歡呼。

Box

「小孩の琴夢」忙碌過後——小小心得

紫瑄：我覺得開餐廳是一件不容易的事，因為我們只是做個簡單的輕食，就已經累得要命，而且一開始還沒適應時菜單一直來，我就在心裡想：「好煩喔！」但慢慢適應後就還滿順手的，不過還是一直出錯，像有一次，有人點了一份沒火腿的夏威夷海岸，但是送錯了，變成我們還要補一片火腿，唉~~真是的，這就是我們要改進的吧！雖然大家只做了兩個小時，但是就已經快忙不過來了，可見那些餐廳的人……真累！

舒妤：我要死了！！！！！！！！！！！！（口吐白沫）但是，想到能為別人服務就好了……而且我還想到開餐廳是一件「非常不容易的事」！

于庭：累死了！！！！！一開門一大堆的客人進來了，我一直跑裡跑外，而且有人上菜沒有把菜單畫掉，我還有被拍，氣死了（而且還是偷拍的），最後大家都……累．死．了！！

球球：昨天我覺得很開心，因為我可以當外場，我很高興，我最喜歡的大概就是外場的工作吧！我很希望再去1004開店，可以開四小時，然後可以賺比四千多2倍，而且超級累，有點不爽，但是回家還是捨不得。

嫚均：很累，我們很辛苦，因為腳很痠、服務又很累……我很感謝楊老師，因為他也進來幫忙，我內外場的工作都喜歡，因為好好玩，在外場時還被客人稱讚，真好玩，內場是因為我喜歡煮東西。

熙寧：我覺得很累，我最喜歡的工作是彈鋼琴，因為最簡單。我最不喜歡的工作是外場，因為有人會跟我拍照，我不喜歡櫃檯，因為很無聊。

姿慧：昨天，是一個令人緊張的日子！-v- 就是第一次開餐廳！老實說，我其實覺得我做得很棒（good!），因為我都會 help 客人倒 water，還會幫客人加 water（其實也還好）……

服務生特訓班開訓了！

老師帶著這群孩子到園長家，從待客禮儀到點餐上菜，每一細節步驟都不斷演練，希望派上用場時能達到「專業」水準。

小孩餐廳大爆滿！裡外都是人！

場內一堆小孩廚師在內場忙著料理，場外一堆大人正大快朵頤，裡裡外外大家都玩得很開心。

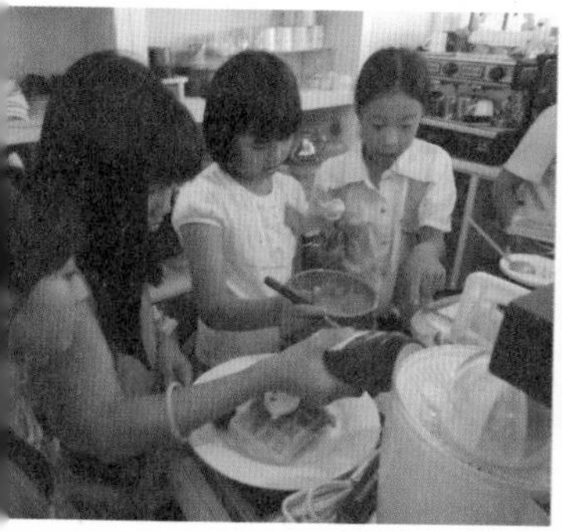

Box 迴響與漣漪

「關於孩子是否上電視？」親師討論信件

東森新聞報導

Dear 家長們：

感謝大家提出這麼好的意見，其實我本來也會擔心突然過多的曝光率會讓孩子被媒體「誘惑」，不過事後請孩子談談活動心得，發現孩子其實多半都 focus 在活動本身上，對於自己上了媒體的事其實也沒有我想像中在意。

回想活動當天，東森新聞在大家正在忙碌時打電話給我，問我是不是今天有活動？我說：「對啊！可是你們不是報導過了？」他說謝謝後就掛斷。結果沒想到他們直接就跑來採訪了。

原本怕記者採訪對 1004 廚房的老闆不好意思，但他們人很好，會跟記者溝通希望不要太妨礙孩子做事，盡量別訪問孩子，畢竟我們的目的是要讓孩子真實體驗這一切，不管他們做得好不好……

經過這次經驗，老師會注意對媒體提高警覺，不過覺得他們剪輯的還不錯！呈現的幾乎是孩子真實的狀況：姿慧邊做邊舔手、于庭叫著好累好餓……

FROM 紫瑄爸——

Dear all teachers and parents,

1. 短短二分鐘的新聞曝光確實讓孩子們興奮了大半天，影片看了又看……整個活動，老師們的鼓勵與誘導居功至偉，嘎汝拍拍手嘎汝削蘋果啦！
2. 活動後的省思我覺得也很可以讓孩子們發揮，有太多題目可談，如成本 vs. 盈虧、團隊合作、規畫 vs. 執行……，每個孩子應該會有不同的感受和心得吧！

3. 媒體的部分是個很好的機會教育時機，從電視台花那麼多時間採訪卻只播出了二分鐘，可以和孩子談：材料的取捨（覺得東森有剪出重點嗎？如果是孩子自己選擇要如何呈現？），媒體的流程（東森怎麼選擇播或不播？），views vs. news（哪些部分是報導？哪些部分是評論？公允嗎？正確嗎？……），觀眾的權利（除了被動接受之外有沒有其他的可能性？），明星或主播怎麼產生、怎麼包裝的等等……我覺得在孩子們進一步接觸媒體前更多些了解也許會有助益＞＜

FROM 于庭媽媽——

Dear 猴老，弦老，

上星期天看到新聞播出，雖然我們全家都非常的欣喜，還不斷的提醒親朋好友要注意播出時間，對於孩子們的表現也覺得比以往成熟；但靜下心想想，就如老師所說的學社的曝光率有增加的趨勢，其他的媒體日後可能也會有接觸的可能，因此如何謹慎的選擇媒體是我們要一起共同思考的；有些媒體要的只是新鮮的題材、豐富他們的版面，但他們可能忽略了學社成立的實質意義及老師用心規畫的課程，所以我認為老師們是有義務篩選媒體及採訪內容的，當然也希望老師的決定能事先讓家長知道；以上是我個人看法，希望也聽聽其他家長意見！

FROM 舒妤爸——

願意！

希望老師多多鼓勵舒妤

要大方應對注意禮儀

給予公眾良好印象

祝福老師和孩子愈來愈棒

每個孩子都是小小明星

人生本來就充滿考驗，應該讓孩子早一點學習適應，因為面對風險及變化，也是人生成長過程必要的一環……

放學後的孩子，背著沉甸甸書包趕才藝班的身影，經常在小學門口上演。

但許多孩子學才藝是為了讓父母安心、讓學測加分，至於自己到底學到了什麼？如何應用在生活？卻常被家長忽略。

我們這一群老師對孩子的影響有時甚至超過父母，和孩子一同成長的老師均來自不同的專業領域，擁有多元的興趣專長與「拿手絕活」，也都非常年輕有活力，對教育充滿熱忱，對生命懷抱無限憧憬。每個老師都絞盡腦汁、用盡自己所有資源，就是希望能夠帶領這群孩子，充分運用課後、週末、寒暑假的時間，從事各種活動，以開拓豐碩的黃金童年，打造不同凡響的人生。

街舞——展現帥氣與個性的身體語言

我們有個 Eva 老師，她不僅擁有豐富的英語教學專長背景，同時也是一名街舞高手，有著帥氣明朗的風格，能激勵孩子塑造自我個性、培養勇氣、挑戰自我。

比起一般唱遊或舞蹈課，Eva 老師編排的舞蹈動作並不因孩子的年齡而簡化為可愛稚氣，而是需要苦學勤記才能上手，同時強調舞者表現出來的自信與帥氣，讓一群愛耍帥的小男生們從此愛上街舞。

在孩子們辛苦練習一整個學期後，Eva 老師想出一個創意點子，將英文的 Rap 教學和街舞結合，在幼稚園畢業典禮晚會上表演這首無音樂的 Rap 舞曲，讓孩子第一次登上舞台展現舞技。

自從學了街舞以後，男生們不時就會秀一下街舞招式，有次在義賣會上，三個男生竟然無預警地來了段街舞秀，又翻又滾，還有掃腿倒立，家長們都看呆了。

Eva 老師也會邀請舞團的朋友——Tommy 老師當「一日老師」，帶來新奇的舞碼：巴西武術用的彩色木棍，木棍打擊聲配上街舞動作，讓孩子進入更豐富的舞蹈世界。

剛開始孩子們還不太熟悉棍法，後來漸漸上手，Tommy 老師便採用競賽方式刺激孩子們練習。而大家為了團隊榮譽，喊得超大聲，神采奕奕，連一旁老師們都感動了。雖然拍子偶爾稍微跟不上，也會忘記動作，不過為了自己最喜歡的街舞，孩子們還是努力不懈。

此外，為了讓孩子有更大的表演舞台，藉由某次台北國際護士節的活動，老師們還帶

〈Eva老師想說……〉

在排練的那段日子裡，每個孩子寫功課超有效率，深怕自己無法參與表演，甚至外出參觀行程的等車時間，也會趁機練習街舞動作，雖是臨時起意、隨地練習，孩子們卻能馬上跟上腳步！

領孩子參與街頭演出。

表演當天，大家自動自發地就定位後先就地寫完功課，令老師們刮目相看呢！到了休息室大家又以迅雷不及掩耳的速度完成換裝、化妝以及整理髮型等每個步驟，比起其他隊伍的小孩，穿脫都等著大人幫忙也不願自己嘗試，這群孩子顯得懂事多了。

一上場，孩子們絲毫不會怯場、賣力演出，雖然後半段音控師以為表演結束而停掉音樂，在沒有音樂的情況下，孩子們依然能自己喊口號繼續表演，令在場觀眾無不讚嘆！後來，老師問孩子當時上台看到那麼多人會不會緊張，大家都異口同聲的說「不會」！相信這次的舞台經驗，讓孩子們的自信攀升數倍！

要維持孩子學習的熱情，就是得這樣一次又一次的引導，不同階段有不同的刺激，有新奇的人事物、有新的難關挑戰，讓他們磨練技巧的同時，也增加了喜愛這個領域的深度，往後也才有機會成為孩子的嗜好甚至專長。

甚至，在孩子對舞蹈產生興趣之後，原本老師們設定的教案，早就成為可有可無的「配角」，因為隨著孩子的眼光與興趣的轉變，課程總是往意想不到的方向延伸、開花、結果……

舞蹈與律動——在音樂中舞動身體，訓練感覺統合、激發潛能

舞蹈課一直都是孩子們樂此不疲的動動課！小溢老師運用舞蹈開發孩子們的肢體語言，並增添爵士舞的基本舞步，如原地律動、下半身律動、地面柔韌訓練等課程，讓孩子們接觸與認識另一種風格的舞蹈。透過爵士舞，更熟悉肢體語言的表達與發揮，讓孩子對肢體的表現更有自信與創造性！

在引導孩子學習舞蹈的過程中，老師加入了空間概念的流動與律動練習，讓孩子們可以大範圍的舞動自己的肢體，同時也要訓練孩子們記憶舞步，激發腦袋潛能，當孩子們思考動作的連貫性，並搭配音樂起舞，對孩子的統合能力大有幫助。

舞蹈也是很耗費體力的活動，透過練習及肌肉的鍛鍊，可增強舞蹈動作的爆發力和協調性，也增進「手腳及腦部接收訊息鏈結」的能力，這部分對於孩子其他的學習很有幫助；所以，別把舞蹈當成「打發時間」的餘興節目，它可是啟發孩子學習能力的功臣！

練舞蹈的好處真的不少，而小溢老師因為是專業現代舞團出身，給孩子的是正規舞蹈教學，劇場出身的猴子老師則給孩子更 Free 的肢體空間！引導孩子開發肢體、舞動身體真的可以天馬行空，猴子老師說：

〈猴子老師想說……〉

我喜歡在歌曲的間奏留白，讓小孩隨興發揮，跳老師的舞步Follow上或記起來時的確給孩子很大的成就感、足以培養自信，但給他們自由揮灑的時刻，小孩亂跳亂翻亂滾亂甩…和同伴恣意舞動時，那High翻天的表情更是童年珍貴的瞬間！

舞蹈一定要美美的嗎？律動一定要喊1、2、3嗎？如果律動可以更好玩，也許一邊遊戲一邊律動，想像自己是隨風搖曳的樹枝、跳來跳去的青蛙、到處飛翔的蝴蝶或隨興滾動的小豆子。或以一首輕鬆的曲子跳舞兼律動，孩子是不是會更喜歡？

於是老師編了一些外人看起來「阿哩不達」的舞步，Jazz＋街舞大雜燴，搭配「飛起來」這首輕快的舞曲，簡直就是現在最流行的Free Style！或是看不出來究竟是兒童舞蹈還是Jazz的「帽子舞」，小女生跳起來超俏皮，小男生改為毛巾舞後，反而呈現陽光男孩風，讓身兼園長與家長的我印象深刻……

小孩跳久了這樣「自由」、「不歸類」的律動舞蹈後，對於舞蹈形式完全不拘，後來籌畫街頭募款（幫助中輟生活動）時，師生們嘗試集體創作，為街頭即將演唱的歌曲編舞，舞蹈果然可以天馬行空，不拘動作！又能「熱力四射」、充滿原創性！！

戲劇課——在表演中遊戲、吵架，激盪想像＋創造力的火花

為了讓孩子更深入體驗這繽紛多元的藝文世界，猴子老師的課程中還融合了「戲劇」。這可不是看看電影或是參觀劇場而已。

由於猴子老師曾為「金枝演社劇場」的專業演員，她曾經出國表演、也多次演出兒童

〈猴子老師想說……〉

當我從俄語翻譯、劇場演員進入兒童教學這個領域時，最期待的便是把自己的最愛跟孩子分享，但……該如何分享？分享的重點為何？難不成要培養孩子成為俄語專才或專業演員嗎？還是Just For Fun？有沒有可能兩者兼顧？

劇，她也常帶孩子去參觀戲團，甚至讓孩子參與劇團的訓練活動，如「金枝演社」、「身聲演繹社」等，平時她也利用課餘帶孩子去看戲劇表演，將自己喜愛的戲劇介紹給孩子，甚至連家長也跟著一起參加呢！

在有限的空間、人力、物力中，該怎麼讓孩子體驗戲劇呢？猴子老師曾安排一連串的劇場遊戲與表演活動，幫助孩子進入戲劇的專業領域。

比方說，引導孩子們發想身體有哪些位置、關節可以轉圈圈，孩子紛紛說出：膝蓋、腳踝、手、肩膀、頭、嘴巴、舌頭、鼻子……愈來愈多天馬行空的想法，接著大家就試試看轉動鼻子、耳朵，體驗很放鬆的感覺……真是不錯的idea。

還有雕像遊戲，也可以讓孩子自由發揮擺pose。女生通常非常有自信地展現雕像的力與美，愛現的男生則表情十足，卻容易陷於慣性動作，老是擺出千篇一律的打鬥架式。

在老師帶領孩子體驗戲劇的遊戲中，我印象最深刻的是「Follow the leader」：所有人必須跟隨leader的動作、聲音，要跟leader一模一樣。第一次玩，愛玩愛鬧的男生們自然非常喜歡，在lead和Follow上都得到很大的樂趣，尤其當leader發出怪聲造成一種「集體魔音」的效果，或有人跟不上leader動作、或是為了跟上動作而匆忙得令人發噱時，男生總樂到不行！完全符合愛惡作劇的特質！再觀察女生，剛開始似乎覺得頗無趣，沒想到居然聽到她們主動要求「想再玩！」猴子老師當然驚訝萬分，但生性愛玩的她也一定會讓孩子充分享受這個過程的，結果：

leader 開始發展出「超級整人」動作，
而 follower 在不斷追逐中感受一次次的成就或挫敗感，
以身體感覺「大家一起專注一件事」，享受那種既簡單又困難的滋味……
孩子們竟然做到了連演員都覺得最困難的事——活在當下。

還有一次，猴子老師帶著「箱子」上課，目的竟是——激盪孩子的想像力！

每個孩子手一伸入箱子裡，因為想像力作祟，原本只是個普通的箱子瞬間變身為「恐怖箱」。孩子歷經這些「恐怖體驗」後，老師順勢玩起想像力遊戲，想像「火災現場」、「醒來時發現自己在果凍裡！」、「為了救人一定要踩過一條布滿鐵釘的路」……

先前恐怖箱的經驗，讓孩子的想像力已激發出臨場感、真實感，還聽到孩子緊張問：「我一定要走過去嗎？會很痛耶！」聽到這個問題，老師就知道，她的詭計終於得逞了!!

對於猴子老師的教學，我早已見怪不怪，沒想到她竟然引導孩子分兩組開始「吵架」。當下直呼不可思議，後來，我才知道原來吵架可是一種很棒的「即興經驗」！

像這種沒有事先寫好任何台詞，只需「吵贏」，孩子為了達到目的，常會激發潛力，不知不覺許多精采的台詞就這樣冒出來了！

吵架並不是壞事，在體驗吵架的過程中，孩子會絞盡腦汁把自己知道的詞彙統統拿出來，而且還得逼自己吵得有邏輯、能讓對方啞口無言，這才是這遊戲最有趣的地方。

其實，孩子對戲劇是充滿好奇想像的，在觀賞電視、電影、卡通時，孩子會投射自己參與其中的想像，所以孩子多多少少編織著明星夢，老師可以運用孩子這方面的興趣，帶領他們接觸更多不同領域的專業事物。

讓孩子扮小丑——從「小丑之心」入門，表演者的心意最重要

除了玩戲劇遊戲，熱情而充滿「戲」胞的猴子老師，對於表演藝術的抽象式表演，無不傾囊相授：如偶戲、小丑藝術等各種表演方法，希望孩子在吸收過程中，同時回應老師滿滿的熱情和快樂；創造力和想像力也將不斷地激盪出來。這就是劇場人常說的「火花」！

像是小丑 workshop，就能滿足孩子的好奇心。一般人都以為小丑課程重技術，直覺想到默劇、炫技等等，但猴子老師帶領孩子學習的不是那些技巧，而是**從「小丑之心」入門——希望為大家帶來歡笑的心意，才是小丑最重要的基本功**。於是，孩子們帶上小丑的紅鼻子，想盡辦法逗笑大家。看著小丑拚命的囧樣，大家都笑得非常捧場，小丑把觀眾逗笑

的同時，自己也露出傻笑……十足的小丑精神。孩子也從角色扮演中了解到小丑面具下的心意。

戲劇課除了讓孩子嘗試即興表演，也讓表演欲旺盛、創意無限的孩子能有真正發揮的舞台，甚至還規畫中年級假日活動「公主派對」，進行秀導與模特兒間的演練走秀，透過這樣的形式讓孩子了解導演和演員間的工作模式，孩子也能練習怎麼分工與溝通。

其實在戲劇課程中，也能看出男孩與女孩的不同。常常秩序失控的男生，在表現力與創造力上如脫韁野馬、欲罷不能，而秩序良好的女生在戲劇的表現上，就沒那麼放得開。所以老師就安排歌舞劇、反串等課程，希望讓女生也拋開自我，盡情展現！

台語歌舞劇——歌仔戲〈非常女〉的華麗演出

在教室裡模擬的戲劇課，是需要有實際練習機會的。於是老師安排孩子到街頭表演，正式上場前除了先觀摩專業街頭藝人表演，老師也帶領孩子準備一小段演出，看看能吸引多少人潮，說不定還可以為自己賺一些零用錢呢。

表演的好壞不是重點，最重要的是，讓孩子了解「台上一分鐘，台下十年功」的道理，如果每次排練時都只是玩票性質，是很難把完美的一面呈現給觀眾的，而街頭表演辛苦之處，孩子們在活動中也慢慢體會。

街頭表演是比較隨興的演出，為了讓孩子體驗繁複華麗的歌舞劇，猴子老師安排了讓孩子跌破眼鏡的「歌仔戲」表演，但因為猴子老師絕對不可能只是按「正常程序」從基本動作教起，反而利用〈非常女〉台語歌編舞，帶入歌仔戲身段、動作，再加入現代戲劇一點「搞笑」的元素，讓孩子一開始就很樂意學。男生學時，動作上強調帥氣，教女生時引導她們做出柔媚姿態。愛耍帥的男生和天生愛美的女生，馬上愛上這支〈非常女〉。比學校的台語鄉土課程還有意思呢！

演出俄國經典名著——挑戰第三外語演出

這一連串宛如專業劇場訓練的課程，開啟了孩子前所未有的新視野。見孩子專心投入，猴子老師更加上她的另一個專長——俄語。順勢介紹世界名著，建立孩子國際觀。

猴子老師帶領孩子排練俄國劇本《鼻子不見啦》，一開始先從講故事讓孩子熟悉主角的遭遇，再引導孩子思考需要哪些道具，列下清單後，一夥人就進行道具製作，讓孩子發揮獨特的美術創意和靈巧的技術，期間也穿插歌唱發聲、故事接龍、俄語會話等，讓小孩享受用聲音「演」角色的無窮樂趣。

劇場領域其實有非常多好玩的地方，坊間的「兒童戲劇教學」很多都設限在「兒童教學」範疇裡，和「成人教學」有很明顯的界限。但猴子老師試著打破框框，孩子不僅是接觸到劇場的多樣面貌，學習專業劇場演員的訓練課程，也體會了人生。

湯米哥和伊娃姊的街舞特訓班

Eva老師和Tommy老師舞技超強，強降手下無弱兵，每個孩子都賣力學習，想成為武林高手。

歌舞青春，兒童歡樂版！

大家一起唱，大家一起跳，藉由專業人士的帶領，小孩玩藝術，玩得好開心！

「海中芋言」陽明山拍攝記

平時頑皮小魔女，手中一把海芋配上一襲白衣，個個成為氣質非凡的小仙女，在海中芋言的音符中演出優美意境的精采MV。

動手玩藝術，更要用身體作畫！

藝術即生活，生活即藝術，玩藝術是我們課後生活的一大重點，除了體驗各種藝術媒材及創作形式，更要大膽創新，來一場人體作畫的藝術饗宴。

孩子的純真，就是最美好的藝術元素！

有人說，偉大的藝術家都具有天真的童心，而我們看到的是孩子的技巧不純熟，然而其創作竟然蘊含著藝術大師的美感況味！

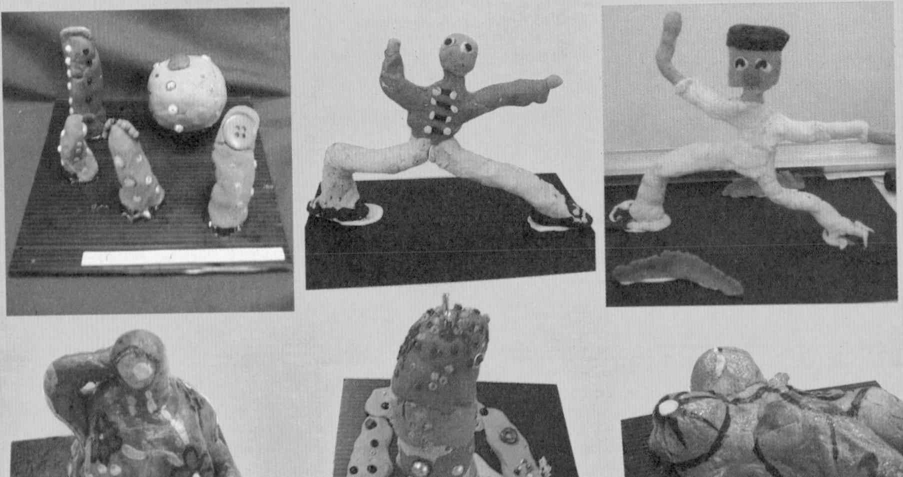

嫚均/橡膠板畫/兔子

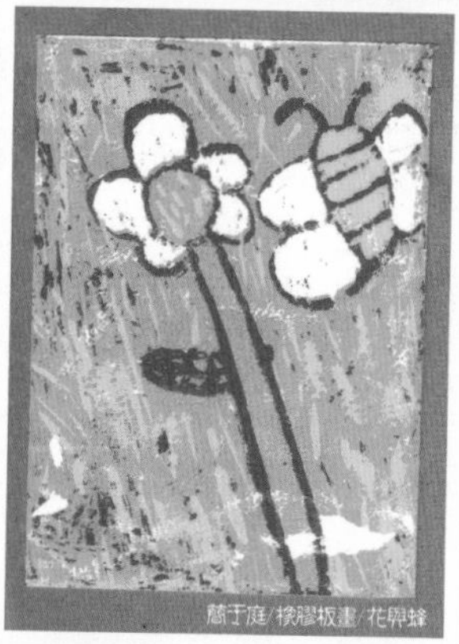
藺于庭/橡膠板畫/花與蜂

陳姿慧/橡膠板畫/小豬

紫瑄/橡膠板畫/幸運草

繪畫課——從不同風格、媒材到用身體做畫，培養觀察與創造力

許多孩子都能在安親班或是才藝班，接觸到繪畫，但其實繪畫課要培養的不僅僅是畫圖的技巧，更延伸到對周遭事物的觀察力。孩子把圖畫得好，像照片一樣逼真，但如果缺乏創意，那幅作品頂多只是一幅很美的畫作，看不出孩子揮灑的創意。

我們希望，用更多元、豐富的方式去引導孩子，讓他們不僅僅是學習到畫圖技巧，更能激發出創意及想像力。

有一回，有繪畫專長的弦音老師帶領孩子參加「夢幻同樂會」主題的兒童繪畫比賽。老師先跟孩子聊聊關於「同樂會」的記憶，再啟發孩子們的想像力——究竟要和誰一起「同樂」呢？有孩子畫跟哥哥一起坐雲霄飛車的同樂會，構圖活潑動感，顏色也很亮麗；也有人畫充滿氣球、禮物等歡樂氣息的「天使的同樂會」；有孩子則是走另類路線，以「幽靈的同樂會」主題，充滿了天馬行空的豐富想像力。

藉由參加繪圖比賽的過程，除了建立觀察力及創造力，還會趁機提升孩子使用繪圖材料的技巧，因此那次大家都使用較高難度的壓克力顏料。弦音老師先示範一張畫，說明如何先著上背景色，待乾後再逐一著色。孩子們雖然花了很久的時間才上完色，但也培養出毅力和耐力。

未受過完整美術訓練的孩子，對於各種不同媒材如何運用，還需要學習，但也正因為如此，孩子可以比成人擁有更豐富的創造力，沒有創作的限制。因此「該如何開發孩子的潛力？又不抹滅他們原創樸拙的趣味」的尺寸拿捏，老師就得時時放在心上！

比方說，弦音老師將自己很喜歡的法國藝術家克萊因（Yves Klein）的人體拓印概念傳授給孩子，讓他們嘗試這種用身體作畫的特別感覺。於是，一群師生們便在畫室地上鋪滿報紙，用手腳去沾顏料，隨著不同感覺的音樂在大畫布上盡情解放、揮灑，連平常最愛乾淨的孩子也能玩得不亦樂乎。

玩出興趣後，老師還去商借了更大的劇場工作室，孩子必須先一起把畫布縫合，然後沾了顏料在畫布上跑跳、翻滾，嘗試用身體的各個部位畫圖，甚至有人把全身塗黑整個趴下去、有人把顏料塗在臉上變成人體印章……過程中，孩子忘了拘謹、猶疑，到最後更拋開所有拘束壓力，也忘記了「不要弄髒」的規定，創作出抽象畫的集體創作，對孩子還有洗衣服的家長來說，應該是很難忘的經驗吧！

開拓藝術的視野——培養鑑賞力

為了不讓孩子的美術課淪為匠氣的技巧練習，老師也協助孩子培養藝術鑑賞力。畢

〈弦音老師想說……〉

有回孩子搭電梯，看到電梯裡牆上的點點，立刻說，看起來超像草間彌生的作品！旁人聽到會覺得孩子真是學富五車、懂這麼多，但其實這只是他們的生活經驗罷了。而我則是訝異，這名字難記到我都不太記得，孩子們竟然可以脫口而出，我想，這就是藝術風格對了孩子們的胃口！看過、喜歡、欣賞，然後就會記得！

竟，創作前是需要觀摩、學習的，多看名家畫作，除了能讓孩子眼界大開，也間接吸收了許多知識。畫壇才子輩出，要帶領孩子有系統地認識藝術家與流派，老師盡量選擇故事性強以及創作方式較特別的藝術家，佐以圖片或影片來介紹，再讓孩子臨摹作品，當然，別忘了加進自己的創意。例如老師在介紹行動畫派的波拉克（Jackson Pollock）時，讓孩子看了〈波拉克與他的情人〉影片中，波拉克如何用油漆和刷子進行第一幅行動繪畫的片段，孩子從來沒看過這樣的創作方式，大為讚嘆，也對這位藝術家留下深刻印象。記得有次一個孩子看到地上的油漆漬，脫口說出：「哇，好美喔！好像波拉克的作品！」就可知道，這位名家已經深深印在他腦海中了。

除了歐美藝術大師，老師也介紹近代藝術家讓孩子認識。像是Yayoi Kusama（草間彌生）那總是色彩繽紛、充滿密密麻麻的點，再加上造型可愛又迷幻的花朵的創作風格，也讓孩子難忘。

將藝術帶進生活中——看展覽、在模擬中創作，也討論歷史文化

藝術與品味不是枯坐在教室就能領略的，平常就有看展覽的習慣和興趣的老師，便會帶著孩子參觀重要展覽，甚至為了展覽而先讓孩子做預備功課。

米勒作品來台展覽時，弦音老師先讓孩子仿作米勒的名畫〈拾穗〉，讓孩子憑感覺畫出婦人彎腰的經典畫面。剛開始孩子也不知道為什麼這些人要拾穗，經過老師引導，有些

〈關鍵聯想〉

電影悅讀會——凡爾賽拜金女(Marie Antoinette)

因為在研究米勒作品時,我(弦音)曾與孩子們提到法國大革命,孩子頗有興致,因此在看〈凡爾賽拜金女/Marie Antoinette〉這部電影時,我便試著讓孩子從揮霍無度的法國王后瑪莉安東尼的故事為起點,了解十八、十九世紀的法國時代背景,並從討論中去思考﹁財富=快樂?﹂的問題。

孩子聯想到節省的美德,也注意到他們應該是貧苦的農人。

接著,老師再示範如何用深淺製造出遠近背景,然後請孩子當模特兒示範彎腰拾穗的動作,讓大家隨興發揮,畫出屬於自己的「拾穗」。等到真正參觀米勒的展覽時,由於故事背景都已熟悉,孩子便能專心觀賞畫作。看過米勒貧苦農人的畫作後,再跟孩子談法國大革命,就可以讓學習從單一的藝術,擴充到西洋史;用「點線面」的方式去學習,效果更完整。

故宮的華麗巴洛克特展,由於展覽內容包羅萬象,不僅是藝術,更跨足宗教、神話領域,所以師生們花許多時間做事前準備。老師希望孩子先知道故事內容,到現場才而能靜下來專心欣賞畫作。而安迪.沃荷(Andy Warhol)特展、屬於較現代的普普藝術,也都是運用這樣的方式,讓孩子在藝術的基礎上多學習了不同區塊。有時有些具有濃厚興趣的家長也一起加入,讓這幾堂「行動美術課」更加生動有趣。

觀賞美展還是培養情操教育與觀展禮儀的好機會,讓孩子們熟悉這些場合與平日街頭、戶外或動物園是不一樣的空間,以及不可高聲喧譁、飲食、追逐以及觸碰作品等規矩。孩子們有將近數十來次參觀美術館、博物館的經驗,也體驗過在這些場合若不遵守規矩必須承受的懲罰。這對日後公德心的培養、國民禮儀,甚至國家尊嚴來說都是不可小覷的細節。相信,有了這些經驗的孩子,長大後不會成為穿拖鞋嚼口香糖逛大英博物館、或者在戲院中大聲講手機的人。

除了建立了解世界知名藝術家的知識，老師為孩子安排的課程，也涵蓋了台灣在地文化。像是為孩子的暑假安排了蘭嶼旅行。在抵達蘭嶼前，老師帶領孩子動手做一艘拼板舟，了解蘭嶼文化最好的方法就是做一艘船！事前老師已帶孩子們在順益博物館看過真正的拼板舟了，再複習一些相關的知識，像是拼板舟的作用、建造、船身圖紋的意義等，接著便開始用紙黏土製作拼板舟了。孩子親手做了一次，就如同把蘭嶼文化寫入大腦裡，當孩子踏上蘭嶼那座小島時，體會到當地的人文風情，絕對會比一般觀光客深入許多。

這些作品都讓孩子自己彙集整理成一本「藝術達人」檔案，透過自己動手整理，安排順序、寫圖說、畫插圖能加深孩子的印象。日後，孩子可以將這本檔案當成藝術家的故事集來看，同時也是自己創作的作品集。

美學創意創業——了解藝術產業是怎麼回事？

美術與藝術的領域很寬廣，像是孩子看過的動畫片，也都拜科技所賜才能有如此炫目華麗的作品呈現。因此，老師在孩子升上中高年級，眼睛較適合盯著電腦螢幕時，安排體驗電腦排版，介紹了 Photoshop 和 Illustrator 兩種軟體，也讓孩子利用軟體設計了雜誌社的logo以及嘗試一頁的排版作業，並示範怎樣做影像合成，為什麼人的頭和身體可以分開，又怎樣和動物結合。有趣的排列組合讓孩子哈哈大笑，也了解到運用電腦可以創造出許多不同的效果。

而漫畫是孩子們相當有興趣而且經常接觸到的美術作品，孩子們也很好奇漫畫是如何畫出來的？

順著孩子的興趣還在熱頭上，給予刺激或體驗，就能加深孩子的印象或提供更多深度研究的可能性。所以老師趁機介紹專業的漫畫稿紙、工具、漫畫種類、漫畫詞彙語言、漫畫所應表現的重點等，也帶些作品給孩子們參考，從打草稿開始，然後嘗試畫格線、想劇情，讓孩子完全以漫畫家畫漫畫的思維。

孩子對於得畫在格子裡而抱怨很麻煩，也有人不太講究劇情設計，更多孩子提到的則是——很難想笑點；對話框的大小也讓孩子思考許久。要在範圍被限制的四格框框裡展現創意，的確不是件簡單的事啊！然而這些正是漫畫家難為或者突破之處。而當自己創作過漫畫後，下回看漫畫，相信孩子更能體會漫畫家的偉大。

從舞蹈、戲劇到美學概念的建立，這一連串相關訓練，灌輸孩子與課本截然不同的生活體驗。為了讓所學融會貫通，老師們甚至大費周章，和孩子一同籌畫了一支專屬於孩子的MV拍攝。

孩子們常常從電視上看見歌手出片時拍攝的音樂錄影帶，而MV拍攝的過程雖然有趣，但前置作業可也不能馬虎。在老師的指導下，從腳本構思、場景安排、音樂、歌詞、道具、服裝等等，孩子都從頭參與。拍攝時雖是老師掌鏡，但孩子還是很有主見，偶爾冒出一些很有創意的idea，而且每個人都積極地爭取發展演技的機會。孩子踴躍大方參與的精神，讓老師們覺得相當欣慰。

除了拍攝ＭＶ，孩子還認真配唱主題曲，師生們一同努力，拍出的ＭＶ果然充滿了青春活潑的清新氣質，當孩子們看見自己參與的ＭＶ在電視播放出來，都害羞得笑了。相信，這段拍攝ＭＶ的經歷，會在他們的童年記憶裡，占有舉足輕重的地位。而這樣的經驗也證實，孩子在下課後學了這些看似輕鬆、休閒的才藝技能，在愉悅的學習中，確實也能為孩子建立獨特且獨立的品格力。

那一年我們一起說相聲——表達練習，說出想法看法

在這麼多激發自信與潛能的課程訓練下，孩子變得不怕發言、敢表達自己的想法。但還不夠，如果可以讓孩子更富有機智、說話更有條理、想法更有邏輯，相信對孩子而言，會是個十分受用的課程。因此，老師規畫了「相聲課」。

相聲這類傳統技藝，帶著濃厚的人文色彩，每句話、每個橋段，每個笑點，都需要一再琢磨、推敲，才能寫出令人拍案的生動講稿。為了讓孩子進入狀況，老師會先從孩子熟悉的議題取材，像是「卡通奇談」這段子就是大家討論出來的結果。一方面可以減少因為過於拗口而失誤的情況，也能讓台詞更貼近孩子的生活。老師將孩子練習過程錄下來，反覆提醒加上示範，大家更是盡情發揮，加入更多創意。而孩子的潛力無窮，再長的句子也能一氣呵成，連續錄了一個月的相聲，孩子陸續想出許多有趣的段子，也試著用聲音去揣摩角色，大家的興趣絲毫未減，反而愈發高昂，也充分體會到語文的魅力；看似呆板的老

派娛樂「相聲」，也能化為孩子的能力。

透過相聲對白讓孩子學語文，台詞內容中包含介紹疊字詞、數字成語、摹寫等，孩子在一搭一唱中除了表情聲調十足，唸起來也愈來愈流暢，等熟練後可以利用對外活動時表演給大家欣賞。大家在相聲中學語文，也開始從自己最近閱讀的書中尋找有疊字、數字的成語，對語文的敏感程度提高了，也對相聲表現高度的興趣，搶著要當台詞多的角色。

相聲活動啟發了孩子對古典文化的喜愛，也訓練孩子背誦的能力，而電影觀賞活動老師則希望孩子在看過電影後，盡可能發表看法，藉由對影片內容的提問與分析，讓孩子能真正咀嚼情節，體會出電影的真義。所以，每每老師與孩子欣賞完影片，一場電影悅讀會就會如火如荼地展開，有時孩子問的問題、提出的看法，的確會讓「自以為懂很多」的成人不知如何回答！

或許是培養自信與膽識的課程上多了，感覺上，孩子對「當主席、帶領討論」愈來愈有興趣，都會舉手自願，因此老師們趁機教孩子當主席的技巧，像是指定人回答、想不出來的人就先讓他跳過再問下一個人，不要讓場面變安靜、可以邊記錄邊討論……讓孩子勇敢表達出與他人不同的答案，而不只是一味地認同他人。

從閱讀、採訪到寫作，從文學中體驗生命力

身處在資訊爆炸的年代，孩子們生活中接觸的盡是速成的知識和草率的文字，要如何放慢腳步，用心去感受、去閱讀，反而是孩子難以學習、體會的事了……

小學生作文能力常常被拿來討論，有一陣子，台北市針對小六學生做國語文能力檢測，發現有孩子形容媽媽罵人像女鬼、旅遊時看到的美景像是極樂世界，還有孩子寫道：「我問外婆長大要當什麼？外婆說長大要當一名家庭主婦。」外婆還能長大嗎？這樣的語句明顯地有邏輯上的問題……真是讓人捏把冷汗。

但也有老師矯枉過正，在批改學生作文時，局限了孩子的創意。像是學生寫「做錯事的妹妹看到生氣的媽媽，嚇得拔腿就跑。」老師卻要在「媽媽」後面加上「走來」；還有這句「他考試得到一百分，因此十分得意。」老師硬是改成了「『這次』考試，他『好不容易』得到一百分。」從語句結構上來看，這些造句都沒問題，老師狹隘的想法箝制了孩

子的創意。

在帶領孩子成長的過程裡，「閱讀」，是舉足輕重的課程，也是孩子首要學習的項目。老師都用自己的方式，引導孩子喜愛閱讀。老師帶著孩子看書、玩故事接龍，甚至在故事書裡找碴，孩子和書之間的距離似乎拉近了許多，敏感度也增加了，不再只是喜新厭舊地請老師唸完一本換一本，而是會在同一頁仔細觀看，開始會提出自己的想法，也注意到比較細微的部分，這就是孩子該培養的閱讀能力。

「常有學者憂心地提出警告，數位資訊具體的呈現，讓讀者失去了想像的能力，失去了探索的技能。文字是需要想像的，如果希望培養孩子的想像力、創造力，就該從閱讀開始。」

文學培養法1 讓閱讀成為悅讀

文學是抽象唯美的字彙，要如何培養孩子的造詣，其實方法只有一個：多看多讀。除此之外別無他法。老師常與孩子進行讀書會的活動，並安排孩子輪流擔任主持人，分配角色朗讀，運用充滿戲劇性的對話，引導孩子進入故事情節，並且透過發問，彼此激盪、思考，讓印象更深刻。

有一回，老師們唸了〈釘子〉這篇文章給孩子聽。故事主要是說一個脾氣不好的男孩，爸爸在他每次發脾氣時，就在圍籬上釘一個釘子，脾氣改過時就拔出一個釘子，並以釘痕告誡他，用言語傷害人會在對方心中留下傷疤，再多的道歉都無法彌補，恢復原貌。

唸完後老師請孩子講講自己的想法。有個平時比較容易生氣的孩子說，人要克制自己的脾氣，似乎對這故事有特別的感觸。於是，老師請孩子想想自己對父母或任何人有沒有講過傷害人的話？有沒有不尊重別人的舉動？會不會在別人心中留下傷痕呢？運用一段故事的延伸討論，故事就不只是短短幾百字的文章了，相信也在孩子的心中留下了端正品格的功用。

還有〈福氣袋〉的故事很值得與大家分享：老師跟孩子說，每個人背後都有個看不見的福氣袋，如果做好事、幫助別人，福氣袋就會愈來愈大，以後就會有好運氣；如果做不好的事，福氣袋就會愈來愈扁。

結果某天傍晚老師要送學生回家時，廚房燈還沒關，老師問誰要去關？孩子們都為了累積福氣，爭先恐後地去關燈，真是有趣的「讀後感」。

原來，一本好書不光是幫助孩子建立良好品格，也可以幫孩子改正缺點。

文學培養法2 利用投射心理鼓勵閱讀

孩子對《三國演義》的故事一直很喜歡，以前還曾將三國志改成大富翁版本，讓孩子對三國複雜的人物關係、爾虞我詐的情節，有較為深入的了解。而周瑜打黃蓋、向曹操詐降的苦肉計，是歷史上出名的計謀，老將黃蓋為國犧牲的精神與節氣，更是令人佩服不已。

孩子們讀了這段故事，老師跟孩子們聊起苦肉計，說這招是孩子們常用的一招，孩子們都覺得很不可思議，原來，因作業寫不完的哀求也是苦肉計的一種啊！孩子紛紛露出恍然大悟的神情。老師趁機來個機會教育，告訴孩子們苦肉計可不能用在「逃避做事情」，不然就會沒有辦法「統一天下」——因為太懶惰、沒有努力過的人是不可能成功的！

除了苦肉計，孩子們又讀到了反間計。在閱讀蔣幹與周瑜之間的「心機大戰」時，孩子紛紛提出看法，原來設計陷阱誘引敵人就是一種反間計，如此抽象的古典文學，配合有趣及生動的故事後，孩子們愈聽愈入迷，也開始思考自己在日常生活中是不是曾用過反間計呢？

運用投射心理來鼓勵孩子閱讀，尤其是較為艱澀的古典文學，不妨先試著找出與現代生活的共通點，再慢慢勾出孩子有興趣的點，這樣讀起書來就會有趣多了。

文學培養法3 寫日記

很多家長在孩子上了小學後，發現作文方面孩子的表達力、語詞的應用力等皆不足，家長心急了，就會開始找尋作文補習班，但補作文有時反而是捨近求遠的方法，其實，陪孩子寫日記，就是一個很好的訓練。

〈Eva老師想說……〉

當舒妤說老師規定要寫日記，覺得好難時，舒妤媽媽第二天就很有義氣陪著舒妤一起寫，日記上兩人一左一右很像交換日記的形式，但其實最大的好處是，可以適時親子溝通，知道孩子在意的問題，以及很多平時晃眼就過的事情，家長可以趁寫日記時機會教育一下！

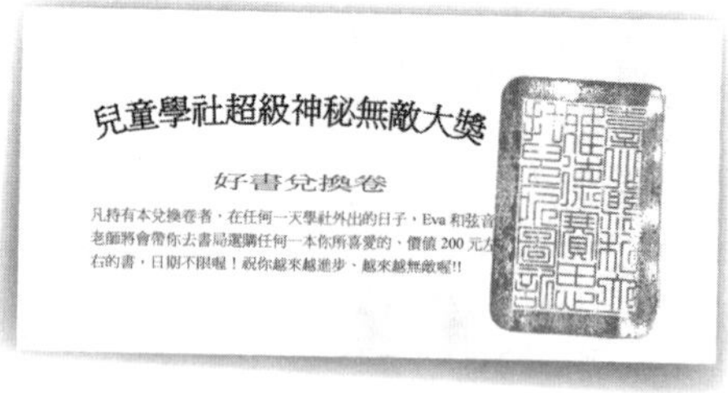
兒童學社超級神秘無敵大獎
好書兌換卷
凡持有本兌換卷者，在任何一天學社外出的日子，Eva 和弦音
老師將會帶你去書局選購任何一本你所喜愛的，價値 200 元左
右的書，日期不限喔！祝你越來越進步、越來越無敵喔!!

老師曾跟孩子討論日記的問題，讓孩子自由表達他們喜歡或不喜歡寫日記的心情，再讓孩子討論為什麼老師要大家寫日記。

有人覺得是可以讓文章寫得更好；有人覺得是可以把回憶保留下來；有人覺得可以鍛鍊工整筆跡。我們除了肯定孩子們的想法，又進一步給予些許觀念：或許現在覺得寫日記很麻煩，但當長大後再來看自己的日記，就會知道原來自己做過這麼多好玩的事！

由於孩子經常「不知道該寫什麼」或「沒什麼好寫」，因此老師唸了一篇舒妤寫的日記和大家分享。她寫了爸爸帶大家去大潤發買東西時，跟孩子們玩角色交換的遊戲，雖然是一件很普通的小事，但舒妤最後寫道「……爸爸是要讓我們知道大人的辛苦，才跟我們玩這個遊戲的，我們應該要更體會父母的辛苦……」的感想。藉這篇日記向孩子說明：只要有自己的感覺、用心觀察或回想，小事情也可以變成很有趣的大事情。

曾邀請荒野保護協會榮譽理事長李偉文到學社演講，他談到可以利用獎賞的方式來糾正或改變孩子對書的價值觀，因此為了鼓勵孩子閱讀，老師每月頒發的友愛、禮貌、家事獎外，還增加一個「一支筆走天下」的日記獎，勉勵認真寫日記的孩子。這個獎由當時小三的舒妤獲得，因為舒妤的日記內容相當精采豐富，也記下很多內心感受，不只是流水帳。舒妤得到的獎品是「書本兌換券」一張。讓孩子自己選購一本書做為獎品，孩子也因此感受到，「書」其實是最棒的禮物！

文學培養法4 常用成語

簡單的成語或俚語，往往包含著寓意深遠的故事。但每回只要面臨造句等試題，尤其是成語的應用，常常會讓孩子陷入苦思。

老師時常在孩子寫國語考卷前，先將題目講解一次，讓他們明瞭各種題型的區別，減少錯誤率。

有回照樣寫短句的題目是「紅紅的太陽」，有孩子寫了「涼涼的春風」，還硬要加上「微笑著」。老師跟他說這樣就是「畫蛇添足」了，此時也順便講解了〈畫蛇添足〉的故事。結果這孩子每寫完一題就來問老師：「老師，我畫蛇添足了嗎？」真是令人啼笑皆非。

和成語教學相關的故事有很多，有一回孩子聽完〈臥薪嚐膽〉的故事後，有人聽了馬上說：「這個故事上次在清水祖師廟時，導覽的國中生姐姐有講過，是刻在牆壁上的一個浮雕！」不過，孩子們對這成語印象最深的地方，竟是句踐嚐了夫差的大便，還興奮地講了很多次。雖然好笑，但至少孩子已經記住了這個成語的典故及用法。

此外，像是〈一鳴驚人〉是原本只知玩樂的楚莊王，受刺激後發憤圖強的故事。說完後，老師問孩子們這個成語應該是形容什麼的，結果都說是用來形容一個人很懶，真令人哭笑不得啊！幸好經過再三解釋，孩子們終於搞懂意思了，還造出了「我平常不運動，可是比賽起來一鳴驚人」的句子。

老師教導孩子學習成語，也不要用填鴨式的方法急著驗收，不妨在生活中多觀察，就會發現孩子已經能在適當的時間運用成語。比方說，有回外出教學，搭捷運時師生們差點趕不上車，一跳進車廂有個孩子就說：「好險喔，真是『千鈞一髮』！」

這精準的成語用法把老師們嚇了一跳，其他同學紛紛問那是什麼意思。這孩子還真是「一鳴驚人」啊！

身處在資訊爆炸的年代，孩子們生活中接觸的盡是速成的知識和草率的文字，要如何放慢腳步，用心去感受、去閱讀，反而是孩子難以學習、體會的事了。如何讓小孩子愛上閱讀？每個孩子有不同的起點能力，老師總是想著要如何建構鷹架幫助孩子學習，讓孩子更上一層樓？為了讓孩子愉快地徜徉在書海中，所以老師們總是用不同的策略鼓勵孩子、陪伴孩子。

有句話是這麼說的：「人與書並不是天生相互吸引的，一開始，必須有說合媒介的角色。」

老師多用點心為孩子打造和文學「一見鍾情」的環境，讓孩子真心地與文字相戀吧！

進階版 編輯課——七手八腳辦雜誌

在閱讀學習中，老師必須經常引導孩子閱讀各式書報雜誌，孩子逐漸好奇，想知道一本雜誌中五花八門的報導、題材是如何產生的？雜誌記者與編輯是份什麼樣的工作？

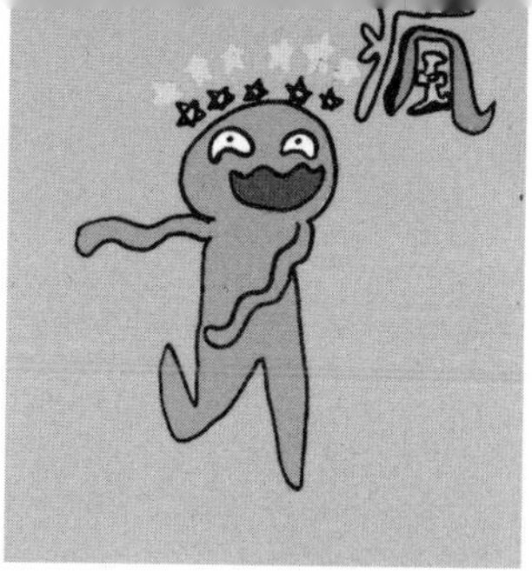

孩子的這些想法讓老師萌生了辦一本雜誌的念頭。

「瘋少年雜誌社」經過半年努力的主題發想、蒐集資料、採訪、寫稿和拍照，甚至還學習如何使用電腦排版、美編，產生了許多行前模擬文章，終於創造出瘋少年獨家 logo。至於雜誌的題材，就選定在寒假時師生們實地探訪台南嘉義，古蹟、美食巡禮，親身體驗小樹哥哥的社區藝術行動、逐夢踏實的種樹理想，終於，記者群接近完成所有參訪的重點文章，並挑出和文章最搭的照片，真正開始了「排版」以及「美編」的工作。

老師拿了一些雜誌範例給孩子們參考，放手讓孩子發揮，偶爾建議可以加上插圖、表格等來配合文章內容。孩子的潛能無窮，在面對從未嘗試過的編輯工作時，就能看出平時的學習有無融會貫通。負責雜誌封面的孩子，就在沒有人指導的情況，居然做出封面標題的精湛立體效果，獲得老師們熱烈的讚賞。

許多孩子紛紛展現了攝影和寫文章、撰文宣的天分，編輯過程中也有人證明了自己是「排版」的箇中好手。雖然不是專業雜誌社，但孩子們的無窮創意及努力學習的動能，讓帶領他們學習的老師感到相當欣慰。很多家長或許會以為，孩子的「能力」是成功的關鍵，但經過老師安排不同的課程中會慢慢發現，「真心想做」、「努力」才是做大事的基本條件。孩子有時會提不起勁來，是因為碰到沒興趣、不想做的事情，尤其像紫瑄這樣好惡分明的孩子特別明顯。不過，只要燃起孩子的興致，最認真的就會是他喔！

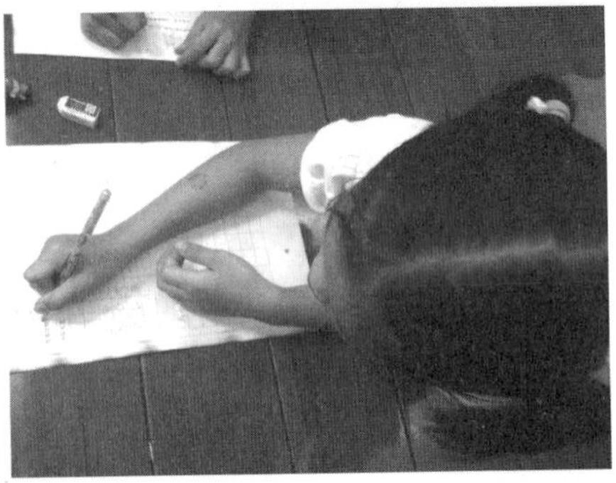

聽說讀寫，全方位學語文

多看書多吸收，多寫作抒發感想，多朗誦訓練台風，在學社裡，孩子都是小小表達高手喔！

「瘋少年」雜誌出爐了！

孩子各司其職，記者、美編、文編都卯足全力，盡心合作，終於出版了「圖文並茂」的處女作。

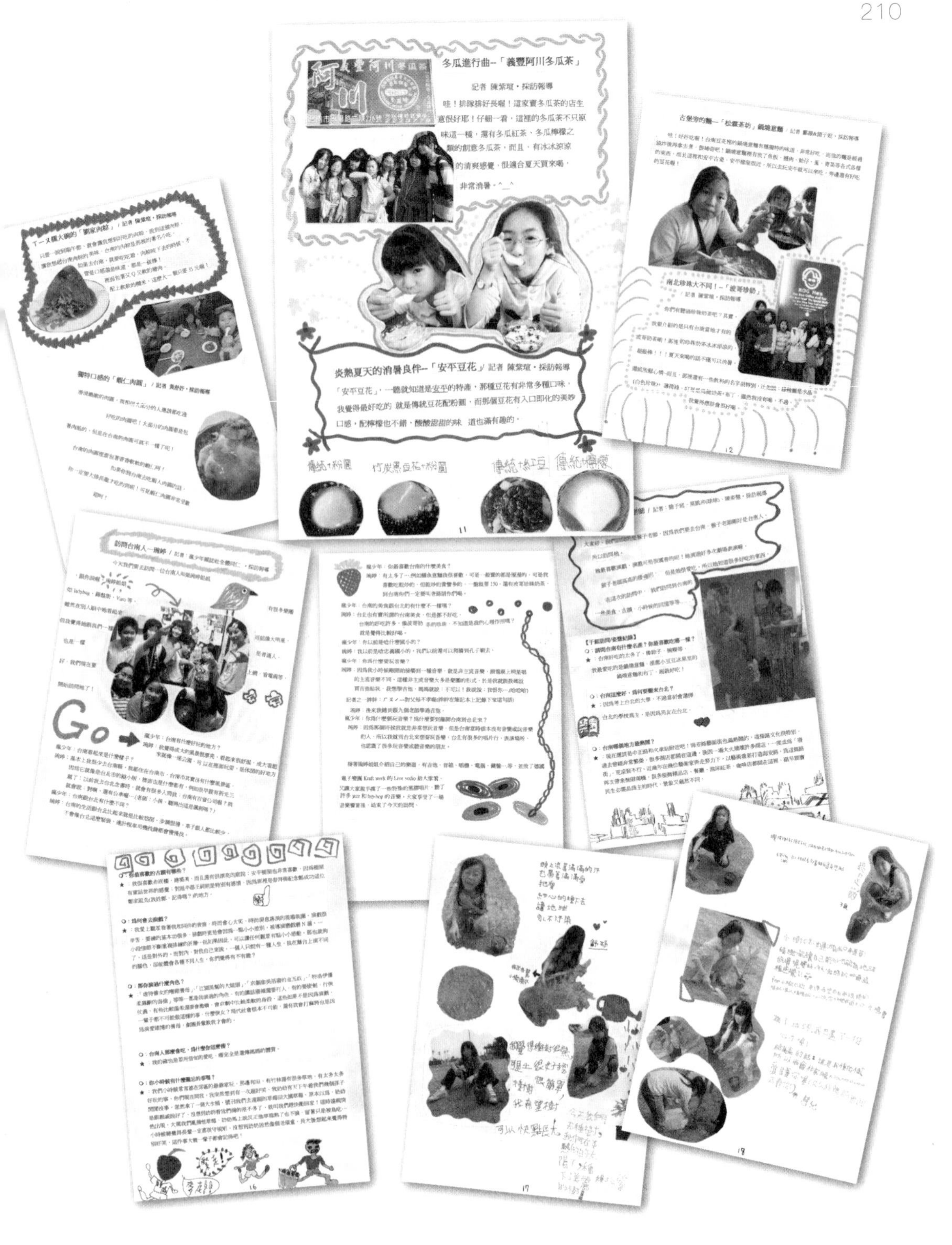
多瓜進行曲--「義豐阿川多瓜茶」

記者 陳紫瑄・採訪報導

哇！排隊排好長喔！這家賣多瓜茶的店生意很好耶！仔細一看，這裡的多瓜茶不只原味這一種，還有多瓜紅茶、多瓜檸檬之類的創意多瓜茶，而且，有冰冰涼涼的清爽感覺，很適合夏天買來喝，非常消暑。^_^

炎熱夏天的消暑良伴--「安平豆花」/ 記者 陳紫瑄・採訪報導

「安平豆花」，一聽就知道是安平的特產，那種豆花有非常多種口味，我覺得最好吃的 就是傳統豆花配粉圓，而那個豆花有入口即化的美妙口感，配檸檬也不錯，酸酸甜甜的味 道也滿有趣的。

傳統+粉圓　竹炭黑豆花+粉圓　傳統+紅豆　傳統+檸檬

11

瘋少年
台南旅遊雜誌
國境之南：好吃好玩
「美麗的安平樹屋」
古意盎然的「安平古堡」
古戰場遺跡：安平古砲台
台南地方法院
人山人海的「小豆豆」鍋燒意麵 / 記者 簡于庭，採訪報導
今天我們去吃小豆豆鍋燒意麵，11:20 本來空無一人，但 11：30 就突然有伊大堆人在排隊等著吃，麵還沒來，就聞到了好香的味道，裡面放了魚板、火腿、青菜等，我覺得這家鍋燒意麵跟別家意麵比起來比較硬，而且店裡的紅茶配上意麵相當好吃，真的很不錯喔！
「台南人的最愛」--台南碗粿
/ 記者 戴嫚均，採訪報導
台南的特產是碗粿，裡面加的是米漿、蔥、醬油，非常美味可口，和台南人是密不可分的食物，雖然外表不好看，但是裡面可是美味的不得了！碗粿的口味適合台南人，是台南人最愛的食物喔
碗粿人
8
大名鼎鼎的「度小月」擔仔麵 / 記者 簡于庭，採訪報導
好吃
9
水火不容？水火相容？--神奇的水火同源！
可以吃的棺材：台南「棺材板」
7

孩子也需要情緒管理

孩子成長的過程中，被迫學習的課題已經很多，並不需要十八般武藝樣樣精通，但是我最殷切期盼他們必定要好好用心體會的一門課是——認同自己、體貼別人。這件功課必定得超越知識、才藝之上。

夜深人靜之時，我常常電腦開了但腦子裡卻思考著下一步該為孩子預備什麼樣的中學生活，女兒即將升上五年級，我是否該再如此處心積慮地、用盡心思地替她準備一條稍微平坦一點的、讓她能看清楚未來的道路……

想到這兒，念頭轉了轉，回歸到本質上的問題，我自己對她這三年來的轉變有什麼感覺呢？我到底希望看到她成為一個什麼樣的孩子？其實，捫心自問，答案很快就出現了！

孩子成長的過程中，被迫學習的課題已經很多，並不需要十八般武藝樣樣精通，但是我最殷切期盼他們必定要好好用心體會的一門課是——認同自己、體貼別人。這件功課必定得超越知識、才藝之上。

現在的社會由於資訊量豐富且多元，每個孩子都比我們小時候來得反應快、會讀書、會考試，每個家長也企圖將孩子打造成多才多藝的資優生，但大家都忽略了一件最重要的事：孩子自己到底怎麼想？他喜歡這樣的自己嗎？他愛自己嗎？他懂得該如何與自己對話嗎？還是只愛那個會受到大家稱讚的表象……

資質聰明卻不懂得體貼人的孩子，現在愈來愈常見到，大家往往只會一時口頭稱讚聰明並不覺得他是個好孩子，同學之間相處也是如此。唯有先站在別人的立場想，有些不該說的話、不該做的動作就不會發生；別人也才會有機會用同樣的方式對待我們的孩子。

對我來說，與其聽到別人說我女兒好聰明，我寧願聽到的是：「你的女兒好貼心！」因為這代表了，她會被別人放在心上，當她不小心做錯了事，別人才會真心指正並協助她，那麼，將來遇到的任何人都將可能是人生旅途上的貴人。

這是我在創社之初，最希望女兒能在這個「共學共遊」團體裡真實學到並還能發揮影響力的最重要的能力——「肯定自己，體貼別人」。因為唯有她能真心喜愛自己、心胸積極開放、態度謙虛，才能接納各種和她不同脾性的同伴，學會認知彼此雖有差異、卻能互相鼓勵優點、鞭策改進缺點，這樣才能成為一輩子的知心好友、莫逆之交。當自己遇到難題、有心事才有傾吐的對象，才能坦蕩表達，真正成為一個「磊落不羈」的人，也才會是個真正「快樂」的人。

這不就是每個父母心中最期盼的：有自省能力的堅定人格、有體貼別人的柔軟的心、有無處不逢源的貴人，這樣無論她在社會上扮演什麼角色，我們都能放心，讓她自由闖蕩……

我印象中最深刻的例子是，Eva老師跟我提到女兒舒妤的改變：

「有回在捷運站前等公車時，小朋友們發現出口前跪著一名女士，大家都很想知道為什麼她跪在地上一直哭，每個小朋友都用很憐憫的目光看著她，他們想知道那名女士身上抱著那張牌子上寫了什麼，於是「我」被小朋友們指派前往探查一番，原來她的家境很窘困，又得扶養六個小朋友，因為無力負擔生活費，所以到捷運站乞討。

小朋友聽了之後，每個人都覺得她很可憐，好幾個都自願想給她錢，後來我和弦音老師決定給每個孩子一塊錢，讓他們拿去給那位女士，雖然是個不起眼的數目，不過希望孩子們能了解，有多少能力做多少事，他們有愛心固然是好事，但是也該同時反過來思考自己的能力以及自己所能給予的多寡。

在這個小舉動裡，希望他們能永遠記得，當他們幫助別人時心裡頭所感受到的那份快樂，因而能在長大有能力後，繼續樂於「布施」。

當我跟孩子解釋為什麼只給一塊錢的同時，我發現兩位小女孩很善良也很有同理心。雅淳說：「等我以後賺好多好多錢時，我就可以分她一億元。」而舒妤雖然只是個孩子，不過她卻用大人的口吻說：「我們只有八個小朋友，就那麼吵，還要兩個老師照顧；她只

〈Eva老師想說……〉

每次帶小朋友出去，最讓我感動的，不是孩子們學會了我們原先預計要他們學習的技能，而是在這過程中，彼此之間不斷發生種種友善的互動，以及他們對生活的純真態度。

有一個人，卻要照顧六個小孩，一定好辛苦！」「不知道她住哪裡？」「孩子的爸爸在哪裡？」「還是他們的爸爸和媽媽離婚了呢？」……一連串的問題，雖然我不一定能給舒好最正確的回答，不過這也讓我知道舒好很懂得替人著想，真的很棒。

這也讓我想起舒好一直是孩子裡面最捨得花錢的，這未必是件壞事，換個角度想，如果能懂得適當地花錢，其實也是一種正確的生活方式，因為她必定也會是個「捨得付出及給予」的孩子。

就像今天，球球為了氣球破了而大哭時，一旁的舒好默默地想了一下，便自動的把自己手上的氣球讓給球球，當時其實我有些驚訝，因為要一個八歲的孩子自願把自己手中的寶貝給別人畢竟不容易，於是我立刻給舒好一個大擁抱。

後來也很窩心的是，在我們要回家時，發現原本先要和媽咪回家的雅淳，也正在往回走，原來當時她也發現球球的難過，而想把手上的氣球送給球球……」

這時，我才真正確認，我四十歲當時從熟悉多年的媒體工作離職，義無反顧地跳進未知教育事業領域的決定並沒有做錯，這樣「共學共遊」的教育模式也絕對會對孩子有無限可能的正面影響。我才真正鬆了一口氣。

「因為孩子還小，自我控制或提醒能力不足，很多行為都是一時興起，因此必須在做錯的當下就能得到糾正與引導，效果最大。」

而我也知道，我們的老師絕對會用最真誠且細膩的心思與法眼，幫我、幫父母看著孩子們的一舉一動、起心動念，適時推孩子一把……

體貼＝同理心——能引起無限漣漪的大能力

要在這個重視人際關係、EQ能力重於IQ的現代社會裡闖蕩，孩子的自我情緒管理、與人相處的應對進退、自我認同等心理層面的建設，是很重要的課題，更要從小做起。

其實，換個角度用傳統文氣一點的說法或許更貼切——陶冶「性情」。

現在社會資訊、趨勢改變速度相當快，但性情的培養是快不得的，快了就會沒有足夠的時間讓孩子養成習慣——定性，也沒有足夠時間醞釀讓孩子反芻、舉一反三的大爆發前的潛伏期。《禮記．大學篇》說得真好：「止」（知道明確的目標與方向）、「定」（心性就能堅定致志）、「靜」（心思就能不妄動）、「安」（在任何處境才能怡然自得）、「慮」（思慮就無不清明，才能洞燭機先）、「得」（最後才能無所不獲），就是最好的步驟與階段。

小學時期，孩子的智識開始萌芽，正是人格養成的重要階段。因此老師最常使用的引導方式就是，讓孩子大量閱讀各種題材的繪本、看各種人生故事的影片，希望廣泛地讓孩子從別人的故事體驗未來會面臨到各種人生問題，也因為是別人的故事，有的孩子回答時就常隨興衝口而出，並沒有內化到思索推敲的迴路，變成自己的經驗……

這時，老師一定會再反問，如果你遇到了跟「故事」主人翁同樣的遭遇，那麼你會怎麼做？怎麼想？會跟他一樣嗎？還是有不同想法？然後再從表面或理性想法，引導到深層的心裡面的「感覺」，讓孩子嘗試體會由廣度而深度、由外而內的討論。

其實，剛開始時，孩子回答時總是天馬行空、老師知道那只是憑空揣測，次數多了，漸漸地孩子開始有了不一樣的回應，「我覺得她那時一定感覺……」，開始能將注意力，從故事的發生過程轉變成注意到主角的感覺，當然，再下一步就是將主角的遭遇轉換到自己身上，想想自己會有什麼感覺？

• **多看、多想、多問，一步步引發孩子的同理心**：就像孩子觀看「一公升的眼淚」的例子。老師問孩子們印象最深刻的一幕？有孩子覺得不管身體多麼痛苦，女主角都會一直微笑的精神很讓人欽佩；有人則說躺在病床上快死掉的模樣，感覺死亡很可怕；也有人提到同學協助女主角爬樓梯、在殘障學校一起辦活動讓人很感動……

再問孩子們：如果是自己得到這種病，會想繼續活下去嗎？

有孩子認為不想活了，因為覺得很痛苦！但也有孩子則認為應該要繼續活下去，還是有一點時間可以做自己的事……這時老師看到兩種截然不同的態度，便再深入問題核心，「不想活」「要繼續活」之後呢？會有什麼影響？會對誰有影響？遇到不想活的人要怎麼說服他？該怎麼做？……

• 故事主角換人做做看，蒙眼、慢到不行地走路，體驗真正的「感同身受」：再拿觀看「小星星眨眼睛」影片來說，看電影前的暖身故事是「大象男孩和機器女孩」，孩子聽到書名後，馬上對「機器」兩字有了反應：機器是什麼意思？為什麼是機器女孩？孩子們紛紛發揮想像力：應該是身體某部位裝入機器，像鋼鐵人一樣、或是女孩像機器人一樣被控制、也可能是小女孩喜歡機器人、或是那個女孩走路像機器人……

當老師故事講完後，孩子們覺得最不可思議的是——

「怎麼可能會有小孩一出生，身體就會少東西？腳怎麼會長不好？為什麼嘴巴和鼻子之間會裂開？為什麼一出生眼睛就會看不見？」

為了讓孩子真實體驗「不方便」的感覺，不同老師安排不同的活動：一個是讓孩子嘗試正常的走路五步需要多少時間？再試試看如果走五步卻要走三分鐘，那會有多慢？好幾個孩子因為撐著慢動作步伐而跌倒好幾次，也有個孩子停在原地思索到底為什麼會那麼慢的走路？老師還讓他們再嘗試如果沒有手指，該如何拿東西？會有什麼生活上的困難？

另一個老師則安排讓孩子以毛巾蒙眼，體會盲人的感受。孩子們綁上毛巾後，因為害怕、差點跌倒而驚呼連連，後來還發展出引導員照護盲人的體驗，中間出了個小意外，由於兩位扮演守護員的孩子因偷空聊天了兩秒鐘，就讓扮演盲人的孩子一鼻子撞上牆壁而痛得說不出話來，老師安慰受傷孩子的同時，也讓大家知道，守護員可是絕對不能鬆懈的，畢竟，盲人的世界是一片黑暗的，全靠引導員協助。後來，輪到其他組，每個人才認真看待自己的工作、謹慎導引盲人，不敢疏忽。

一段小小的意外，雖然讓孩子痛到哭了，卻使得整個「感同身受」體驗活動更加深刻。這樣說來，這點小傷，其實十分值得呢！

當老師透過繪本、影片、特教體驗活動，企圖讓孩子們了解到很多病痛是沒有辦法避免的，生病的人也不想要變成不方便的樣子！但真的能對孩子產生多大影響，其實老師也不知道！

直到有一回，走在人行道上，孩子們會開始注意到路上的殘障磚道路線，並會質疑殘障步道規畫很不完善，身障朋友該怎麼辦呢？老師一面提醒孩子們，這時候就是要發揮助人精神！也一面意識到孩子們會主動討論到這類問題，也表示他們真的將影片的感想落到現實生活裡！同理心的漣漪漸漸擴大了!!

老師就這樣不斷地透過一本本書、一部部影片，藉由不斷練習「同理心」的思考模式：「如果我是他，我喜不喜歡被……」→「不能對別人做連自己都不喜歡的事」→「幫助別人」，當刻意的訓練變成「自然而然」的習慣後，就會內化成我們大人常講的「態度」「品格」了！

那麼，該如何和現實生活接軌？其實，不二法門就是細心觀察孩子的行為、適時提醒孩子「這個狀況好像亞也也碰到過喔！……」利用曾看過類似遭遇的書或影片為例，讓孩子自己先想想，過幾天再和孩子一起討論，自然而然便能融會貫通並養成正確的人生觀！

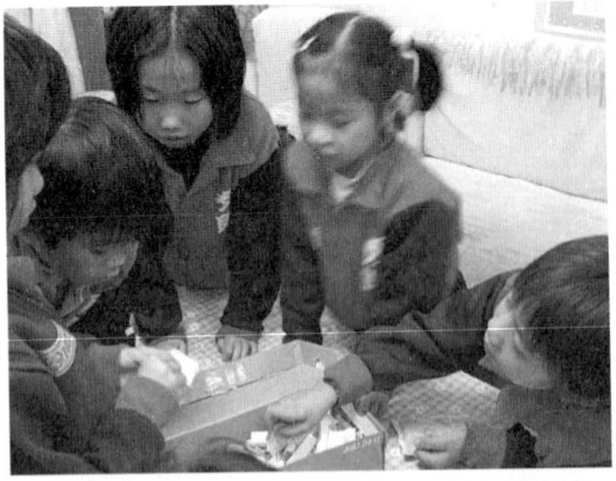

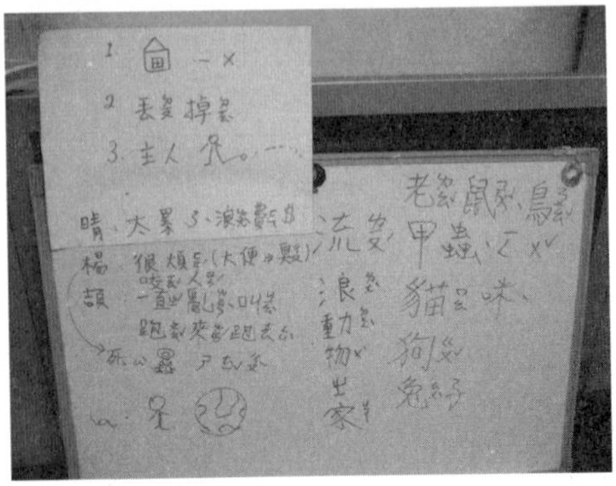

殘障體驗，讓孩子學會珍惜

沒手、沒腳、沒眼，才知道當健康人的可貴，更知道殘障人士的不便，讓孩子生出同理心，愛護弱勢同胞。

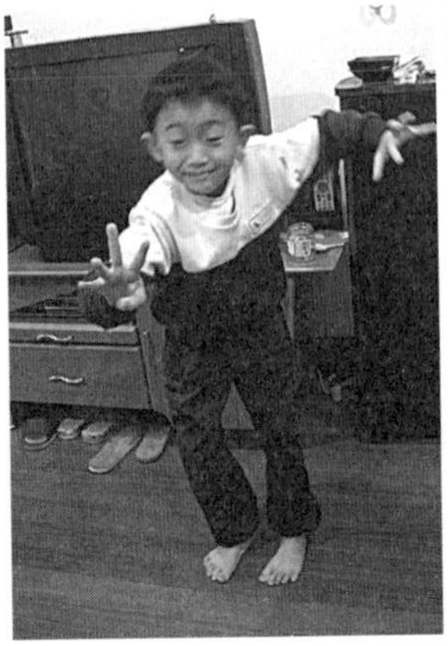

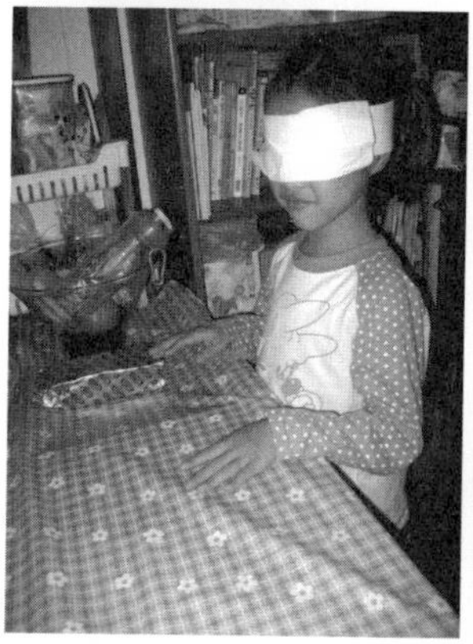

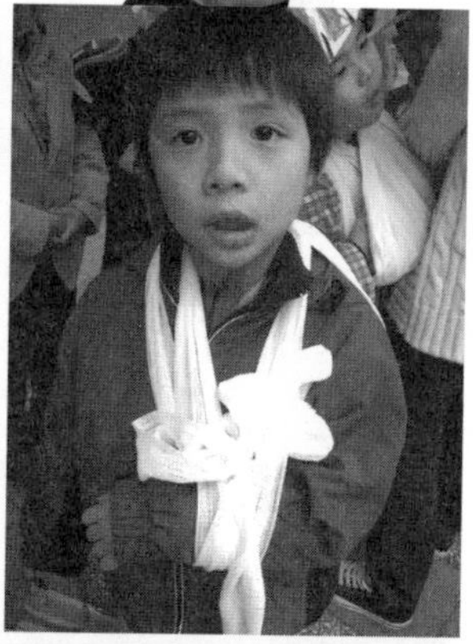

品格養成的過程一點也快不得，也得等候時機！
我們得等孩子願意說、說得清楚、說到真實的感覺才算數！

我相信每個用心對待孩子的家長遇到同樣問題，做法也一定相似，但有時候父母會因工作壓力或生活瑣事多而忽略注意孩子的狀況，或者快速草草回答，就只是一時解決而無法持續發揮影響力。

當父母心有餘而力不足時，只帶四個孩子的老師就是我們最佳的幫手，還會設計活動巧妙處理問題，而且其他同學的父母也會以同理心幫我們看著孩子。

「共學共遊」團體的好處就是這樣，因為孩子彼此會互相影響，就像我之前提到的一樣「幼人幼，以及吾之幼」，教好別人的孩子就會影響我們自己的孩子，畢竟要跟自己孩子說教的難度高，讓老師、讓別的父母用類似「易子而教」的方法鼓勵或勸說、讓孩子利用同儕的影響力，反而能快速有效達到目的。而父母們也不會覺得孤立無援，大家成為可以互相討論的「難父難母」，甚至還能趁機抒發彼此焦慮的心情，相互提醒，或許原本覺得難以做到的教養上乘心法「做法要積極，心情要放輕鬆！」似乎不那麼困難了！

孩子的情緒問題，罪魁禍首往往是家長！

其實，有時老師會發現，孩子煩惱的源頭大部分都來自大人：父母的期待，老師的要求，統統都變成了孩子心裡最大的壓力與負擔——擔心考不好會讓爸媽失望、老師會不喜歡自己；擔心才藝沒認真練習會浪費父母的錢……

孩子會有這些想法肯定也是因為父母長時間的耳提面命，想不記住都不行！

「如果我們希望自己的孩子贏在起跑點上，父母的教養觀念就要升級。」

現在幾乎人人有學校念，升學已不再是問題，分數學業也不該是最重要的事，更不應該為此造成孩子的壓力。父母真正得提升的是，知道要在未來社會立足需要的是什麼樣的能力？該怎樣讓孩子學到面對未來多變化社會的能力才是關鍵！

因此，我想用老師們說服孩子的做法與案例刺激家長——連孩子都在進步了，自己怎能不正視未來而裹足不前、陷在過去的教育思維裡面。大破壞才有大建設，跳脫傳統做法才有更多的可能性，畢竟我們已知道傳統安親班的缺點，最不濟就是再走回頭路找個缺點不那麼多的，但為了孩子的未來，我們怎麼可以不勇敢嘗試看看！

給孩子自信——一定要打分數嗎？讓孩子知道自己的優點最重要！

孩子的壓力大半來自於課業及分數，該如何讓孩子明白分數不是唯一的衡量標準。有一次體能課，老師曾和學生共同探討「分數」的意義，藉由詢問孩子考過最低和最高分各是多少分？心情覺得如何？為什麼難過？為什麼開心？看見別人考不好時會有什麼感覺？若被別人嘲笑自己的分數很低會有什麼反應？如果考不好是不是可能會愈來愈進步？學校考注音、考數學、考國語是一種考試，那跑步是考試嗎？考試考不好會難過，那跑步不夠快會難過嗎？有沒有人什麼都很厲害，什麼都會呢？……

透過一連串的討論，無非是想讓孩子了解，老師打分數的真正意義，讓孩子用正面的思考看待「分數」。

破除分數的迷思是第一要務，但建立孩子的自信心更重要。因此老師也請孩子們想想看，覺得自己很厲害的地方是什麼？有人覺得自己跑步很厲害！有人表示自己力氣很大，比腕力都會贏！也有孩子自信滿滿，說自己騎腳踏車、打籃球、跑步都很厲害！

正面積極的意念是會無限的擴張、甚至還有讓「夢想成真」催化力，雖然有些孩子還是有點想不出自己哪裡很厲害，但其他的孩子會告訴她：「妳都會讓我們覺得很開心耶！」這就是我們孩子可愛的地方！

老師曾嘗試過讓孩子運用想像進行角色互換遊戲：想像自己總是考一百分，以及想像總是考得不太好的感覺，讓孩子學習同理心，記住好的感覺與不好的感覺。

其實，當面稱讚孩子是最快速提升孩子自信、補充快樂能量的方法，孩子獲得的自信與成就感也最大。因此家長們一定要記得隨時隨地、有機會就及時鼓勵孩子。除了家長、老師的稱讚外，孩子之間也很需要送「禮物」給對方，像老師會讓孩子玩「你好棒，因為……」遊戲，每天對一個人說五個優點才算過關，年紀愈小的孩子愈容易達成目標！

此外，老師也很常和孩子們玩「優點轟炸」遊戲——要孩子寫下自己與其他人的優點。受到優點轟炸的人，也會因為別人認同自己不曾注意的優點而更加有自信了。

對孩子來說，認同自己的優點很簡單，但要認同別人的優點就有點難度，所以透過這些練習，訓練孩子多觀察別人的優點，正面欣賞別人，也才能見賢思齊。孩子之間的感情也會更融洽！

讓孩子懂得禮貌與尊重——生活習慣養成得從小事情一件一件來

關於「禮貌」的表現，什麼叫做好？什麼叫做得體呢？

目前，孩子們表現最好的就是看見老師會熱情的打招呼問好，但我也常聽老師說：「還不夠好，例如：每次上下公車，看見其他同學父母的禮貌態度、收作業時對老師的態度，都還有進步空間！也發現有某些孩子會挑剔點心不好吃，認為爸爸都會帶他吃美食……」此時，老師便會多加引導孩子，培養「感恩的心」。

培養有「禮貌」的生活習慣更需要時時注意，時時提醒，很多禮貌行為的培養得從小事開始：像是養成向別人借取東西要事先詢問的習慣、講話不要太大聲、別人說話時不搶話等都算！

所以老師採取的方法就是一看到孩子有好表現，一定趕緊說出來，一方面稱讚做得好的孩子，一方面也鼓勵其他孩子，就像「亦翔都會第一個主動打招呼、主動服務大家，每次都禮讓別人先過，幫大家靠椅子，最後一個離開餐廳幫大家檢查是否忘記東西，而且，這些都是亦翔自動自發的表現！」

經由老師常常提醒、孩子間常常練習，大家漸漸養成好習慣：會主動幫忙、和老師打招呼、自己洗碗筷、用完餐學習清潔桌面和地板、如廁記得將馬桶蓋掀起或將馬桶擦乾淨……外出時，男孩們漸漸學著當個禮貌小紳士，很貼心的讓女生或年幼的孩子走在內側；老師準備點心給孩子們吃時，會說：「謝謝老師煮好喝的湯給我們喝。」吃飯時，原本一聲不響將飯接過去的孩子，後來會主動謝謝老師，這樣的禮貌運動就會一個感染一個，可見孩子們同儕間的影響力很大。

後來，不需要蓋章獎勵孩子也都能自我要求。接下來老師便改變方法「針對每個人不同的表現，有進步時給予大大的獎勵」，要孩子們認真思考自己需要改進的地方，一一寫下來，警惕自己要努力。有人屬於自我要求型：希望自己脾氣要好、注意衛生習慣、做事要認真；有人則是跟專心有關：30分鐘吃完飯、寫功課專心、做事動作快不拖拖拉拉；有的孩子就都跟說話有關：講話小聲一點、不要亂講話，老師講話時不講話……

看到孩子具體的禮貌習慣慢慢建立了，也懂得反省缺點努力讓自己改進，老師便告訴孩子們下一個任務，希望他們能學習認真「聽」別人說話，並且了解什麼場合、如何適當地發表自己的意見，讓禮貌運動更全面！

教孩子別愛生氣——難道別人真的不可原諒嗎？

孩子往往對於自己突如其來的情緒還不知如何妥善控制，有時因為一點小事也很愛生氣。生氣的癥結點往往是「彼此的認知不一樣」：對玩與打的認知、對開玩笑程度的認知……要弭平這些生活上的紛爭、讓孩子認識彼此的差異與不同，甚至要孩子體會「吵架是難免的」，還是得循序漸進，得經過一次次事件的衝突、老師斡旋、學習體會等過程，才能漸漸學會。

其實，生活中大大小小的事真的很多，孩子會發生爭執的問題也是五花八門。就像婷婷老師提到的例子：

「昱熹不喜歡韋頡笑他寫字醜，我就讓他們倆自己想辦法互相溝通、找到最適當的表達方式。韋頡一開始當然很不服氣地說：『可是他寫字真的很醜呀！』之後有個情境下，韋頡也因為我會開玩笑叫他 baby 而不開心，我就趁機引導他：『那別人也會不開心你對他說的話，所以，要學習尊重別人的感受喔！』

當然後來也是經過練習才讓韋頡用『鼓勵』的話替昱熹加油，並會在寫作業時提醒昱熹哪個字太醜了『要擦掉』。」

另一個最明顯的例子是，男生和女生對事情的處理態度及看法本來就常出現歧異，有時更會造成小衝突。

有一次，女生們投訴男生太吵、會打人等，男生很不服氣，老師索性舉行辯論會，讓男生與女生辯個夠，看看能否辯出相處之道來。

先請女生說出男生特點，馬上列了一堆缺點：頑皮、愛惡作劇、很吵……這時有女生冒出一句：男生很勇敢！竟引發女生想出許多男生的優點：力氣大、容易交朋友，轉變成很有風度的思考角度。但輪到男生說說女生特質時，男生還是只想到負面的：愛哭、八卦、動作慢，經過老師不停引導，他才終於想到：會做菜、手巧……

當男孩子開始思考女生的優點時，輪到女生也要反思了。女生也認為自己有時也很吵，也會打人，男生的確聲音大、比較皮，但也常搞笑逗得大家笑成一片……最後，女生個個露出不好意思的笑容。

這樣的辯論結果，男女生算不算大和解?!也許沒有結論，但是絕對也讓彼此都更了解對方，除了有男女差異，其實每個人的想法、習慣也都很不一樣，如何發現別人優點、包容他人缺點，不只孩子需要時間練習，也是每個大人共同的人生課題啊！

Box

打開人氣箱——友愛大考驗，聽聽別人看到的自己！

「人氣箱」是彙集自己人氣的箱子，希望孩子們在箱中投入給彼此的建議和鼓勵票。每隔一段時間，孩子們總是頻頻問老師，什麼時候可以開，大家看起來好像等待抽獎般興奮。

開箱時，會將建議和讚美統統大聲唸出來，但是將「建議者」的名字保密，希望大家不要只注意是誰寫的？被寫的人有什麼缺點？反而應該是聽了這些建議後，每個人都可以想想：這一點我是不是也做得不夠好。有時我好像也有類似的壞習慣……

就像當老師唸出「不要太固執，要承認錯誤」的建議時，老師便跟孩子表白自己有時也會不輕易承認錯誤或某些事情，太固執不夠隨和等缺點，希望透過老師自己的反省動作，引導孩子「見賢思齊，見不賢而內自省」的習慣。而且也鼓勵孩子，只有好朋友才會跟你講真心話，如果沒有人講缺點，可能一輩子都沒有機會去發現「原來這對別人來說是個缺點！」

透過遊戲，「人氣箱」的重要性在孩子們的心目中與日俱增。其實孩子們講出來的缺點，都是老師之前講過、罵過的，但是經由同儕口中講出來，孩子們反而比較願意認真看待！有些人還會驚訝一下說：「我平常有這樣嗎？」然後會開始注意自己什麼時候做出不好的事，會不會被投壞人氣，就特別注意自己的言行；也能懂得欣賞彼此優點，而且還會注意到同學間溫馨助人的好行為。

老師也趁這個機會和大家討論：寫人氣票的意義，是為了希望看見每個人都有愈來愈多的好人氣……現在大家已經比以前進步許多，但是如果都是比「壞人氣」的話，這樣表示你們對同學都很嚴格，不願意互相提醒對方該注意的禮貌或生活規則。孩子們一聽便恍然大悟，所以老師希望孩子做到，提醒對方三次後還是表現不好，才寫壞人氣票。

透過人氣箱活動，孩子不但學到自己約束自己，也漸漸懂得體諒別人，及給別人機會的意義。

教孩子愛爸媽愛家人不是只在節日裡
——建立和父母、家人間的溝通橋樑

有次弦音老師跟孩子分享，自己的弟弟結婚了，讓她感觸頗多，覺得小時候住在一起卻不懂得珍惜，甚至會欺負弟弟，長大後感情很好卻沒有機會常碰面，真希望回到小時候對弟弟好一點……

這樣的感想引起了孩子的討論，有人覺得，說自己有時也對弟妹很兇；有孩子提到媽媽常說妹妹還小，要讓她一點，會覺得媽媽偏心……但猴子老師也換個角度用自己的例子說明：「爸媽的確會有這個迷思，像我自己是老么，從小到大也聽爸媽常跟姊姊說『要讓妹妹』這種話，但卻很擔心姊姊會因為這樣討厭自己。」

老師也跟孩子分享，等她們長大後想法就會更成熟，會知道其實小時候氣得要命的事，現在想想都是很好笑的趣事。

像小溢老師帶領的幾個孩子都有弟妹，有次孩子們就推薦老師看一部影片〈我的妹妹小桃子〉，看完後，大家都圍繞在「龍二」這個性情轉變極大的哥哥身上，非常關心龍二為什麼會改變想法，不再討厭和一般人都不一樣的「小桃子」。雖然也對龍二的「惡劣行徑」感到生氣，當電影描述到哥哥阿力覺得父母親都「不公平」，對妹妹比較好，沒有人關心他、只會希望哥哥要「忍耐」、「包容」……楊暘和小穎都深有同感，小穎還提到有一次因為要禮讓妹妹，覺得很不公平，就生氣得把自己鎖在廁所裡不想出來。

〈小溢老師迴響〉

建議家長可以訂立一些準則，不一定要完全的禮讓弟弟、妹妹，而是在發生爭執時適時地介入，不單一方面教大孩子禮讓，也要教育小弟妹一些生活禮貌！也要多跟孩子聊天，溝通想法！

過了一陣子後，小溢老師發現這群孩子居然有個祕密——就是要一起離家出走！問他們為什麼要離家出走呢？結果就是孩子最在意的事：被管、偏心、父母很兇……也因為有伴，便私下商量想要離家出走。

但是，有趣的是，其中一個孩子韋頡在家看了一小段〈無家可歸的中學生〉，大受震撼！原來住在外面那麼可憐！那得要趕緊告訴好弟兄們不要太衝動呀！就希望大家可以一起看看這部影片，了解無家可歸的辛苦！

看完影片後，昱熹還是想離家出走，他說他不怕辛苦，已經存了一萬塊可以用，想要到淡水住，錢用完了再去打工。但小溢老師告訴他法律規定，他現在的年紀是不可以打工的喔！讓他有點失望。

不過小穎和昱熹「忿忿不平」的共同原因，主要是在家的時候都要「大讓小」，他們覺得非常的不合理！晴晴看到激動的兩人，則是想著「還好我沒有弟弟或妹妹」。

剛好這部影片比較長，分了兩次才看完，也讓孩子有點沉澱心情的時間。

看完整部影片後，老師問孩子們：「大家覺得自己有一個幸福的家嗎？」孩子的說法就有點改變了。「有，因為有很好的家人，而且覺得家很重要！」「有，因為爸爸、媽媽辛苦賺錢給我們！」「有，因為有錢、有電視、有玩具、有床……」討論之後，大家才發現離家出走真的沒有想像中容易！而且又不能打工，根本沒有辦法自己賺錢養活自己，只好打消離家出走的念頭。

做運動，改造孩子們的大腦與視野

什麼時候才能接觸大自然？什麼時候才能流一身汗、和同伴一起高聲大笑、吶喊？縱使現代的孩子們大部分都生活在城市裡，但只要教師用點心，安排有趣的體能課程，就能擁有精采的戶外生活，絲毫不亞於住在鄉下的孩子……

擁有難忘的童年經驗常常是我們這一代大人津津樂道的事：有些人可以光著腳丫在田埂上奔跑；有些可以上山抓蟲、找青蛙；有些和同伴跑去溪邊玩耍。雖然可能因擔心發生危險而被家人教訓，但這些有趣的童年印記卻深深烙在我們的心中，而其中所學習到的自理能力，還有與童黨間互動過程中學到的大小事，更在不知不覺中成為我們待人處世的基礎模式與態度。

可惜，現代居住在都市叢林的孩子們，能在大自然裡跑跑跳跳的機會真是少之又少，除非假日時爸爸媽媽刻意安排一起到野外出遊。

現在的孩子到底該怎麼辦？什麼時候才能接觸大自然？什麼時候才能流一身汗、和同伴一起高聲大笑、吶喊?!……

現代的孩子們大部分都生活在城市裡，但只要教師用點心，安排有趣的體能課程，要擁有精采的戶外生活並不難！

我們老師都很注重體能活動的安排，安排給孩子們體驗的活動也幾乎都是自己小學時玩過的，只差沒帶孩子去山上小溪流自己動手挖滑水道。

有些老師在求學時有校隊經驗，所以為孩子安排的訓練項目可是專業的校隊訓練標準！老師認為，當年大夥兒一起練習的感覺很美好，有目標，又能鍛鍊身體，因此也很希望能影響孩子，讓他們願意動、喜歡動，體會樂在運動的感覺！

孩子的運動習慣、熱愛運動的嗜好，要從小開始培養。

哪個孩子不喜歡跑跑跳跳呢？只要一到操場，孩子們個個興致高昂，不需特別要求就和同學玩起你追我跑的遊戲！尤其剛上小學的孩子，尚未學到「比較」——誰跑得快？誰最會打球？……所以還沒有對運動失去「信心」，往往玩得最盡興，動得最忘我。所以，只要練習到技能導向的運動項目時，老師便先替孩子們打預防針——

> **運動，不需要跟別人比，「和自己比較」的進步，才是進步。雖然多少還是會有得失心，但大部分時間能夠玩得很開心，才是最重要的事！**

在學校的體育課或運動競賽中，難免會面臨老師打分數、同學間的較量，跑得快不快、跳得高不高，是一翻兩瞪眼的事，時間久了，一些不擅長體能的孩子就會漸漸討厭運動。

但我們卻還是希望能夠燃起孩子們對運動的熱情，讓他們明白，運動不等於比賽、競技，便針對低年級特別多準備一些獎勵、獎卡，吸引孩子一步步往更上一級的目標前進。

除了利用平常的體適能活動、球類遊戲等來增加體力與肌耐力，老師們還安排「登山健行」，帶領孩子一個月爬一座山，並運用公家單位已有的「親山護照」資源，讓孩子從「輕鬆走」開始挑戰，不但能鍛鍊體力，也與大自然有更親密的接觸。

不比賽的體能課——為了自我升級而挑戰，孩子愈動愈起勁

針對體能訓練，老師細心地製作了體能護照，從基礎體能開始，先從傳球訓練反應力，讓孩子不怕球，再來則訓練速度感，以及手部敏捷能力；雖然孩子不一定接得到球、

有時還會怕被球打到，但只要孩子能夠勇於嘗試和積極面對，就更應加倍鼓勵！

等孩子習慣運動之後，再增加難度，像是運用跳繩訓練肌肉力量及心肺功能；並透過爬竿、折返跑等較有挑戰性活動，觀察孩子接受的程度。老師也會將運動設計成闖關遊戲，而不是競技，還會讓體能表現較佳的孩子擔任小教練，在教學相長之中提升榮譽感，被教的孩子也能虛心受教，就不容易有「技不如人」的打擊與挫折。我相信這樣的體能課安排，絕對比捉對廝殺的競賽更有意義。

除了體適能、球類遊戲及增加體力與肌耐力的活動外，同時還增加了孩子最愛的「直排輪」——不但能訓練平衡感，也能讓孩子在跌倒中體會運動家精神，培養自己站起來、不氣餒的韌性與態度。

還有，為了適當地刺激孩子的大小腦，老師也會帶著孩子做可以練習手部敏捷度的運球、對著牆壁拍球，還有困難度升高的四角傳接球——透過孩子們接球與傳球給不同方向的夥伴，來訓練速度與反應力。這是個很棒又有趣的訓練方式，也是標準手球隊選手訓練的方法。只要有球，爸爸媽媽就可以陪孩子大玩特玩！

有時為了增加孩子體育方面的相關常識，老師也會安排孩子觀看影片，欣賞體能表現的力與美，或是為孩子介紹一些比較不為人知的體育活動，像是單人及雙人跳繩、跆拳道影片等等，其中以武術最能引起孩子的興趣，無論男孩女孩打起正拳、手刀、逆拳與掌拳都能有模有樣，孩子也覺得自己變成功夫小子般神勇，無意間也增加了孩子的自信。

鐵馬逍遙遊——體力耐力意志力的訓練

最近在台灣很熱門的單車，對這群半大不小的孩子來說，一點也難不倒。孩子們曾經在半個月騎完一百多公里長的台北市河岸自行車道，足跡也曾到過台北縣八里，感受八里左岸迷人的風情，還造訪了百去不膩的十三行博物館，過程中，孩子們也可以更親近及了解紅樹林生態，可說是一舉數得。

起先，這群孩子並不是人人都會騎車的。只是，在同伴們彼此鼓勵、激勵之下，原本不會騎車的孩子試著坐上單車，搖搖晃晃地展開第一步。等到大家都能夠享受駕馭的樂趣了，難免會開始競騎、比賽，因此每次外出騎車就見孩子們爭先恐後，想騎在別人前面。

不過，時間一久後，孩子們也體會到我們是一支「單車隊」，而不是環台自行車賽，有了團隊互助的觀念。每回騎車，孩子們反而更加注意身邊同學是否有跟上，即使有人不小心跌倒而落後，其他人也不會抱怨對方太慢，反而會自動立即停下來等待。

孩子的體力畢竟與大人不同，帶領他們時要隨時注意他們的身體是否能承受得了，因此，老師常常在騎車時，視現場環境來教導孩子。有時騎累了，就從包包裡拿出功課，在微風習習的橋下寫了起來，或者沿途看到了許多植物，如篝樹（鹿仔樹）、柚子、絲瓜、指甲花等，老師就會趁機跟孩子講解植物的構造，當場上起自然課來。在進行台北市自行車道騎乘活動的過程中，孩子們來到幾座連接北市及北縣的橋樑時，老師就會告訴孩子們，像中正橋、秀朗橋等各是連接何處，讓孩子對自己居住的城市留下更深的印象。

〈弦音老師想說……〉

不過，騎車雖然很悠閒自在，但老師還是得隨時提醒孩子騎車需注意的安全規範，有些孩子貪快而跌倒，老師就會分析他的騎車狀況：發現他總是不管一切往前衝，快要摔倒時，也不會想要去用力控制把手和煞車，才會不停摔車。老師跟孩子強調沒有按煞車的危險性，要孩子將這些安全規則記在腦中，下次出來騎車時，就能玩得更暢快，也更安全。

此外，北市河濱自行車道經過的水域，老師也會趁機跟孩子說明該地的自然環境和人文歷史、以及鄰近地區地名的由來；像永和就是「永遠和平」的意思；景美則是從舊地名「梘尾」台語的相似讀音「景馬」演變而來……這些環境教育讓孩子的單車之旅更加豐富有趣。

既然，孩子已經用自己的體力，踩著兩輪來認識自己居住的城市，老師便又突發奇想，帶領孩子們製作旅遊達人「單車之旅篇」，讓孩子更加認識這塊土地。老師先教大家在圖畫紙上描繪出淡水河、基隆河、大漢溪和新店溪的相對地理位置，由於孩子先前有製作台北縣市捷運地圖的經驗，因此在描繪河系地圖時更有空間的概念。接著，孩子們也在圖上標示出幾個著名的景點、大橋，將騎過的路線及淡水河以及三大支流：新店溪、基隆河及大漢溪等水文，在地圖上標示出來。孩子不僅了解到台北水文分布的地理位置，同時一邊回憶自己騎過的景點，並在地點上畫上可愛的小插圖（如美麗華摩天輪等）。在畫地圖時，孩子每一站都會講出曾經在這裡做過什麼事，可見他們心中的感受一定很深，也為這次的單車遠征畫下了完美的句點。

孩子們腳踏兩輪遊台灣的旅程不光是台北，足跡也擴展到外縣市。

到台東時便去體驗了十二公里長的關山環鎮自行車道。這群聲勢浩蕩的自行車娃娃兵團，帶著悠閒的心情，抱著看風景為主，沒有強迫自己一定要騎完全程，而用一種開放的態度去試試自己的能耐！

途中孩子還在關山親水公園停下來玩水，再跨上鐵馬繼續探訪山林。

玩水後太陽照在身上，很溫暖、令人愉快，就有孩子在旅行日記中寫道：「沒想到濕濕的頭髮騎腳踏車曬曬太陽、吹吹風就乾了，真開心>_<。」沒想到孩子也能夠以這樣悠閒的心態看待這次旅程。

有別於城市的河濱車道，關山自行車道引領孩子滑過田野、草原，瞥見清澈小溪、水牛吃草、蓊鬱林蔭，還有壯觀的向日葵園，就連小徑旁的椰子樹、檳榔樹，都能引起孩子的好奇和讚嘆的呼聲。在這番閒情逸致的同時，初次挑戰十二公里長程的孩子們當中還有才剛學會騎車的，但每個都超級努力。雖然途中偶爾發生跌倒擦撞事件，摔傷的孩子也都淚汪汪，但還是堅持要自己騎回去，並且立刻跨上車、踩著踏板繼續前進，完全展現出令人欽佩的運動家精神！

有了關山騎車的經驗後，孩子像是瞬間長大，再怎麼困難的路程都有信心挑戰成功，於是再規畫嘉義朴子溪自行車道的活動。路程由六腳鄉蒜頭出發，終點是東石鄉的漁人碼頭，來回長達五十公里！租車行老闆聽到孩子要挑戰全程，立刻瞪大了眼，還好心提醒大家中間有路段在整修，必須繞道而行，所以總長會超過五十公里！不過孩子們已做好萬全的準備，選好腳踏車，謝謝老闆的好意後，意志高昂地出發了。起點是全台灣最長的自行車吊橋——六家佃長壽橋，只不過才剛過橋不久，有孩子的腳踏車「落鍊」了，但孩子立刻捲起袖子幫忙修理，很俐落又迅速地修好，這種危機處理的能力真是令人佩服！

一口氣騎到十六公里處，大家頻頻喊累，休息過後，卻沒有人打退堂鼓。距離終點剩沒幾公里時，逆風讓大家騎起來更耗力。不過，回程速度就變快了，大家火力全開，努力衝刺，此時大家已經騎了將近五十公里，大家又開始喊累，卻仍硬著頭皮繼續衝刺，沒有人選擇放棄或鬧脾氣，最後終於完成了挑戰。整個過程可以說考驗了孩子們的體力、毅力、耐力。而大夥們彼此激勵、堅持到底，雖然偶有抱怨、喊累，小腳丫卻仍然奮力不懈地踩個不停，除了寫下五十公里的紀錄，心裡的滿足與成就感更是無價。

這洋溢著歡笑與汗水的自行車之旅，過程中還有一段感人的小故事。不會騎車的孩子景閎曾公開宣告要在這學期學會騎車！而這承諾成為了男生們共同的心願，柏萱和荳荳紛紛當起景閎最好的指導教練。在男生們團結合作下，景閎竟然奇蹟似地在短時間內克服了起步的恐懼，能平穩地騎上一小段路，最後並成功繞行直潭社區一圈。幾日的練習過程中，小教練指導時充滿讚美，甚至盡責地為景閎設定了許多階段性任務，包括轉彎、上下坡、障礙路面等，非常有專業架勢；而互助學習過程也成為孩子們心中最美的回憶。

在全台瀰漫著鐵馬風時，很多父母也會帶著孩子到處騎、到處逛，這群孩子的騎車玩樂方式，或許可以給其他家長老師做為參考。

「任務型」情境投射——用偶像激勵，孩子動得更開心

在小學上體育課時，受限於學校環境及課程，孩子們的學習方式不太能變，但放學後，老師就能隨心所欲地安排適合孩子、能激發孩子潛能的體能課。

老師設計過「守衛城堡戰」情境學習，為了避免被敵人「海盜隊」突擊，孩子們必須

進行「城堡守衛隊」的體能訓練：透過蹲馬步加強腿力，還有練習對著枕頭出拳、踢腿、擊拳等進階活動，其實朝枕頭擊拳也很費力！畢竟「出拳」和「捶枕頭」完全是兩回事！孩子為了自己的職責與榮譽感，其實說破了應該是不想被攻破城門，所以個個勤練體力，無論是跑、跳、爬欄杆、傳接球，都列入操練項目，不過也讓我們看到這群孩子的默契與合作。在假想的城堡守護戰中，孩子不但玩得滿身汗，也運動到鮮少用到的小肌肉。

為了時時維持孩子對體能訓練的新鮮感，老師總是絞盡腦汁，想出新點子，讓孩子一邊玩一邊動；像是孩子們十分嚮往的三國名將，就成為體能課的目標：「想成為三國的名將趙雲或夏侯惇沒那麼容易！首先體力不能太差，因為要長途跋涉，要能習陸戰又能習水戰，所以肌耐力得好好訓練，才不會只有『中看不中用』的好看外表！」所以孩子必須通過超級特訓——螃蟹走、低步蹲走、特殊指令的應變型跑步、單槓肌力訓練、雙腳單槓等。雖然有些孩子剛開始對於低步蹲走很沒信心，但還是很有毅力、鍥而不捨地走完。

除了三國將士之外，老師也「因勢利導」順著孩子喜愛〈火影忍者〉而進行「忍者體能計畫」：提醒孩子忍者必須擁有過人的體力，打好底子才能進行特殊忍術訓練。孩子們為了成為忍者，無不咬牙撐過跑操場12圈的訓練、即使腳快抽筋了也要蹲好馬步。只要孩子們快撐不下去，老師就會使出激將法、提醒孩子：「忍者可是天天都做體能訓練，跑步對他們來說是家常便飯！」為的是希望孩子們別太快放棄，能再多堅持一下！

十八般武藝，樣樣「略」通！

孩子們事事好奇，勇於嘗鮮，有許多機會接觸各種運動項目，不必求精通，只求有興趣，將來長遠人生必然專注興趣、培養長遠的健身習慣。

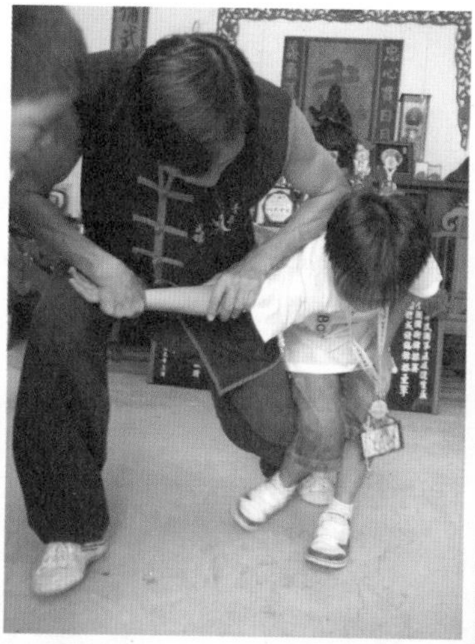

參觀運動比賽——體驗臨場感！

對孩子而言，能在生活中找到機會接觸從未參與的事物，是一件很新鮮的事。老師曾為了一場跆拳道比賽，臨時更動原定計畫，直接帶孩子們到比賽現場感受臨場的緊張與刺激。在比賽會場中，老師先請學過跆拳道的孩子跟大家講解比賽規則，包括打到頭、臉算2分、身體算1分、兩人互相擁抱則代表暫停攻擊等。接著就讓孩子從比賽中觀察彼此的攻防動作。雖然，對孩子來說，跆拳道比賽的方式跟平常接觸的球類運動非常不一樣，可能不容易看懂，但也算是見識另一種直接以身體互相對打、點到為止的運動項目。老師還發現，比賽結束後，孩子還偷偷模仿踢腿的動作。

風靡世界的足球運動，雖然在台灣並不是很熱門，不過老師也抓住機會，安排孩子到台大校園觀賞足球賽。不過在看球賽之前，為了讓孩子對足球有些許的概念，老師先帶孩子看「足球隊」的影片，而且是南台灣女孩們組成的足球隊，和一般印象中，足球是男生專屬的運動大不同。影片裡，孩子了解到原來踢足球不可以「用腳尖」，而是要用腳的內側或外側（最好是內側），才容易控制球的方向；而一些假動作的示範，吸引孩子們躍躍欲試。

由於女孩們沒玩過足球，對於足球的踢法以及規則，都是初次學習，但因為遊戲規則

和足壘球雷同，老師也趁著大家的「熱情響應」，再次「紙上談兵」，講解壘球的規則，讓剛看完影片的孩子印象更深刻！當然除了了解足球或壘球的遊戲規則，更要學習「運動家的精神」：在球場上不可以有罵人、打人、做出危險動作或叫囂、不服從裁判等行為，因為運動除了鍛鍊身體，也是培養大家「團結合作」、「互助」的精神！

在老師的安排下，孩子們來到台大足球場，親身參與了真正的足球賽。老師先跟孩子稍做規則的解釋，接著就讓大家坐下來觀賽，其中，老師也不斷提出問題讓大家思考，像「為什麼守門員穿的顏色都不一樣？」「足球可以用身體哪些部位去碰？」……和孩子聊了許多足球的知識，甚至嘗試加入生活美語，說明 soccer 和 football 的不同。

一場球賽節奏有時緊湊有時緩慢，孩子還會自己找樂子，開始猜是紅隊還是白隊贏。見到支持的球隊進球了，孩子們也高興地歡呼，真實感受看球賽的興奮心情。

由於孩子們看的那場足球賽，正好邀請了很多來自不同國籍的大學生來踢足球，於是便有機會讓孩子們練習跟外國人對話。老師順勢教大家：May I take photo with you? 鼓勵大家與外國友人互動。記得剛開始孩子們很害羞，不過大家一起壯膽後就大聲說出來，也獲得了合照的機會。這場體能兼英文課，可說是讓孩子永生難忘。

除了足球，孩子們也參與了射箭，了解到這曾令台灣在奧運發光發熱的項目。透過射箭活動的帶領，讓孩子除了看熱鬧外，更能深入了解運動的內在精神。

將孩子最愛的運動，變成進步獎勵

陪著孩子做體能的老師們，最了解孩子喜歡什麼遊戲。住在亞熱帶的台灣小朋友，對於溜冰既期待又怕受傷害。平時的體能課，孩子已經溜過直排輪了，對溜冰技巧並不陌生，不過，若將場景從一般校園換成冰宮，一想到那冷冰冰的雪，孩子的情緒不禁沸騰。

於是，老師們把溜冰當成獎勵，訂定集點蓋章的制度，達到目標就能到小巨蛋溜冰！藉此培養孩子們生活習慣、自理能力，也鼓勵孩子們進步。而這麼棒的獎勵，大家當然卯足全力。於是，孩子們在這段期間都陸續達到標準，也有大幅度的進步，所以也取得到小巨蛋溜冰的資格。

可喜的是，孩子們會互相幫助，有過溜冰經驗的孩子會巨細靡遺地和大家分享自己的溜冰經驗，提醒大家要帶手套，不然跌倒時手會黏在冰上，而且如果萬一被人不小心踩到手，很容易受傷；所以要帶護具和手套等等。

一些孩子不太能適應滑溜溜的冰，在初學者練習區練習了很久，或是遲遲不敢踏出和大家一起玩耍。有的孩子則是覺得自己太久沒練習，身體都變鈍了；也有孩子仔細地將場邊設立的安全守則看了一遍，明白哪些是危險動作……在溜冰場中，孩子表現得比平時更謹慎、小心。平時在公園溜直排輪時，因為場地小，孩子的活動容易被限制住，而冰上樂園的場地則滿大的，只要注意不要撞到人，就可以盡情地奔馳。

從稍具專業性的運動中，去建立孩子正確的觀念。在接觸活動之初就要注意自身安

全，想平安順利地完成活動，就要對自己負責任，像是認真記住安全守則、要確實攜帶的物品、要遵守的規矩等等；牢記遊戲規則，才能有「下次再來」的機會。

快樂的時光總是特別短暫，玩不過癮的孩子們紛紛詢問下次什麼時候可以再來，老師們於是再給孩子一個努力的目標：大家趕快再努力集滿點數和印章吧。

登高而望遠，用腳感受大地

爬山可不是大人的專利，在老師的帶領下，孩子從容易達成的郊山開始爬起，陸陸續續也累積不少爬山的經驗；像是台北近郊的象山、仙跡岩、秀山公園等地，都留下了孩子歡樂的足跡。對於活蹦亂跳的孩子來說，一群夥伴一起爬山、觀察途中遇到的生物、有時比較一下腳力，看誰最先鐵腿、軟腳……對孩子來說，即使爬山會流一身汗、會全身痠痛、沒冷氣吹，還可能被小蚊蟲叮咬，但這些小缺點都不影響孩子對山的熱愛。

老師常在月考完後，安排輕鬆的登山之旅。像是容易抵達的劍潭山親山步道，就很適合親子遊。一開始，親山步道迎接大家的，便是高聳的階梯，沒想到爬上去時，反而是老師們在後面氣喘如牛，但孩子們卻健步如飛，還一邊催促老師，快一點！真是令人吃驚。

步道沿途風景優美、鳥語花香，還能觀察到許多不同品種的毛毛蟲。劍潭山的最高點能清楚看見淡水河與101大樓，看到縮小版的台北101，孩子們都興奮不已。有趣的是，當天剛下山就開始下起傾盆大雨，大家趕快跑在捷運軌道下躲雨，這時，雨水開始匯集成一條小河，孩子們居然興奮地觀察起河水的流向，如何把土壤劃分成許多小島，還天真地為河水喊著加油。老師索性拿出幾張紙來讓孩子們自己動手摺小船，比賽看哪隻船漂得最遠。待小船都滅頂後，孩子又自己發明了許多遊戲，玩得全身是泥。只見孩子們興奮地笑著，心情一點也不受天氣影響。從活動中，可以感覺到孩子們在大自然已能完全解放自己，同時也懂得從自然現象觀察到許多事物、發明許多遊戲、體驗大自然活動的好處。

在戶外課程中，孩子親眼見到植物特性，包括龍眼、華八仙、五月當紅的「梧桐花」、阿勃勒，之前在墾丁看過的血桐，美麗但易謝的巴西鳶尾，可以用來製作造紙懸浮液的馬拉巴栗樹，台灣常見但其實是外來種的南美朱槿、島榕、筆筒樹……等，在老師介紹時，孩子總是紛紛提出問題，展現了無比的求知欲，五花八門的問題統統跑出來了！

除了郊山是孩子的自然教室，在暑假長假中，老師也會安排一些具挑戰性的山來試試孩子的耐力與毅力。像是台東蘭嶼之旅，孩子便造訪了以原始荒涼、崎嶇難爬而著名、得花上來回四個小時攀爬、傳說中達悟族人神祕禁地「鬼湖」——天池。這趟路若沒有當地人領導，很容易在山裡迷路的。

嚮導一路上跟孩子解說動植物，許多的自然知識讓旅途儼然成為豐富的生態之旅。但只有剛開始好爬，之後就愈來愈有難度了，當中還需要攀岩！

到了天池，這座寧靜卻又充滿詭譎氣氛的湖，湖面上佇立著許多枯樹，有的看起來像獨角仙、有的像蛇，千奇百怪、變化萬千。孩子紛紛發揮想像力，有人還覺得好像是地獄裡的世界喔！

需要攀爬、拉繩索的天池之旅，四個小時的路程換來了全身痠痛及滿腳泥濘，其中球球還是穿著美麗的裙子及涼鞋去爬山，下山時涼鞋幾乎快壞了，於是嚮導便把雨鞋借給球球穿，自己赤腳下山。蘭嶼人的純樸善良由此可見。但整個行程中，沒有一個孩子喊苦、要求大人協助，大家都發揮了體能的極致，連達悟族嚮導都覺得這群台北來的孩子，很不簡單！相信這就是平時郊山及自行車鍛鍊的成果，擁有好的體力、耐力及毅力，就有機會比其他人爬得更高、望得更遠，感受最美的風景！

追風少年，單車逍遙遊！

單車可稱得上是學社的招牌運動，人人從小一就能學會單車，大台北大大小小單車道都可見我們孩子快樂逍遙的足跡。

單車長征，全台跑透透！

我們還利用寒暑假旅遊全台的機會，造訪各地有名的單車道，除了汗水，還有歡笑，享受無比暢快的單車逍遙遊。

在大自然的課堂裡深呼吸！

一趟僅僅幾小時的生態觀察，不單培養了孩子對觀賞自然生態的興趣，同時也讓他們學到保護動物與生態、不隨意餵食與亂丟垃圾的正確觀念。動植物不光能從圖鑑上認識，就近觀察珍奇有趣的動植物，可以學更多……

比起一般孩子，我們的孩子在「共學共遊」教育模式下，有足夠的機會接觸大自然，無論是上山下海、遠離都市親身接觸，或是到校園的生態池就近觀察……不管是大山大水，還是住家旁的小公園，從天上到地上，從海中到森林……透過電影或紀錄片的主題引導，孩子隨時隨地涉獵著多元的自然萬象、從中體會到生態危機，多角度認識我們居住的土地——台灣。

對孩子來說，「大自然」是無所不在的，而對於大自然的情感不光是在圖鑑上、影片裡，能親身參與，更能激發保護愛護之心。

老師也希望孩子對自然的感情可以更深入、更廣博，所以絞盡腦汁、讓孩子打從真心建立與大自然的感情，於是，在週三戶外活動中，孩子們常有機會外出爬山、造訪濕地樂園，接觸各種生態物種；寒暑假的長程旅行中，更能離開都市，置身大自然之中，像是到南部農村真正用腳踩在孕育稻米的肥沃土壤裡，體驗無米樂影片中，農夫插秧的辛勞；像到原始純樸的蘭嶼，親身接觸原住民文化，以及豐富的生態，觀察到台灣特有種蘭嶼角鴞、看過正在過馬路的陸蟹，還有住在保特瓶蓋的可憐寄居蟹……這些旅程中的片段早已深深印在孩子的腦海裡。

更有趣的是，老師還會讓孩子認識年邁的長輩，學習年長者的自然智慧，像是第二團直潭隊的孩子們每週一會到「阿公老師」家上課，從這位年輕時曾經養香魚、後來成為國小訓導主任，退休後將泰雅文化、野外求生、膽識訓練等專長傳授給種籽學苑孩子的「阿公老師」身上，孩子學到與自然共處的生活智慧。

「阿公老師」不是生態學家、不是自然老師，但他豐富的自然生活經驗，就是一本多采多姿的豐富自然課本，能為每個孩子建立起最正確的環境教育概念。

讓孩子和自然有約——每週一次、次次有新發現

在水泥叢林裡待久了，孩子對環境的敏銳度也會降低。所以，我們每週都會有一天的時間，把孩子的教室開拔到戶外。

老師們會事先找好資料，比方說，椿象的季節到了，孩子們對顏色鮮豔、總是成群結

隊出現的椿象感到好奇，就可以在這季節找好地點，就近觀察。

每週三戶外觀察的時段，老師就會帶著孩子往大自然出發。並不是每次戶外活動都要大費周章地到遠處踏青，像是位於北市公館的台大校園生態池，就有很多值得與家長分享之處。

生態池會出現許多都市裡常見的大型鳥類，像是經常被做為北京烤鴨的大白鴨、帶著紅帽子的紅冠水雞、俗稱魚狗的翠鳥、走路很滑稽有著長尾巴的喜鵲、捕魚高手夜鷺等。

建議不妨為孩子準備生態觀察紀錄本讓孩子自己記錄、畫下觀察到的生物，加深孩子的印象。如果能帶著圖鑑去認識校園中的植物，收穫會更多。看一看台大福利社前面的「台灣欒樹」，秋天的黃花和紅色果實；摸摸「沙朴」粗糙得像沙子的樹皮和樹葉；早期孩子用來當竹槍的子彈「朴子」，其實就是沙朴的果實；或許也可找一找醉月湖中的生態殺手——壓迫原生物種生存的外來種，如：大肚魚、吳郭魚等。

台大校園對住在台北的孩子來說，容易到達，如果想去更幽靜的地方，可以搭捷運到關渡，立即投入大自然的懷抱。

在寸土寸金的台北市還能保留天然濕地生態的關渡自然公園，可說是城市之肺，園區內有導覽志工為大家介紹濕地生態：生長在濕地的許多植物，如「海檬子」、台灣欒樹的紅色果實。孩子紛紛拿出自己的望遠鏡不停地觀察周遭的植物。除了生機盎然的原生種動植物外，還可觀察福壽螺這個誤引進的外來物種，對本土的植物具有嚴重破壞性的禍害，連孩子都覺得要正視這問題。

而環保意識高張的現在，孩子們也常聽見節能減碳、地球暖化等名詞，而在關渡自然公園看見候鳥的遷移，便能知道暖化問題的嚴重性，也開啟了孩子對自然更細膩的感受，並切身體會到保護生態環境的重要性。從真實的觀察中，感受大地萬物的美好；透過專業的導覽，更奠定了孩子關懷地球、注意環保問題的觀念。

意外的錯愕，帶來意外的大驚喜——和土地也能有「酷」關係！

在某次幾個老師們併團外出的活動中，原本到達當地時，每個人無不以失望的眼神看著跟想像中的「多種生態觀察區」完全不一樣的、看起來像是鳥不生蛋的荒地，但到了後來竟跟大地發展出令人意想不到的「另類接觸」，讓大小朋友們滿載而歸！

到底發生了什麼事?!看看老師的紀錄就知道！

到達我們「認定」的目的地，一眼望去是大片的「乾涸」濕地，小孩訝異地問：「這是什麼地方?」弦音老師幽默地回答：「這是『空地』。」「那我們來『空地』做什麼呢?」現場的確是跟老師的設定——「多種生態觀察區」不一樣，育欣老師還頻頻表示過意不去，但這卻是美好的開始，因為，在這裡我們和大地發生了「很酷」的關係！

從乾涸區步行一小段路後，微濕的地出現了，布滿了窟窿和腳印，除了我們的腳印外，ㄟ……還有鳥的腳印！腳印方向可以判斷鳥類移動的方向，老師感嘆：「久未下雨不知道死了多少生物……還好鳥有腳可以移動。就在這個 moment——

有時候驚喜就藏在不起眼的地方！

一塊看起來快乾涸的濕地，一趟看起來不特別的觀察行程，因為一雙特別的眼睛，看到了乾涸中的小生命，再加上一雙不小心踏進泥沼裡的小腳，我們一群大小朋友，踩進了丟泥巴、畫泥巴的泥巴大戰中……

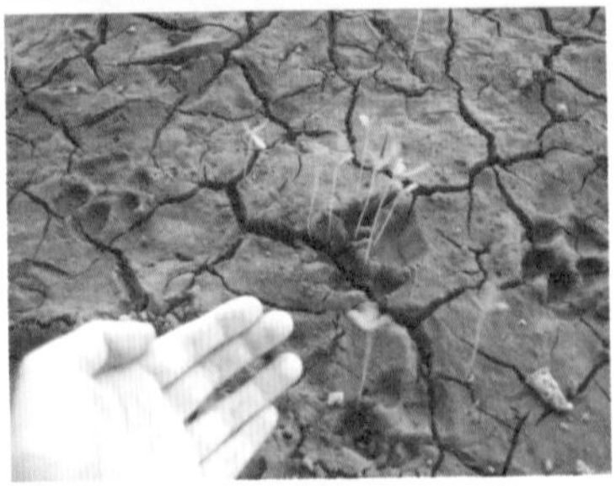

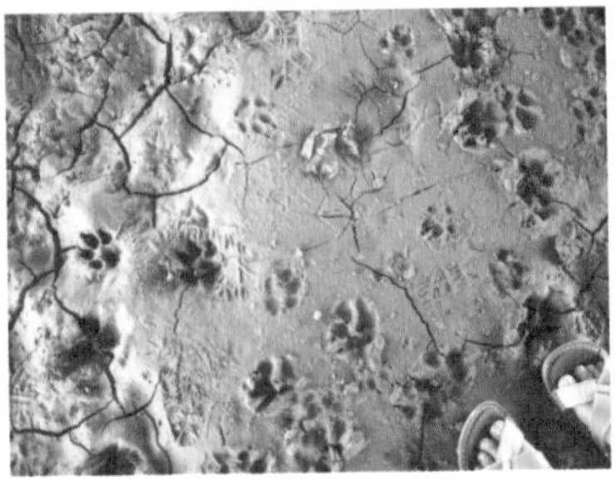

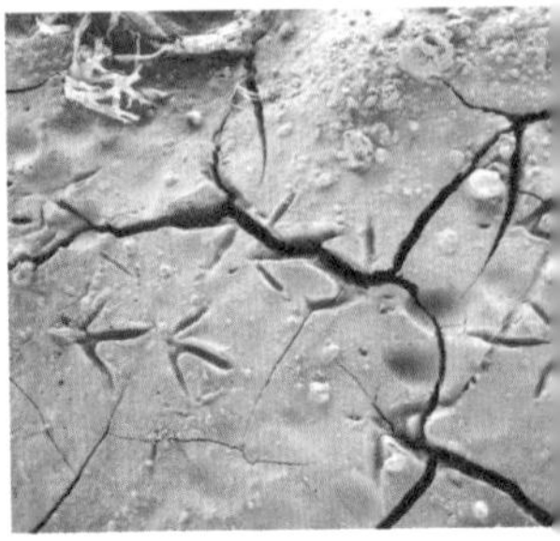

跟烏來「阿公老師」學原住民自然生活智慧！

林義賢老師是泰雅族的頭目，熟悉野地狩獵及求生，是學社孩子在烏來的忘年好友。

嫚均發現福壽螺的蹤跡！

我們原以為荒蕪的這塊地，開始冒出小嫩芽讓小孩猜猜這個芽是哪種植物？那個芽又是哪一種？愈仔細觀察看到的東西就愈多，原來只要有心尋找就可以發現「新濕地」！

就算是各式各樣我們不知名的草，在觀察、思考其特性的過程中，也能產生很大的樂趣，尤其是大家分組總動員尋找各組的「神祕植物」之後……

過程中，有的孩子索性踏進泥沼中，明翰是泥沼先鋒！當他的鞋襪一腳陷入泥濘後，所有人就前仆後繼的撲向沼澤啦！熙寧、胖胖、子涵、文頤……一個個變成泥娃娃，嫚均光著腳丫自在地奔跑、演出小水窪版的「在水一方」，頗有小美人魚的感覺呢！

于庭、酈薇組也同樣奔向泥沼，小孩與大人都瘋了!!

就連平常有點潔癖的孩子，也愛上摸泥巴、抓泥巴、丟泥巴，玩到最後，胖胖拿起乾樹枝帶起另一波風潮——畫泥巴！

弦音老師對這趟意外中的意外，下了這樣的註解：這趟「濕地迷路」竟然誤打誤撞讓孩子們體驗到我們小時候在鄉下踩泥巴、玩泥巴的經驗。孩子們開心而盡興的表情，再次印證了——

讓孩子親身體驗，就能培養對大自然現象的興趣；藉由同儕的骨牌效應，讓怕髒不敢摸泥巴的孩子能夠開心大玩泥巴戰，認真玩過一次，孩子對自然的好奇心與更開闊的胸襟，就從此時此地此刻開始——生根萌芽了！

探尋祕密花園——找到了專屬孩子的樹木教室

有計畫的探訪大自然，可以讓孩子預做準備，等到吸收常識後再印證，會讓孩子有一定的成就感。不過，有時天外飛來一筆的「意外之旅」，也能帶給孩子更多的驚喜！

有一次，老師帶孩子到烏來，回程決定也來趟不一樣的探險，就挑了條與平常反方向的路，沒想到往下走沒多久，映入眼簾的竟是一片錯綜複雜的迷宮！孩子們開心極了，在彎彎曲曲的迷宮樓梯間穿梭，就玩起你追我跑的遊戲來了。玩樂中，發現有好幾棵樹是從樓梯底下冒出來的，仔細看看，原來是烏來最有名的櫻花樹！其中有一棵樹是斷了半截。原來這幾年有好幾次強大的颱風侵襲烏來山區，造成路基坍方所致。在祕密通道深處，師生們還發現了大樹環繞、還有課桌椅的「樹木教室」，大夥便決定下次要來這邊寫功課！

這趟意外的烏來之旅，也讓孩子了解了烏來當地的人文背景。原來幾十年前一位日本人鷹乙，因為感嘆烏來山明水秀，卻少了花香的襯托，於是大方地送給當時的烏來鄉長一千株櫻花、五百株梅花以及五百株栗花；從此，烏來每逢花季，就吸引了許多遊客前來賞花。而孩子們這才恍然大悟，原來這些櫻花是從國外來的！不知道會不會水土不服？

從展覽、影片，綜觀、微觀我們的生態世界

老師延續著孩子對環保、生態議題的注意力，引導孩子們看電影〈冰原歷險記〉及〈明天過後〉，再接著參觀長毛象特展，藉由參觀特展的活動，對照看過動畫中長毛象與夥伴們及人類相處和棲地遷徙等現象，再帶入氣候變遷的問題。

看完展覽後，老師引導孩子深入討論：長毛象為什麼會滅絕？目前地球氣候暖化問題跟那時候一不一樣？為什麼會造成暖化？再引申出地球資源過度耗竭、孩子生活中是否有浪費的行為……透過全方位的研討，孩子就能建立起正確的觀念與實際應用的連結網絡，在心中漸漸累積的能量，已遠遠超過只觀賞一部電影或參與一次特展。

孩子的好奇心是無所不在的。除週三以外的其他時間裡，老師也會準備一些生態影片，讓孩子漸漸建立起對生態環境的關懷。

有部名為〈小宇宙〉的影片，介紹糞金龜怎麼在充滿碎石子的地上搬運「牛糞」，孩子覺得他們好有毅力，但也有孩子覺得滾大便很噁心……影片中也觀察到蜘蛛結網捕食蚱蜢的過程，有些孩子覺得蜘蛛真壞，還說以後看到蜘蛛網都要把它弄破，但也有孩子表示覺得蜘蛛也會吃蚊子或蒼蠅，應該是好昆蟲等等的看法；還有常見的螞蟻，透過鏡頭看見地底下的螞蟻窩，孩子除了驚訝螞蟻儲藏食物的鏡頭，也好奇這要怎麼拍攝……透過影片中的食物鏈關係，讓孩子明白，雖然人類是食物鏈最頂端的生物，看起來好像可以隨意控制其他動植物的生命，但如果太自大、隨便破壞大自然的平衡，也會引來大自然的反彈。

〈佳明老師想說……〉

這是一趟對大船長和小海盜們來說意義非凡的旅程，讓熱愛山林的大船長一飽眼福，賞盡散落台灣四處的珍珠美地，也讓小海盜們心胸裡那塊夢幻版圖無限制地拓展延伸，讓他們在腦海裡刻下了不同以往對台灣的拘限，而是像魚鷹般翱翔天際的自在暢快，用心眼踏遍這塊土地。

這真的是台灣嗎?!——跟著魚鷹的翅膀飛翔，俯瞰我們腳下的土地

在參觀天使美術館的〈飛閱台灣〉攝影展前，老師曾問過孩子到過台灣哪些地方？一幅一幅的攝影作品，彷彿在觀展的瞬間，我們搭乘著魚鷹高展的雙翅，翱翔在美麗台灣的各個角落，從高空欣賞這塊屬於我們的美麗土地。

放映寶島之美影片時，從台灣北部開始，鏡頭閃閃播放出一個個熟悉又陌生的影像從高空看見的淡水，好像一座娃娃兵團的山水模型；萬里的豆腐岩一塊一塊地透露出美妙的滋味；林口天線陣列讓孩子們發出驚呼：「這是在台灣嗎？」像迷宮一般的九九峰；蝴蝶綠繡眼的身影交替像在玩捉迷藏；幾座台灣巍峨的百岳大山，迷咒般的白雪縈繞山頭，對著孩子們招手呼喚；還有大甲溪、大崙溪像是群山裡的火車列，圍著山頭繞圈圈……

對大自然有著濃濃依戀、對百岳為之瘋狂的佳明老師看得目不暇給、意猶未盡，而孩子們更是心神嚮往，紛紛舉手表示有一種好想去玩雪的衝動!!老師忽然冒出一句：

「誰想跟老師一起去雪國世界冒險？」荳荳、柏萱、景閎興奮地高舉雙手附議，冒險犯難精神十足。其實更令老師感動的是，這個舉動代表了他們正敞開心門，大大地回應了美麗寶島、土地山林魅力的呼喚！

都市求生指南，緊急應變能力

這世界好玩的地方，就在於五花八門、瞬息萬變。但在這隨時都可能產生變化的世界裡，孩子會面臨種種考驗，他們做了哪些準備？他們擁有足夠的力量嗎？他們能夠保持冷靜與智慧嗎……

在少子化影響下，家長對於小寶貝有時會太過寵溺，而孩子日子過得太安逸，漸漸就容易失去應變力與急智能力。老師希望孩子不要成為一點壓力都不能承受的「草莓族」，不要變成遇到事情就驚慌失措的「慌張一族」，因此在日常生活中，往往會找機會讓孩子練習急難時的自保方式，小至走失迷路、或是在大眾運輸工具上遇到緊急狀況，甚或是獨自漂流到荒島的「非常狀況」，老師都有一套訓練孩子的方式。

相較於其他孩子，我們的孩子外出的機會多很多。許多家長會擔心自己的孩子會不會過馬路、搭公車等，在老師的經驗法則裡，走入社會體驗生活是必要的，孩子集體行動時難免嬉鬧，但都可以定下規矩讓他們遵守，但不要因為過度擔憂安全問題，就讓孩子足不出戶。

老師曾依照足球規範，擬定出了「黃紅牌法案」，除了外出基本安全守則外（迅速集合、尊重環境保持安靜、不碰觸物品、維護團隊秩序等），任何破壞秩序的事情都會被舉黃牌警告，兩張黃牌警告後便舉紅牌出局。出局採用「暫停活動，留在反省區十至三十分鐘」的方式，並且視情況嚴重性取消下回外出活動的權利。如果團隊累積出現了三張黃牌，則隔日所有活動改為社區勞動回饋（到社區撿垃圾、為孤兒院孩童做街頭募款、清理使用場地等等）。老師希望孩子們體認到：利用這種型態的罰則，達到讓他們為自己犯規的行為付出代價之外，同時也能為環境或是弱勢團體做出貢獻，藉機對孩子們做機會教育。

培養迷路抗體——訓練認圖認路能力

現代的孩子許多都是家長接送上下課，有些甚至到國三了還沒有獨自搭公車的經驗，所以養成了依賴大人、無法自己安排交通動線、不會判讀地圖等缺點，甚至連迷路該怎麼因應也不清楚。我們的老師固定在週三帶孩子進行外出探索活動，雖然老師都做過專業訓練，也一再於行前讓孩子知道行程，但還是有必要訓練孩子迷路時的應變力。

為了讓孩子熟悉每次外出的路線，並且開始練習認路，而不是依賴老師的帶領，老師會於外出時特別仔細介紹捷運路線，以及怎麼來、怎麼回去的方式，讓每個孩子都有機會帶路，能好好把路線記清楚。也讓孩子在外出參觀及旅遊時，學習規畫路線、深入認識交通路線，加強地理位置和方向感。

有一次，一個孩子因為陰錯陽差，獨自留在學校門口，這孩子等不到人接，就獨自走回家。因為這次事件，老師便與孩子們分享了萬一發生狀況的應變措施：有孩子覺得可以走到警衛室等，也有人覺得應該要報警，或是先回班上找老師，萬一老師回家了再去警衛室……老師趁機告訴孩子們，這些方法都可以試試看，但最重要的原則是，絕對不可以跟任何陌生人離開！

但老師也認為，如果能培養孩子看地圖能力、敏銳的方向感，也可加強孩子認路、找路的能力。老師曾引導孩子們畫出永和市同學家附近的街道圖，並具體地以「民生路」、「民權路」為範圍，讓孩子們田野調查般地實地踏訪、觀察並畫下來。因為要繪製街道圖，孩子便開始留意平時不曾注意的細節，像是這兩條路中究竟會有哪些商店？或是平常沒有發現的店家有哪些呢？透過活動，孩子發現到民權路上除了超商外，還有警察局、米店、機車店、文具店、幼稚園和圖書館，還找到舊式的古董街道路牌，更發現原來從同學家往秀朗橋走去，門牌號碼的數字會愈來愈小唷！這些知識都可以幫助孩子認路，也可減少迷路後胡衝亂撞、沒有邏輯亂找的狀況。

迷路或走失在孩子成長過程中難免發生，但平日只要能加強訓練，在狀況來臨時也不失為一個「能力驗收」的好時機。而老師平時也會教導好動的孩子簡易防身術，都是希望在緊急時刻能自救，甚至救人！

捷運闖關——誰是找路達人

從事教育工作的人，都希望課程安排能做到「寓教於樂」，讓孩子真正能在玩樂中學到知識，也學到生活本能。所以，我們的老師常常絞盡腦汁，為孩子們安排有趣又有意義的課程；比方說，大家不陌生的捷運可以安排什麼遊戲？除了捷運美語訓練外，老師們還研發了「捷運闖關遊戲」，訓練孩子在出口眾多、動線複雜的捷運站及周邊環境，能夠「自己找出路，找不到也會問路」，捷運是很便捷的交通工具，不過複雜的動線及站別對孩子來說就像是藏寶圖般有趣，更可以訓練孩子膽大心細、觀察力及行動力，遇到狀況懂得就地取材，尋求協助，也懂得在遇到難題時，冷靜應對、化險為夷。

在老師安排下，闖關分為兩小隊，第一小隊前往師大夜市，為大家買回好吃的車輪雞蛋糕，第二小隊則前往士林夜市，為大家買回清涼的飲品，最後兩隊人馬在二二八紀念公園會合。由於這次難度比起上回增加不少，所以提供每組求救卡一張，若有必要時可以使用。

分組完後，有些孩子很有經驗，懂得立刻詢問服務台，順利找到乘車月台後，還會留心注意來的列車是往哪個方向的。就有孩子在上車的前一刻發現錯誤，及時阻止了搭錯車的危機。出捷運站後，要找到目的地，就需要看地圖。孩子努力地判讀地圖，卻還是摸不著頭緒，這時就需要鼓起勇氣問路人，可以訓練孩子的膽識。

在便捷的大眾運輸工具上，孩子還需要具備「眼觀四面，耳聽八方」的能力。即使上了車，還是得注意哪站下車。有孩子決定不問路人憑直覺前進，後來在捷運上觀察判斷後，才發現目的地不是在士林站下車，要在劍潭站下車。這趟都市叢林冒險記，讓孩子玩得不亦樂乎，沒想到捷運站也可以是孩子們的教室。或許下回您和孩子也可以仿效我們的做法，來趟有趣的捷運闖關之旅喔。

捷運求生

熟悉的捷運，除了可以帶著乘客到他們想去的地方，其實，還藏有好多祕密！常常在週三外出趴趴走的孩子們，對於捷運可是熟悉得不得了，就連車上廣播聲都能模仿得維妙維肖。搭捷運對大家而言就等於「出遊」，而安全守則又是外出最高準則，不過，為了加強孩子在使用大眾運輸系統時需具備的安全常識，老師安排大家前往位於捷運復興崗站的逃生體驗營，讓孩子們能有更好的危機應變能力，才能「快樂出門，平安回家」。

捷運系統綿密而複雜，體驗營的導覽姊姊先為大家介紹台北捷運路線，以及未來更四通八達的建設中路線。看到路線，孩子們立刻睜大了眼睛，有的上台試點了感應板，機器立刻計算出點與點的車程時間及車資。此外，在搭乘捷運時萬一發生了火災該怎麼辦呢？孩子們熟記操作滅火器的順序：「拉、拉、壓」，努力地消滅火勢，萬一沒能救火成功，就必須趕緊蹲低靠牆逃生，以手背判斷門外火勢，選擇正確逃生的出口，蹲姿前進。有的孩子夠冷靜，在失火狀態中還能帶領大家找到出口，順利逃生。

火警只是捷運上可能碰到的緊急狀況之一，如果在車廂裡遇到有乘客心臟病發、車門關不上等緊急情況，又該怎麼辦呢？導覽員也告訴孩子們在每節車廂及月台都有緊急按鈕，可以和司機及工作人員對話，也分析了在什麼情況該按對講鈕，在什麼情況下該按緊急停車鈕，以及車廂的緊急開門按鈕，如何自救救人，協助他人逃生、萬一掉落月台能保安全的方法……這堂捷運逃生課，孩子們聽得特別專注、認真，這些希望是備而不用的重要自救能力，可要好好的牢記在心裡！

孩子在都市中的生存遊戲！

捷運和公車是孩子們外出參觀時最常搭乘的交通工具，除了認識居家學校附近的地圖方位外，如何規畫外出路線，快快樂樂出門、平平安安回家，也是孩子們必須練習的求生之道。

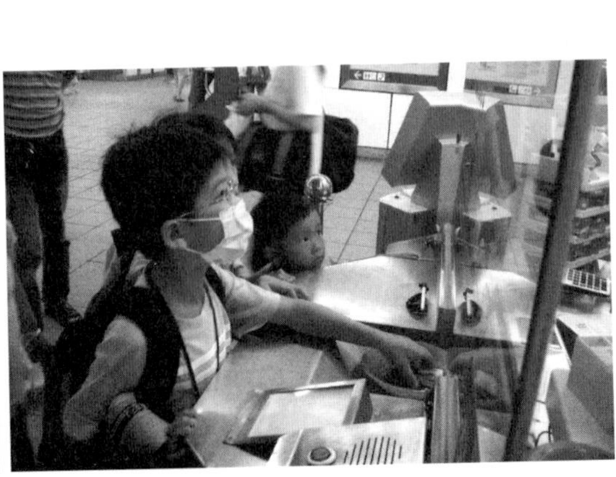

及早體驗工作，替未來作準備

如果，孩子必須等到出社會前，才開始了解職業，試問，如何找出自己真正的專長？我們要孩子在生活與學習中，透過實務經驗，不斷地建立出社會後的能力，就是希望提早為孩子鍛鍊社會適應力。

如果，孩子從小到大，花了十幾年的時間完成了學業，才發現不知道自己喜歡什麼工作，該怎麼辦？

如果，孩子必須等到出社會前，才開始了解職業，試問，如何找出能真正發揮自己專長的職業？我們要孩子在生活與學習中，透過實務經驗，不斷地建立出社會後的能力，就是希望提早為孩子鍛鍊社會適應力。

以前的觀念，讀書是就業的保障，對四、五、六年級生而言，擠進大學窄門是每個學生的宿命，也是家長的心願，然而，生育率下降，人口負成長，少子化加上大學、學院如雨後春筍般一所所密集設立，升大學不光是不用擠窄門，甚至可說是大門敞開照單全收！

以日本為例，日本政府鼓勵大學及新學系設立的結果，使日本邁入「大學全人時代」，造成大學生及大學教育素質低落，人人有學校念的情況下，日本約有三成大學必須在大一開設「作筆記方法」、「圖書館使用方法」或「時間分配方法」等國高中程度的基礎課程。

在學校多、學生少的情況下，學校紛紛開設各種創新學系，希望能夠吸引學生的目光。但是，部分創新的科系其實換湯不換藥，只是把舊有科系重新包裝，對學生的專業技能並無實質幫助。

日本教授發出警告，認為在全人時代，大學已無法培育出社會領袖，充其量只能試著培養出成為社會基礎的成年人。

日本的例子讓人心情沉重，因為台灣也逐漸步上相同的路。我常說，以後孩子沒有「就學」問題，只有「就業」問題。

既然如此，教育從業者及家長是不是該放下成績、名校迷思，及早幫助孩子找出專長興趣、建立社會化的觀念？學社的職業模擬教案，有許多便是讓孩子及早了解各行各業，奠下未來投身社會的適應力及行動力。

讓孩子們從「參加」提升到「參與」及「籌畫」的角色，透過「動手做」的模式擴展學生們所能學得的知識能力範圍，也是經由師生團隊合作、付出勞力、獲得成果的一個完整過程。

唯有「共學共遊」親身嘗試，才能讓孩子真正展現優點與特色，並發現自己需要練習與加強的地方，相信這是學校教不出來也考不出來的教育成果。生活經驗是一本內容最豐富廣泛的教科書，讓孩子們自己拿起這本生活課本，上一堂「沒有課本」的課，如果這堂課能夠引起他們「閱讀」的興趣，便是最值得的！

只要我長大！

與孩子聊天時最常談到的一個話題便是「將來長大想做什麼」？孩子總是神采奕奕地嚷著：「我將來想要當賽車手！」、「我要當總統！」……

「我將來想要……」是孩子最常閒聊的話題，但是其中包括了無限的夢想火種，其實老師們也跟孩子一樣，何嘗不會夢想著「如果今天我是……我會……」

對成長有期待是件好事，師生們便設計了一個「行行出狀元─認識各種行業」的學期主題。先跟孩子討論他們感興趣的職業，再想辦法聯繫業者進行訪問，不但可藉此訓練孩子從連絡訪談對象、分配採訪工作（如攝影、錄音、記錄等）、正式採訪、製作謝卡等，再撰寫逐字稿，最後編輯成每月的「瘋小孩學社月報」。最重要的是，可以親身體會最真實的人生經驗，對孩子長大後的工作就業選項會有所助益。

第一次的非正式採訪，老師帶孩子去拜訪手工首飾創作者Marsha。她也是弦音老師的好友，平時喜歡走訪世界各國，全身充滿了濃厚的吉普賽流浪者風情，家中的擺飾也是充滿濃厚的異國特色。Marsha 帶著孩子做串珠，介紹許多奇奇怪怪的舶來品，孩子一邊聽，

眼神散發出崇拜的光芒，紛紛提出問題想更了解她的工作。

三百六十行，行行出狀元。要了解有哪些職業可不是件容易的事。為了讓孩子有機會認識不同的行業，老師們運用自己的人脈，透過朋友或家長引薦，與幾個不同業別的人士連繫，希望能有機會讓孩子採訪。由老師本身形成的網絡，可讓孩子去接觸真實的人事物，一方面能走出刻板的教材，每個相遇的人都能讓孩子有憧憬的活教材，另方面孩子也可以多認識一些大朋友，跟不同領域的大人物說話時也不會怯場。這些平日工作忙碌的大朋友，對孩子的拜訪很欣然同意，竭盡所能地給孩子啟發。

孩子訪問過台灣大學農業工程學系張文亮教授。張教授是小兔家的多年好友，所以才能順利約訪，真是幸運。孩子們到教授辦公室時，他正在跟學生討論論文。張教授以很生活化的科學實驗，來為孩子解答，例如叫孩子脫下球鞋來觀察鞋底的紋路，說明功用，又提到「會考試的人不一定愛讀書、愛讀書的人不一定會考試」，來鼓勵孩子們對真正知識的追求。而 Marsha 的朋友 David Chen，是藍調音樂家，也撥冗與孩子度過了愉快的下午。訪問中，他不斷地彈吉他，還把每個人的名字都編成一首歌，把孩子逗得超開心；他不斷告訴孩子，玩音樂是一件很快樂的事，「我只知道我很喜歡音樂，我知道我以後就是要做音樂人。」David 說。這段話對孩子應該是很有啟發性。

孩子還去了「迷母創意公司」，這是因為弦音老師的朋友詹姆士是該公司設計師，所以有此機會參觀。公司裡擺滿了各種玩具、公仔、卡通，孩子看到這些都很興奮，現場詹姆士還秀了電腦繪圖、手工繪圖的技術，讓孩子覺得超過癮。

另外，孩子還訪問建築師李兩成先生，他正是雅德賽思幼兒別墅的建築設計師，是由我來幫孩子們安排的。孩子親臨建築師的家中，看到與眾不同的室內設計與超凡美感，李先生還一一為孩子們說明這些設計的功能性。孩子問到他最想蓋的房子，李先生回答是山上的小木屋，跟孩子心目中想像的101大樓相去甚遠，不過，孩子們很喜歡他的設計，還問長大以後可不可以找他設計房子！

孩子也訪問真正的記者：破報記者鄭尹真小姐。讓孩子認識真正的記者，才有機會學習如何做個更稱職的記者。還有Tommy老師，他是Eva老師舞團的夥伴，曾帶大家練習和參加台北護士節的表演活動，孩子們都超愛他。Tommy老師介紹大家各種舞風，有男生最愛的地板動作breaking、hip hop、雷鬼、巴西武術等等，孩子真是大開眼界。

孩子們體驗過播音員及主播後，接著，又安排了挑戰當記者的機會，成立了「小小貓仔隊」。這次的經驗更加特別，不是在學社裡面關起門來模擬，而是真的採訪大人物喔。

孩子也造訪了蘋果屋出版社，正好蘋果屋出版社正主打「襪子偶」的書，以後也成為孩子主辦義賣會的商品之一，算是採訪各行各業的經驗中，第一個派上的！還有採訪總是讓孩子「很害怕」的醫生，長庚醫院林志泉醫生很用心安排孩子們深入醫院的「內部」，體驗照心電圖的感覺、上了CPR的課程、還問了醫生很多問題。訪問中印象最深的就是，當孩子問到「要如何成為一個醫生」時，林醫師講出了令人很感動的一句話：「要當一個醫師，最重要的是必須能感受病人的痛苦，把痛苦當成是自己的痛苦。」這句話，是

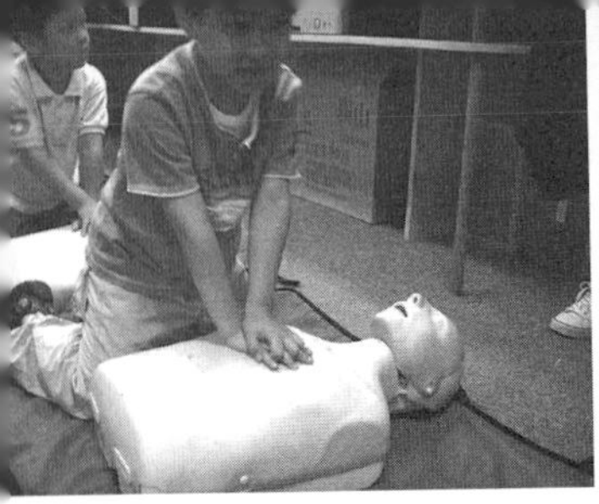

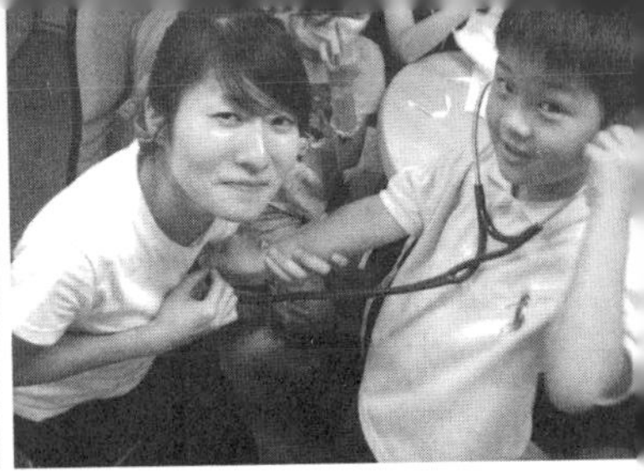

孩子們這次訪問最大的收穫。

假設我已經三十歲！

很多好萊塢的電影故意讓主角陰錯陽差，和爸爸或媽媽交換身體，一夜之間從小孩變大人，讓他體會當大人得過什麼樣的日子，得具備什麼樣的能力。老師覺得這樣的創意可運用在教育當中，便突發奇想，定某個禮拜讓孩子去當一個三十歲的大人，想像從事的是什麼職業、使用何種交通工具、住怎樣的房子、婚姻狀況等。

有的孩子設定自己是一名上班族，而且平時還要當荒野協會的義工（註：跟孩子媽媽一樣）；有些設定是洋基球員，與家人住在美國，不過老師也提醒他在美國生活需要什麼條件？點餐需不需要用英文點？坐計程車時需不需要用英文跟司機講話？並跟他說明打棒球也可以參加國內球隊。最後他把目標改成統一獅。透過有趣又有創意的遊戲，讓孩子去思索從未想過的狀況，虛擬一下長大的樣子。做過這樣活動的孩子，都會體驗到「瞬間長大」、「真的變成大人」的逼真感受。

小小實習生

採訪過各行各業人士後，孩子對某些行業也充滿著憧憬，於是，老師再運用人際關

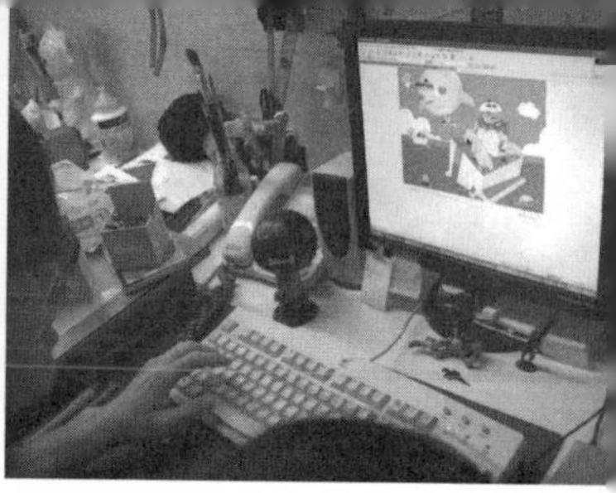

係，為孩子安排幾次「就業實習課」，讓孩子用輕鬆的遊樂方式，深入了解每個行業的酸甜苦辣。

職業模擬1 國立教育廣播電台播音員

在老師的安排下，孩子有機會到國立教育廣播電台，擔任實習記者。一到電台，孩子對牆上刻著大大的「FM101.7」和「AM1494」馬上產生疑問。老師跟孩子解釋，這就是「國立教育廣播電台」的頻道，只要將收音機調到這個數字，就可以聽到廣播囉！好奇的孩子對基地台的架設位置、電波發射原理等知識很感興趣，大家踴躍提出問題，展現了高度求知欲，也獲得電台人員的稱讚。

小腦袋裡建立好廣播電台的相關常識，孩子坐上實習播音台，也變得更專業、更認真了。第一位試音的孩子雖然很緊張，但講了一段感性的話獻給媽媽，祝她母親節快樂。在場的人都覺得他的表現很好。

接著陸續坐上播音台的孩子，表現也都可圈可點，有的孩子聲音雖小，精神依舊可佳。這次的播音體驗讓孩子更有信心，老師也提醒孩子，一開始會有點緊張，但其實大家都有能力可做到，所以，在機會來臨時要勇敢爭取，只要做了，就會發現事情並不如想像中那麼困難。

職業模擬2

電視台主播

孩子們常常看電視新聞，看到主播一本正經地坐在那兒報新聞，對於這職業產生了無比的好奇心，覺得當個光鮮亮麗的主播好像也不錯！但這個行業有什麼甘苦？需具備什麼條件？孩子都一知半解。於是，老師們便規畫了「CCK新聞」，給孩子真正播報新聞的實戰經驗。

先前去國立教育廣播電台時，孩子有了實習播報員的經驗，不過，和電視主播相比，廣播播音員只需發聲，不用露臉，壓力似乎小一點。

有一回，孩子有機會參加「導演就是我之Part 1：認識媒體——電視」活動，藉由參觀台灣電視公司，了解館內保存各項珍貴的影音文物資料，以及現場攝影棚的實錄，讓孩子們充分地了解到節目製作流程以及實際體驗擔任主播，嘗試看看坐上「主播台」錄製影片是什麼感覺。

但為了讓大家更有實體的主播經驗，我們便想：不如由孩子自己構想新聞稿該怎麼寫。老師更將孩子們播報的樣子拍攝下來，錄製成「CCK（The Channel of Crazy Kids）新聞」。

在尚未真正播報新聞前，老師們先拿現成的新聞，讓孩子學著報導。國際新聞的內容多半超過孩子們的理解能力，老師們為了引導孩子進入這樣的主題，便說明要成為優秀的主播，必須建立對世界時事的敏感度，了解自己的國家之外，還要能知「天下事」。

聽了幾則新聞後，老師們簡單提醒主播播報的方式：像是語氣要正經、抓出新聞的重點等，再發給每個人一則國內新聞，便正式上台「卡麥拉」啦！雖然孩子都很喜歡唸新聞，但常常會用比較隨意的態度朗誦，也沒有注意斷句和抑揚頓挫……不過這群小小主播們還挺有架式的，說不定有朝一日能在電視上看見他們播報新聞的樣子喔！最後，老師們將錄製好的CCK播放在電視螢幕上給大家觀賞，當孩子們看到自己播報的那一段新聞時，不約而同都做出轉頭、摀著眼睛的動作，每個人都害羞得不得了！

第一次初體驗，孩子就能夠有這樣的表現真的很棒，連老師們也忍不住豎起大拇指向這群小小主播們說：「讚！」

職業模擬3

廣告導演及演員

看卡通或是精采的電視劇時，被廣告打斷最掃興了。其實，短短的廣告充滿了創意，能夠拍出這些經典廣告的，都是充滿才華的鬼才！不僅如此，連演廣告都是需要天分的。孩子也都好奇，這些廣告是怎麼拍出來的？為了滿足孩子的求知欲，也為了讓他們了解廣告的奧妙之處，老師安排孩子到「影藝學苑」拍攝非廣告。對於拍電影的流程，包含前置作業，從發想、籌募資金，到劇本完成後，選角、場景、場地布置……都是一大學問。拍攝現場的幕後功臣，像是製片、導演、攝影師、副導、燈光師，甚至是收音、場務、場記等職務，孩子也都一一認識。

基本概念建立後，孩子試著拍一段屬於自己的「非廣告」，原來演員不是好當的，光是做表情、擺pose，就搞得孩子人仰馬翻。每個孩子都對「攝影機」超有興趣，也覺得攝影師能夠操控它，真是不容易！拍攝過程中，孩子了解到原來廣告不是一鏡到底，是好幾個片段剪接起來的。還有後製、剪接及放映工作，都需要具備專業技巧。孩子了解了廣告拍攝過程後，下回看電視時廣告出現了，非但不會急著把它轉開，反而還會跟家長說明它的幕後故事。

孩子們也想知道螢光幕前幕後的祕密！

孩子們對於播報新聞的主播、廣播中聲音甜美的主持人、廣告是怎麼拍的？電視節目的好點子又是怎麼來的？……等各式各樣媒體人、媒體總是充滿好奇，於是參觀電視、採訪記者，就變成孩子們最期待的外出行程！

在這裡，只要好奇、只要想知道，我們都能想辦法讓孩子們……一探究竟、虛擬實景！

讀萬卷書行萬里路

如果要讓孩子不畏懼獨立旅行，最好就是讓他們了解所有行程，這群孩子沒進「兒童學社」之前，有的連跌個跤也會委屈、哭泣；有的愛大鬧脾氣；有的像火車頭般衝動難控；有的人還不知何謂團體生活……

常有這種感慨，以前小時候常到同學家寫功課、約街坊鄰居玩遊戲，和死黨擠一張床聊天聊到天亮……，這些原本稀鬆平常的事，現在卻是很難得的經驗。現在的孩子課後就趕著去補習，甚至假日也得上課，娛樂可能簡化為在家打電動，跟同學之間互動的機會變得少之又少……。

我們不希望孩子的童年生活都在補習班、才藝班裡度過，所以，老師們積極規畫大大小小的活動，每週三的戶外活動，從都市中的博物館、公園為起點，再延伸至郊山、步道，愈玩愈有心得後，再規畫短期的旅程，讓孩子自己安排行程，自己整理行李，在外練習自己睡覺、自己上廁所，訓練自我管理的能力。看著孩子從原本的依賴、嬌縱，慢慢變得懂事、自主，然後再把行程擴展至一星期、兩星期……地點也從北台灣、中台灣，延伸至南台灣、離島，透過旅行去建立孩子成熟的品格及應變力。

旅行中可延伸的學習有很多，從初期的行程規畫就可以訓練孩子的判斷力。當預定目的地出爐後，老師會帶著孩子去圖書館找資料，不光是找吃喝玩樂、食衣住行的資料，也要找出當地的歷史、人文等參考書籍，做深入研究，這樣旅程才會更有深度。有回要去嘉義，老師帶著孩子到圖書館，要大家必須共同找到嘉義的參考書籍至少三本。孩子們找到關於雲嘉地區在二二八事件中的歷史探討書籍，又找著了四本和嘉義相關的旅遊介紹，令人佩服得五體投地。運用對旅遊的期待，再賦予一些任務，使得原本對圖書館藏書及檢索不甚了解的孩子，透過這方式，又多學了一樣技能。

透過寒暑假 long stay 深度旅行，孩子愈來愈獨立

平常的戶外活動、短期旅遊的能力培養，到了每年寒暑假的重頭戲：「深度旅行」時，就可以「驗收」了。

早在每個學期開始，老師們都會向孩子們預告寒、暑假的旅行地點，在學期內容的設計上，也會以「目的地」為主題，讓孩子們長期而詳細地了解有關該地的地理環境與人文風俗。

歷年來為了寒暑假到墾丁、金門、彰化、蘭嶼、綠島、台東、嘉義、台南、屏東等地

進行long stay，一整個學期中，老師們經常讓孩子到圖書館查資料，自己在地圖上找出當地的位置，從各種資料和圖片中去認識當地的自然與人文。

到了「目的地」，我們通常會事先安排好居住在當地人家中，不但大幅節省了住宿的費用，也可以更深入體驗在地人的生活。除此之外，孩子們因為已經利用一整個學期，透過查閱資料以及老師們所設計的課程，充分認識當地的環境特色，所以當實際在這個地方探索時，正好映照平常所學習的內容，印象也會更加深刻。

經過幾趟寒暑假長途旅程下來，我們看見孩子們明顯地成長：他們學會如何收拾行李，也試著在沒有父母親的幫助和陪同下，自行打理個人的生活起居。長途旅行帶給孩子的，不只是純粹的玩樂與知識上的學習，更重要的是，他們變得更加獨立、成熟，對於人生閱歷也有珍貴的拓展。因此每年寒暑假，孩子們都很期待長途旅行，讓一次又一次的壯遊，豐富了他們人生中最難忘的童年！

Part I 彰化之旅——孩子獨立的第一大步

第一次帶孩子的長途之旅是到彰化。第一次，總不是最完美的，但卻是最棒的經驗，因為一切從零到有，從雜亂無章到實際執行，然後像攀上高峰一樣，圓滿歸來後，孩子們可以驕傲地大喊：「我們做到了！」

由於當時孩子清一色是小學低年級，旅行地點該選擇何處呢？老師們想要帶他們暫

時走出擁擠喧鬧的北台灣，遠離爸媽無微不至的照顧，又需顧慮到老師們初次的經驗生疏……於是便安排到弦音老師的彰化老家，體驗鄉居生活。

學期開始就跟孩子們告知了將要去彰化旅行的消息，一開始，孩子還想著反正大人都會安排好，到時候只要考慮要帶什麼玩具去就好了。等到發覺是孩子們自己的獨自旅行，孩子變得既興奮又期待，而家長們聽到只有孩子和老師去，也是滿懷狐疑，一堆擔心，比孩子還緊張。但後來家長們也很配合，了解到必須讓孩子練習單飛，才有成長機會。沉默中，看得出來行程前，家長反而比孩子還需要「心理輔導」！

要讓孩子具備獨立旅行大能力，最好就是讓他們了解所有行程。

這群孩子剛加入「共學共遊」時，有的連跌跤也會委屈、哭泣；有的喜歡鬧脾氣；有的像火車頭般衝動難控制……他們真的能順利完成獨立旅行嗎？會不會有孩子想家連哭五天？會不會有孩子生病……父母們的千百個「萬一」，增加了老師們的壓力；於是，老師先帶孩子進行多次籌備會議，讓他們更有參與感、使命感與責任感，藉由帶領孩子充分的教育和準備，來贏得家長的安心和信心。

出發前，老師花了很多時間與孩子們討論，讓他們更真實感受到即將來臨的旅行所帶來的緊張與興奮；舉凡要攜帶的物品、應遵守的規則、活動流程，都讓孩子們參與討論、提供意見。甚至連作客的禮儀、行李打包的方法、旅行的生活和安全公約、迷路時的解決對策，以及在借宿那段時間可以幫忙做的家事等等都列入討論。最令人欣慰的是，當要孩子提出自願負責的工作時，全都爭先想要幫忙！

彰化之旅主要是拜訪古色古香的鹿港小鎮，沿途彷彿經歷一場文化洗禮。孩子參訪了天后宮、聽年邁的雕刻師傅說民間故事、欣賞廟裡雕刻藝術，更用自己的零用錢為家人祈求平安米、手鍊。人文薈萃的鹿港，有著許多珍貴的古蹟及史料，孩子一邊參訪，一邊和出發前找到的資料做對照，印象更深刻。

旅行Check List

行李清單（請盡量讓小朋友自行準備，家長再幫孩子做最後確認即可喔！）

※為了方便孩子們的行動，請幫孩子準備大行李箱及外出用的小背包（以肩背背包為宜，手提包容易遺失），謝謝！

□1、水壺
□2、換洗衣
□3、外套
□4、鞋
□5、牙刷、牙膏、漱口杯
□6、襪子
□7、沐浴乳
□8、洗髮乳
□9、毛巾
□10、浴巾
□11、相機
□12、小錢包、零用金
□13、健保卡
□14、悠遊卡
□15、衛生紙
□16、個人保健藥品
□17、小棉被或睡袋
□18、手電筒
□19、鉛筆橡皮擦（勿帶太重的鉛筆盒）
□20、IC電話卡

第一次學社旅行、第一次彰化鹿港長征、第一次離開父母身邊這麼多天……孩子們經歷了這麼多個「第一次」，這群年僅六、七歲的孩子們一起寫下許多「輝煌」的紀錄。從依賴的公主少爺，變成獨立的小孩。

Part II 金門之旅——換孩子當導遊

在第一次彰化之旅中，老師以在地人的經驗為孩子導覽，而金門行，我們決定換個方式，換孩子來為大家導覽景點。

師生們同樣利用一個學期準備了很多資料，包括金門的歷史、傳說、戰爭、民俗風情、特產，讓孩子自行閱讀後再講解給大家聽，不懂的地方則由老師來解說。

不過，光是要讓孩子了解金門也是台灣的一部分，就是一件難事了。「老師，我們要出國嗎？」「台灣和金門不是分開的嗎？」「金門有總統嗎？」「金門總統竟然跟台灣的總統同名同姓？」孩子們的問題有如湧泉般一個接一個，緊張、興奮之情溢於言表。

- 行前準備1 **識釀酒，實驗創意製酒：**講到金門，一般人腦中浮現的便是金門高粱酒。不過要怎麼讓孩子更深刻體會這件事呢？於是我們利用暑假有了一個「限制級」的計畫：釀酒。

老師先為孩子們講解一些釀酒的基本原理，而後經過一番討論，決定製作「櫻桃酒」、「番茄酒」和「咖啡酒」。透過製酒的實驗，大家對未來金門酒廠的參觀增加了許多親切和熟悉。

‧ **行前準備2 認識飛機，參觀航空科學館：**由於金門之旅將要搭乘飛機，因此趁出發前參觀「中正航空科學館」，去認識一下飛機這項交通工具。孩子們看到桃園機場頭頂一架架掠過的飛機時，都非常興奮，對於暑假要搭飛機「出國」到金門就更加等不及了！

此次旅遊的重點在於訓練孩子的解說能力，當然，並不是要求孩子像真正的導遊說學逗唱樣樣會，而是希望在每次的旅行中增加一個學習重點，而不只是單純地走走看看。

金門豐富多元的人文色彩，讓孩子看得目不暇給，大家紛紛把在台灣蒐集準備的資料應用上，有些孩子出門在外就容易玩瘋，忘了自己講什麼；也有孩子來到曾經準備資料的景點，感情特別多，說得也特別好；也有孩子容易怯場、緊張，需要老師慢慢引導。金門處處是古蹟，還有特殊的戰地文化，這些歷史如果要孩子用記的、用背的，會顯得乏味無聊，但玩上一趟，試著導覽一次，這些動人的故事，就會深深印在他們小腦袋中了。

值得一提的是，此次旅行，孩子們除了每天的旅行日記外，還要製作一本「旅遊達人」的紀錄，裡面包含整個暑假的所有活動紀錄、圖片。相信許多年後，大家仍可照著這本紀錄重溫金門之旅的有趣情節，再把這段美好記憶細細地回味一次。

Part III 墾丁之旅——十一天的悠遊與學習

二〇〇八年一月，師生破天荒地規畫一次長達十一天的墾丁之旅。

孩子們在這十一天內，就只是上山下海、狂吃猛玩？那就大錯特錯了！這趟孩子們專屬的墾丁之旅，可說是孩子們的成長之旅。

由於讓孩子們自行規畫行程是此趟旅行的一大重點，因此，在旅行中的某幾天，老師們利用書籍跟孩子們介紹不錯的景點，之後便放手讓大家自行討論未來兩天的行程。孩子們體驗「沒事找事做」，因此規畫出一整天都待在家裡的活動。

老師發現很多決定大多是由同一個孩子在作主，為了讓每個孩子都能學習到領導能力，因此老師告訴孩子們大家需輪流帶領，也把主領導者的時段畫分為上午、下午和晚上。

長達十一天的旅程中，孩子需要突破自我的地方真的很多：有些孩子表示不敢一個人洗澡，老師趁機跟孩子分享：「今天是個特別的日子，因為一切都由你們自己作主，也代表你們長大了、更有能力了，一個長大的孩子應該更勇敢、獨立面對所有的事情。」

還有用錢的習慣，在旅費有限而又不能隨時跟爸媽要錢的情況下學會節省。看見想買的東西要先忍忍，除非是真的很想要，不然寧願把錢留在皮夾裡。

孩子在這十一天的表現，讓老師們相信：原來，離開了爸媽的保護，孩子們是可以自己做決定、自我要求，也能勉勵其他的孩子一起成長。

孩子出門在外，表現的都跟在家時不一樣，很像獨當一面的小大人，提筆寫信回家時，也可以將自己出門在外的心情、所見所聞跟人家分享，瞬間長大很多。此外，好動的孩子遠離了熟悉的環境，也把活潑頑皮轉變成好奇心與觀察力，像是進行生態觀察時，也能夠耐心地翻閱圖鑑對照，就像走進生活百科書中，認真的程度讓老師十分讚賞。

Part Ⅳ

台東之旅
——親臨原住民文化，體會到一種迴然不同的淳樸人情

孩子的足跡也到過美麗的東海岸：台東及蘭嶼。在一週的時間中，孩子們完全融入當地生活，充分感受到原住民的人情溫暖、歷史背景，以及當地的風土民情。在未受汙染的美麗田野風光中，就連茶園的噴水器都能讓孩子興奮得不得了，還看到附近人家豢養的山豬、野放的雞鴨等；而四周環繞著壯闊的青山，跟台北的水泥城市比起來，真是天壤之別。晚上還一群人跟著原住民姊姊到陽台睡覺。看著滿天星斗，在大自然的低鳴聲中沉沉睡去，真是非常難忘的經驗！

孩子們也到利稻國小運動、遊戲、打棒球，體會一下原住民孩子的日常娛樂，也了解

到布農族人的名字，都是有特殊典故的。和當地孩子互動時，也看到城市孩子與山地孩子的明顯差距。都市孩子顯得稚氣、扭捏，對於遊戲或運動都不太積極，而原住民的孩子個個體力充沛、成熟獨立，自小就跟父母上山下海、狩獵工作，養成了獨立勇敢的個性，小小年紀卻每個人都會主動負責家務，很多小孩還都利用暑假自己去農田打工賺錢貼補家用，無不讓孩子們見識到別人的優點。

• 與排灣族作家 Sakinu 的美麗邂逅：邱老師拿出他以前狩獵的戰利品給大家看，孩子們紛紛戴上山羌、水鹿的頭，邱老師還開玩笑地拿老鷹的翅膀讓大家裝扮成黑天使。狩獵本來就是原住民文化的一部分，他們以「生態平衡者」自居，只取所需而不貪婪濫捕濫殺。

我們不只叨擾邱老師，他還開車載孩子們到太麻里拜訪一個只有三十七戶人家的排灣族部落，介紹Sakinu叔叔給大家認識。

Sakinu 是位赫赫有名的人物：一位知名作家及藝術家，著有《山豬、飛鼠、撒可努》以及《走風的人》兩本書，還演過電影！Sakinu 的書不僅被譯成英文，成為哈佛大學應用中文系的指定讀本，其中的〈飛鼠大學〉一文，還被國內教科書出版商正式編入國中一年級的教材。

Sakinu 跟老師和孩子聊了很多讀書、教育的理念和他小時候的經驗，除了風趣幽默，他好客熱情，保護原住民文化的不遺餘力，加上他建造的家與社區有種獨特的美學。他就像個人生典範，讓孩子對原住民與生命的態度價值有了更深一層的體驗。孩子們到現在還會問：「有機會可以再去 Sakinu 叔叔家玩嗎？」

旅行，就是一種學習。孩子們都有獨立自主的潛能，只不過，有時是家長的不安、擔憂，阻礙了孩子展翅高飛的機會。在孩子們一次次的遠行中，我想，參與學習的不僅僅是孩子，家長也同時學會了相信孩子的能力。

Part Ⅴ 打開眼界——帶孩子們走向全世界

在全球化的趨勢下，未來整個世界將會有意想不到的密切交流，必定充滿跨國合作與融合的機會，「娃娃看天下」活動，就是老師帶著孩子們邁向世界的第一步！

有一次，孩子們指著地球儀上台灣的位置，然後驚訝地呼叫：「台灣好小喔！」是的，台灣是如此渺小，而世界又是如此寬廣！

後來老師發現網路上有一套線上拼圖遊戲，可以讓孩子們藉此認識世界各國。這個遊戲總共有三個關卡：「五大洲」、「亞洲各國」、「台灣」。但是孩子們對五大洲不太了解，有人以為「德州」是五大洲之一，也有人以為亞洲是一個國家。老師就只好逐步介紹每個亞洲國家：中國、俄羅斯、柬埔寨……透過玩遊戲，讓孩子們不知不覺中也熟知了地理概念！

〈機會教育〉

趁機教育孩子們平時對他人伸出援手，當我們需要幫助時，別人也就會回報我們。

雖然大部分的孩子沒有出過國，但平時老師會分享自己的出國經驗，建立孩子的國際觀。像前面提到的猴子老師的俄羅斯留學經驗，後來就變成孩子認識俄羅斯文化與語言的「俄語課」；而活潑愛跳街舞的Eva老師，也跟孩子們分享自己到泰國旅遊的所見所聞，讓孩子們看看泰國的觀光地圖和旅遊手冊。當孩子們看到裡面都是英文字，每個都覺得很難、看不懂，老師也趁機教育孩子，英文是國際共通語言的重要性。

培養國際觀不光是指語言的訓練，還可以透過文學、藝術、電影方面的欣賞深入了解異國文化。比方說，認識土耳其時，先讓孩子搶答複習學過的東西，像是首都、特洛依的故事、傳統食物，也提到土耳其在我們發生921地震之前也曾發生過大地震，台灣與土耳其都互相派遣救難人員協助……

像介紹阿富汗之後，就帶孩子到台北市立圖書館，觀看一部探討阿富汗性別歧視、不平等與專制獨裁政權的〈少女奧塞瑪〉（Osama）影片。學生們大致能回想起之前上「認識阿富汗」課程時提到的服飾、食物和宗教信仰的生活與文化特色。介紹菲律賓時，孩子們最感興趣的是菲律賓的就學制度是不強迫式的、非義務性質的，也因為這樣，所以當地居民大多寧可選擇提早就業而非就學。

而談到無油國瑞典時，當老師提到瑞典如何及為什麼要發展生質燃料車輛。孩子很天真地問說，那我們去瑞典買那種車回來開，對環境就有幫助了！為什麼台灣政府不發展這種車呢？從孩子的問題可知，他們的世界觀已經漸漸能與台灣文化呼應了！

世界不是永遠那麼美好——從體驗飢餓中，看見世界的角落

豐衣足食的孩子很難想像在世界的其他角落有孩子從未吃飽過、穿暖過。因此老師讓孩子觀賞菲律賓〈悲憐上帝的孩子〉：敘述在馬尼拉有座由垃圾聚集成的高山——「煙山」，當地孩子靠撿垃圾維生，飽受飢餓貧窮和親人生病死亡的痛苦。電影開頭有個小孩自述：「我每天都不用上學，因為家裡沒有錢，但我很希望可以去上學。」

「好好喔！都不用上學……」有孩子很羨慕地說。

電影中有個五歲的孩子得了腦水腫，因為爸媽沒有錢送他去醫院，每天只能躺在地上，拖著愈來愈大的頭滑行，而他唯一的朋友就是電視。看完電影後孩子們問，為什麼亞力斯不快樂？老師說明因為他想吃的東西都吃不到、想走路不能走、想上學不能去上學，他想做的事都不能做。接著反過來問孩子們快樂嗎？孩子紛紛點頭，表示很珍惜！

透過電影故事，孩子漸漸體會到自己擁有的這一切並非是基本的、本來就應該有的，而是上天的恩賜，很多人想要還要不到！似乎也知道該好好珍惜，不能再以為幸福快樂是理所當然的事。

電影中有一幕菲律賓家庭的一餐，全家人共吃一盤白飯，而且還是用手抓飯沾著鹽吃。孩子們看後感到很難過，同情心油然而生。為了讓孩子從切身體驗去深刻感受影片中孩子的際遇，老師們與孩子們開會討論後全體同意進行「吃白飯」體驗活動，當天的食物只有白飯與開水，但中午必須先挨餓，到下午三點才能吃飯。在體驗的過程中，孩子更能

從中學習感恩與知足，也更懂得惜福。

孩子們的世界觀中或許只知道美國有狄斯奈、日本有任天堂，但不知道氣候炎熱、環境險惡的非洲大陸、戰火綿延的中東及第三世界到底是什麼模樣。要建立孩子的世界觀就必須連這些不美好的一面，都讓孩子知道。

老師還希望，未來孩子年紀漸長，也可學學國外的街頭藝人賺取旅費，或者試試自助旅行、打工遊學！甚至到國外 long stay 時，讓孩子練習寫英文信回家，或以簡易英文法文記錄每天的生活，會更有在外地生活的感覺！等到升上國、高中階段，孩子們程度更上一層樓後，課程將會轉型成國家社會、文化的主題研究，讓孩子自己動手做研究，主動地了解世界各國的國家文化、科技、金融、國際趨勢……

其實，台灣已經是地球的縮影，在這裡我們可以遇見美國人、德國人、法國人、西班牙人、克羅埃西亞人、土耳其人、敘利亞人、非洲人……而世界也早已是天涯咫尺的地球村。電腦普及率相當高的台灣更是隨處都能上網，透過發達的網路資訊，遙遠天邊的歐美若有新發明、新趨勢，台灣隨時都能與新知接軌，和世界的脈動同步。因此，透過多走多看，讓孩子從生活中了解現在世界正在發生的事，而不要只為了多考幾分而汲汲營營。

「生命，真的就該浪費在體驗美好的事物上！」

孩子們的第一次大壯遊！

因為是第一次離開父母遠遊這麼多天，孩子們就像剛單飛的鳥兒，心情是興奮多於緊張的；最需要輔導的反而是「放不開手」的家長們！

第一次，我們的孩子用行動證明——

Yes, we can!

墾丁 long stay！突破自我的成長之旅！

老師也得學著放手，讓孩子自行規畫行程，也體驗了整天無所事事，必須自己「沒事找事做」！

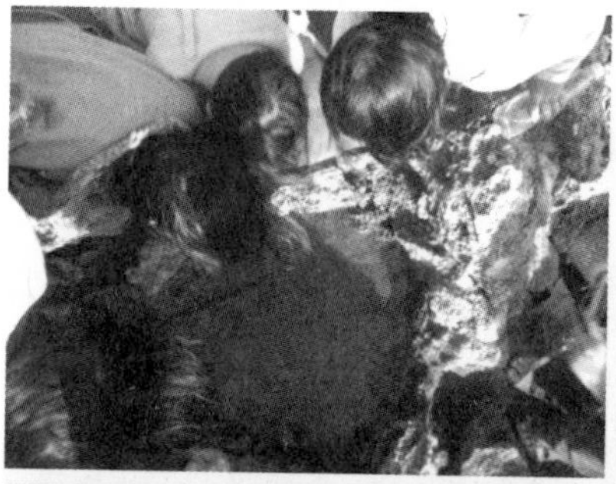

這一次，導遊換孩子做做看！

這一次任務再度升級，孩子們不僅要到圖書館練習找資訊，整合資訊，還要生動有趣地介紹給其他夥伴，訓練解說的能力！更要記錄整理「旅遊達人」日記！

PART IV

Bravo!

老師不簡單

老師影響孩子終身，教育是一輩子的事。你不妨回想一下，孔子的學生有畢業嗎？所謂：「一日為師，終身為父。」師生學習夥伴們應該是一輩子的關係……

有精采的老師，才有精采的教育

第一次應試新老師時，有家長建議我：「一般老師較呆板，一定要找特別的。」因為，我們希望老師本身要很熱情、很精采，絕不是個教書匠而已……

我們找老師的標準，是很特殊的。

在草創初期，我遇到的第一個難題是：不知道該怎樣挑選老師？而且一次這麼多人來應徵，雖然，我不是重視學歷的人，但在人才濟濟的狀態下，學歷只好成為篩選的第一關。

第二關是面試，而且參與面試的老師也可以趁機展現自己的才藝。

第三關則是要寫論文，老師須蒐集資訊，針對某一主題寫報告，而這過程是漫長的，唯有高度熱忱的人才能堅持下去。

最後一關也是最重要的，就是讓準老師們親自試教。原上課老師也在一旁觀看，最後再由老師們評鑑、推薦要錄取哪位新老師。

老師不是教書匠，重要的是熱情、人生的廣度

猶記得「元老級」老師——弦音那天來試教時，她準備帶孩子們參觀「西班牙玩具展」，秀氣的她背了一大疊沉甸甸的畫冊，出發前想透過圖片讓孩子了解展覽內容。之後她的「教學紀錄」也寫得非常傳神、生動。不過，最讓我印象深刻的，是她在第一階段考試時，寫下一些書的讀後心得，她寫的是我沒有看過的書，顯示她涉獵的東西很廣，而且心得寫得很深入、很有意味。

從她的閱讀寫作中顯現出細膩深刻的一面，相信她也能帶給孩子最佳的教育內涵。

另外一位是Eva老師，她是跳街舞的舞者，一頭爆炸頭，外表看起來很時髦前衛。一般學校可能不會想錄用這樣的老師。像弦音老師那種「內斂型」的優點，雖不一定會讓人注意到，而這種比較「外放型」的特質，更會讓一般教育單位有所顧忌，我也不知家長能不能夠接受這樣的老師。

在我盤算是否推薦家長錄用這兩位「異類」之前，我也想先了解家長們想要錄取哪兩位老師。結果發現家長們的想法與我所見略同，其中一位家長更表示，如果要找老師的話，一定要找最特別的。他認為「沒有特色的老師」比比皆是、不足為取；於是，這兩位風格特異的老師都被家長錄用了。

的確，我們希望老師本身要很有特色、很有熱情、很精采，不只是教書匠，而是用生命來教育孩子，從老師身上可以讓孩子看到人生的真善美，有什麼比這更重要？

之後有位小溢老師，她是舞蹈高手，有一次我們帶孩子到台大看她的公開表演，欣賞表演之餘，孩子也見識到不少舞蹈的藝術美感。

對孩子的教育來說，有三個部分非常重要：第一是孩子能自主學習，第二是同儕影響，第三是老師對孩子特質能力的賞識和培養。

其中，老師的素質對孩子的發展啟蒙，具有關鍵性的影響，所以，每位老師進入正式教學前的「試教」訓練，就變得很重要。一方面可觀察老師的教學夠不夠活潑、內容能不能吸引孩子，再來也可以透過不同背景、不同人生經驗的老師，帶給孩子不同的學習內容，開啟新視野。

像是原本從事人力資源工作的佳明老師，試教時就為孩子帶來很特別的課程，先介紹何謂「獵人頭（headhunting）」的工作，並和之前理財主題大富翁遊戲結合，以比爾蓋茲為例，抽絲剝繭地讓孩子了解這種類型的工作，並帶孩子寫一份「履歷表」。

這樣的課程不需要花很多時間準備教材，但卻可以帶給孩子終身受用的概念，讓孩子去觀察自己的優點，並進行類似「優點大轟炸」的遊戲，讓孩子從別人口中得知自己優點，建立自己的自信心。

看見孩子的人格特質，鼓勵孩子發揮潛力

我們的老師與一般社會所認知的老師形象不一樣，因此常常要向家長解釋：好老師要怎樣界定？

以我自己的經歷來說，不管是小學或中學老師，誰能看到我的特質，誰給我最適當的教育，那個老師往往就是我最敬愛的好老師。

我看起來比較內向，但小學四年級導師看見我的領導特質，鼓勵我競選班長，讓我發揮了領導的潛質。所以，我也希望老師能夠主動觀察，在小細微處發現孩子的優點與缺點，給孩子機會，引領孩子發揮潛在能力，並針對缺點和孩子找出改進的方向與做法。

到了國中時期，升學壓力很大，大家都忙著準備升學，但我常把升學課業暫放一旁，反而花比較多時間閱讀科學相關的課外書，我的導師卻能抱持包容和鼓勵的態度，這對我後來的志趣發展有很正面的力量。

老師不應該只是看成績，而是要看到孩子對哪些事物有熱忱。鼓勵孩子如何讓熱誠變成學習的動力，奠定未來競爭力的基礎能量。

老師陪伴孩子的時間比家長還多，理當更用心去發掘並賞識每個孩子的特質，進而培養成專長，這是成為理想教育儲備老師必須要做到的基本要求。

老師要禁得起社會考驗，才能教孩子面對未來人生挑戰

有人痛陳：「學校的老師是用過去的學問，來教現在的孩子面對未來的人生挑戰。」台灣的學校教育與人生發展宛如互不相干的兩個世界，學校系統僵化保守，趕不上社會趨勢的千變萬化。

我希望老師引導學生時，要先看到學生的未來世界，知道如何幫助學生面對長遠的人生。就像孔子教學生一樣，空談無益，他也要去當官、去周遊列國，方能用真才實學，教導學生如何經世致用。

老師沒有課本、甚至沒有課程標準，每一位老師教導的東西都可以不一樣，你是怎樣的老師就教怎樣的內容，**老師就是活生生的課本、教材、老師本身的生命和體驗就是「共學共遊」教育模式的內涵。**

與眾不同的老師，才是禁得起社會真實考驗的老師，因為我們的老師是沒有師資法和任何保護傘的，不能關起門來說：「我這樣教就沒問題了。」這樣是行不通的，是無法長久的，老師們一定要活在社會真實狀況中，跟著社會脈動前進，走在時代的潮流前端，然後才能給孩子真實的教育。

我時常將一生的工作和生活經驗跟老師們分享，就是因為我認為老師的責任重大，並且與孩子人生的各階段都息息相關，必須要時時進修、豐富自己的人生智慧，才能帶給孩

子多元活潑的正面教育。

學校老師不單是只教一年，大多數的老師是要教十年、二十年、幾十年，但終其一生的歷練也只是老師而已，完全缺乏社會現實的洗禮，一直在課本和學校象牙塔裡打轉，很可能成為一個完全跟社會現實脫節的外星人。老師若沒有主動接觸很多社會歷練，二十五年之後還只是當老師的話，就很可能成為只會教書卻不懂得社會人生，能有什麼真本事？這不是我們要找的理想老師。

但是，到底老師要怎麼做，才能將好的人生觀念灌輸給學生？

我覺得除了教學專業之外，老師還要主動向外尋求更多的社會歷練。有兩種方法，一是經常去觀察、了解別人的社會歷練；另外更有效的方式則是，老師們可以隨時申請留職停薪一、兩年，出國遊學、甚至可以到別的行業磨練、增長見識。目前，已有老師剛完成國外進修即將回國，也有老師準備到澳洲打工留學、或繼續攻讀研究所。

我和孩子們都在期待，當這些老師回來時，會帶給我們什麼新養分、新視野。

我深信，有精采的老師，才有精采的教育活動，因此我花了許多時間心力徵選符合理想的老師，而老師本身的生活經驗是否豐富、是否具有教學熱誠、熱愛孩子，遠比豐富的學經歷、證照來得重要！

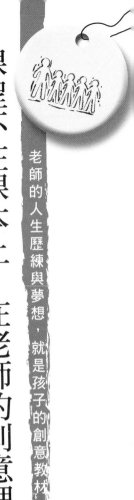

課程不在課本上，在老師的創意裡

當我們給予孩子能力的培養，卻沒有給他表現的機會，就讓孩子感受不到能力實踐的價值，因此藉由各式活動，啟發孩子多方面去實踐、表現自己的能力，孩子將會更肯定自己、更有自信……

我發現，大部分人的童年難得遇到幾位好老師，我當然相信，沒有一個老師會故意害孩子，可是為何十個裡面，就有八個老師成為我們的阻力，而不是助力？比方說，小時候我很喜歡畫畫，老師有回叫我上台畫畫，我畫了稻田，心想稻田裡有「秧苗」，所以就一棵一棵慢慢畫。

結果，老師很不耐煩地說：「你可以再畫蚯蚓啊、雜草啊！」

我聽不出他的諷刺，傻傻地、仔細地畫了蚯蚓，老師氣得大吼：「你用綠色塗滿一片，就是稻田了嘛！」

國中時，有位美術老師教素描超嚴厲，會故意從後面把學生的鉛筆一抽，萬一沒抓緊被抽走，他就一巴掌打下去，常看到有同學被打到滿臉紅腫、全身發抖。

畫圖本是一件愉快的事，但經過老師這種威嚇的教法，孩子們會喜歡畫畫嗎？

激發孩子主動學習興趣，比接受被動教導更重要！

看過日劇〈考試之神〉或〈東大特訓班〉，劇中老師用夢想激發孩子學習向上的劇情令人印象深刻。

的確，優質學習更需要用優質技巧引導孩子，硬是用嚴厲甚至粗暴的方法教導孩子，他們怎能體會到學習的樂趣？

就像我念建中時想自修微積分，因為缺乏指導，我挑到難度太高的書而失去學習興趣，誤以為自己沒有數學天分而放棄。就讀台大時，一個電機系朋友介紹我看一本數學原文書，書中把數學講得很神奇，深入淺出地解釋為什麼要有質數、質數是如何重要，也提到大自然中螺旋形花瓣是依循數學數列原理而排列……

原來大自然之中竟然可以看到數學原理，連昆蟲、花瓣都知道數學，按照數學比例規則成長……到那時，我才知道數學真的太神奇了！

再舉一個外文學習例子，《天下雜誌》出版部金玉梅總編輯從小家境清寒，高中時爸爸硬著頭皮借錢買機票，讓她如願以償地去美國參加一個月夏令營，從此對英文產生濃厚興趣。

有學習動機、濃厚興趣，再難的課程學起來也會事半功倍。

所以，老師不用忙著選什麼評量、教材，最需要的反而是動動腦、發揮創意，用心把課程活動有趣化，激發孩子想學習、想搞懂的興趣。

老師多元的人生經歷與夢想，造就多元創意課程

如何造就一位好老師？孔子的年代也沒有師資培訓班，難道一定得經由正統的師資培訓系統才能成為優秀的老師嗎？

現今多元化社會中，專家常提出口號：孩子需要多元化能力。然而要教出多元創意、多元能力，更需要有具備這些能力或潛力的老師。

老師並非全能，但生活經歷的累積、對理想的熱情追求、對萬事的好奇與學習動力，才足以跟上孩子學習的渴望與追逐，才足以打破局限教室的窄牆，把整個世界變成課本。

我們課程活動發想的元素一半是來自於老師本身的專長與興趣。熱情是造就學習動機的火種，倘若老師本身對課程有著無比的熱情，孩子很容易就被引燃了！看看課程表：街舞、現代舞、戲劇、俄文、體適能、直排輪、版畫、藝術賞析、電影欣賞、現金流、拍MV、錄相聲……哪來這麼多五花八門的課程類別？其實這些也可以是很生活化的知識，因

為這些都是老師們所累積的、所實踐的、所追求的人生夢想與經驗呢。

就像Eva老師擁有豐富的英語教學專長背景，同時也是一名街舞高手，更用這種帥氣明朗的風格，激勵孩子塑造自我個性、培養勇氣、挑戰自我。比起一般唱遊或舞蹈課，Eva老師編排的舞蹈動作並不因孩子年齡而簡化為可愛稚氣，反而是需要苦學勤記才能上手，但是當她強調舞者應該表現自信與帥氣，卻讓一群愛耍帥的小男生們從此愛上街舞。

之前當過兒童畫室老師的弦音老師，喜歡繪畫、電影、音樂、寫作各種不同領域的藝術創作，也喜歡創作，因此在課程中會加入很多藝術創作的元素。她之前在兒童畫室的經驗中最無奈的便是孩子畫的作品經常都會變成一張張需要給父母檢視的成績單，往往得到一張完美的圖畫，但孩子最寶貴的創意都不見了，樂趣也不見了。

因此弦音老師為了讓孩子了解繪畫或藝術不只是「美麗」「完美」這兩種欣賞角度，就以身教帶領孩子「讓藝術融入生活」：孩子創作時，老師也會跟著一起創作；老師平常喜歡看展，有重要展覽就會帶著孩子一起去；自己對電腦繪圖軟體很有興趣，就趁著要帶孩子去參觀「山海經」數位攝影展前，再融合出版社主題，帶孩子到家裡體驗電腦排版、影像合成；她跟朋友組樂團，創作「海中芋言」參加比賽，卻也變成了孩子練唱的主題歌，也上山拍攝MV……

不是師範體系出身的猴子老師，所規畫的俄文、舞蹈、戲劇課程就顯得輕鬆而生活化，沒有老師的架子，有時像跟孩子閒聊，時而無厘頭穿插故事或笑話，時而搞笑扮醜，常和小孩「打成一片」，也因為猴子不認為老師就是權威、尊嚴的代名詞，而應該是孩子的朋友、夥伴。由於她帶領的高年級孩子屆臨青春期，女生們開始對性徵、月事等產生疑問好奇，老師便借了許多兒童版的書給大家看，以輕鬆開放的態度和孩子聊性，最後猴子老師還親身示範如何換衛生棉，惹得大家哄堂大笑。試想，能這樣做的老師又有多少人呢？也因為這樣，許多孩子不敢跟父母講的心事都會跟猴子老師說，甚至孩子們之間的祕密交換日記也會讓猴子老師插一腳……

一日老師——老師家長廣招親朋好友，幫助孩子拓展視野

在課程資源規畫上，老師經常需要「傾囊相授」，把自己身邊的人事物變成課程的一部分：第一次規畫長程旅行時，因為弦音和Eva老師碰巧都是彰化的同鄉，為了讓居住在台北的孩子體驗與都市生活不同的經驗，弦音老師便捐獻出自己的老家當作第一次長途旅遊的據點，同時孩子也跟弦音老師的阿公阿嬤爸爸媽媽兩隻家狗相處了一個禮拜。

除了彰化，來自各地的老師們也無私地貢獻出自己的老家，當作孩子們寒暑假遠遊的落腳處，如：住屏東的小溢老師、住台南的猴子老師、住東海岸的婷婷老師，以及提供孩子們開餐廳夢想起點的「堤岸紅塔」是佳明老師爸爸一手打造的餐廳……甚至連家長的老家也成為我們旅行的目標，如第二年托球球媽媽的福，我們才得以「出國」飛往離島金門（球媽是道地金門人），而Eva老師表哥薯條哥哥支援開車，球球的阿嬤則將孩子們都當成孫子般關愛，每天都煮豐盛的晚餐給我們吃。

通常老師的朋友也會變成孩子心目中的英雄、朋友。像Eva老師的舞團夥伴Tommy老師帶孩子參加街舞表演活動；弦音老師的朋友Marsha引薦藍調音樂家David Chen讓孩子們看到一個玩樂器玩得很快樂的人，訪問中他不斷地彈著吉他，還把每個人的名字都編成一首歌，把孩子逗得超開心；他告訴孩子玩音樂是一件很快樂的事。像小兔爸媽的好友林口長庚林醫師帶孩子「深入醫院內部探險」、體驗心電圖、上CPR急救課程……

在這個「共學共遊」的團體裡，老師、家長無不熱心引薦自己熟識的人事物，融入創意的機會課程裡，帶孩子進入自己的生活領域，認識自己的家人、朋友……

> **讓孩子直接接觸「各種領域真實人事物的良好典範」，每一個相遇的人都像是一本「能讓孩子有所感覺、有所憧憬的活教材」，拓展了孩子的視野與生命經驗的廣度。**

過去說「秀才不出門，能知天下事」，但是現代媒體、書籍、網路氾濫的知識資源，卻養成了許多腦中充斥知識卻沒有感情的現代人，因此「壯遊」也是許多國家的年輕人人生洗禮中非常重要的一件大事，「共學共遊」教育的重點特色就是「出走」！

唯有出走，才能進入世界，也因為我們經常出走在外，因此經常產生許多計畫之外的美麗邂逅，而這些人、事、物，不僅無形中成為孩子的身教與人生導師，也成為回憶中無可取代的光點。

認真玩，孩子就能認真學

人生就該「認真玩」，也許有的家長會擔心，這一群孩子每天都在開心地玩樂，那會不會玩得太多？學得太少？我們的答案是「認真玩，才能玩出大能力」……

老師們曾安排一年級的孩子學習騎單車，剛開始大家跌得亂七八糟，幾次之後，有幾個小孩終於會騎。問他們會騎的關鍵，個個答說就是不斷地從跌倒中爬起來再次嘗試。有人腳扭傷了、手流血了，卻沒有一個小孩認輸：「我想放棄！」大家一路上大聲地對夥伴喊著加油。最後，大夥兒全體學會騎單車，甚至完成巡遊大台北各河濱單車道的壯舉。

一直到現在，孩子們都還津津樂道曾參與這樣的壯舉，而在這奮鬥不懈、「認真玩」的當中，孩子們學會勇氣毅力、團結互持的精神，這是全世界沒有一本教科書可以教授的。

所以，孩子就應該「認真玩」，才能認真學，不是嗎？

製造機會，讓孩子從喜歡玩到認真玩

也許有的家長會擔心，這一群孩子每天都在開心地玩樂，會不會玩得太多？學得太少？答案是：孩子在玩樂的同時，除了能發洩身上過多的精力之外，輕鬆快樂的感受亦會讓學習效果大大加分，因為樂在其中而積極學習與成長。

「認真玩，玩出大能力」的過程中，孩子們自然會從玩耍中知道自己的興趣和能力在哪裡，不必再茫然摸索，便能很快找到自己人生奮鬥之最佳方向。

孩子的作文能力不夠好，是許多家長傷腦筋的事。然而，作文就是抒發「感受」，有感才能發，用逼迫的方式只會適得其反。多數家長可能也很困擾，為什麼買了一大堆書籍放在家中，孩子不是連看都不去看？就是永遠只看那幾本圖片精美、字數不多的書？

藉由愉快地閱讀，來豐富孩子的經驗和「感受」，正是建立孩子自主學習的首要任務。

老師們安排的快樂閱讀活動，主要是為了引導孩子張開自己所有的感官、有效地、敏銳地「感受」所有事物：從認讀、理解到吸收，就是學習閱讀的三大基本要素，而其中最大的關鍵在於——如何引起孩子的興趣和動機。

記得荒野榮譽理事長李偉文曾分享：孩子在學習的路上，每個階段都會遇到一些瓶頸，使得學習滯留不前，而大人需做的便是「製造機會」，來引導孩子跨往另一個階段。

我們除了定期到圖書館廣泛閱讀之外，也會帶領孩子們進行每學期長途旅行所需的相關閱讀，例如暑假曾帶孩子們去金門，出發前老師與孩子們一同研討了許多關於金門的書籍，平常盡量安排孩子擔任「小老師」，練習說話技巧與台風。

真正抵達金門後，再由每個孩子針對自己已準備的景點，輪流擔任導遊，負責介紹各地的歷史、文化特色等。讓先前的預習得到最直接的印證，看書上寫的跟實際狀況是否不同，或者還有什麼細節自己沒注意到。旅遊回來後，再讓孩子們持續閱讀長篇小說《再見金門》，這時孩子們對於書上提到的許多地方覺得格外熟悉，加深旅行「感受」。另外，也透過旅遊檔案的整理，孩子們更學習到如何有組織性地將「感受」轉換成文字紀錄。

此時老師「製造機會」，引導孩子突破瓶頸跨往另一個階段，讓孩子們從讀者角色立刻晉升到作家身分。

時時磨練人際關係、溝通與表達能力，給孩子一輩子的貴人

再舉一個常常被家長、老師忽略的能力——如何培養孩子溝通能力、建立人際關係能力，還有表達能力。這些能力比起英數理化等學科，更是立足社會需要具備的基本功。

老師平時即重視孩子們的心聲傳達，透過週會、讀書會、不定期的生活檢討、電影觀後感分享等活動，不斷鼓勵自我表達習慣的養成，學會傾聽和尊重發言人。實施每項新制

度或活動，必定經過師生充分討論，施行後如果孩子反應不佳，老師亦會召開會議，讓孩子再次檢討，以民主決議的方式修正做法，如此一來，每個孩子都受到尊重、都是獨立的個體。在師生共同創造的制度下，孩子能彼此尊重，學習明確表達自己的想法。這樣的能力，在一般的補習教育中怎能學習得到？

少子化的結果，讓現今家長普遍覺得家中的獨生子女容易自私驕縱，全因為缺乏同伴導致。在「共學共遊」的模式中，正因為有一群孩子一起生活學習，可以導正這樣的偏差現象，而老師也會在課程活動中，刻意加入「人氣箱」、「優點大轟炸」等活動，促進孩子間建立友情基礎，養成分享互助的觀念。

朋友需要培養，給孩子幸福成功人生的智囊團

相信每個人的成長過程中，都曾經遇過幾個知心朋友或老師，甚至長大成人後，依然可以放心分享祕密與互相砥礪。這一群孩子每天朝夕相處，雖然偶有爭執，但都能坦蕩面對彼此的觀點和想法，也樂於一起討論溝通。孩子們在當中學習了如何體諒、尊重與包容，歷經大大小小的生活互動、摩擦，這些孩子也因此建立了堅不可摧的終生友誼。

這一群師生沒有所謂「大人」、「小孩」的分別，大家都是學習同伴，當孩子們吸收新知的同時，老師們也被孩子喚醒沉睡的童年，彼此激發內在的學習動力、快樂學習，師生互為相惺相惜的成長夥伴。

老師超能力，吸引孩子學習的魔力

老師不該只懂得站在黑板前、揮舞著教鞭，如果擅長帶著孩子上山下海、帶著孩子談天說地、帶著孩子體驗人生、帶著孩子關心這世界……這才是一個適合「共學共遊」教育的好老師。

我們是以孩子快樂學習為出發點，因此老師必須要能安排豐富的課外活動與行程，所以，成為「共學共遊」教育模式的老師不需準備厚厚一疊的檢定證照，也不需有多麼顯赫的學歷，但一定要具備創意、耐心和玩心，才能夠設計出活潑的課程活動，全力發掘孩子的特有潛質，更可以給家長放心的教育品質。

大挑戰＝如何將idea轉化成可落實的課程規畫？

我常跟老師們聊，鼓勵他們創業，不斷突破自己的人生。因為，老師是孩子的人生導師，要陪孩子走一輩子，導引孩子實踐自己的人生志趣，老師要走在學生的前面。像是老師帶著孩子成立出版社、開餐廳，都是運用虛擬實境的創意模式進行。佳明老師住在烏來，家裡開的餐廳因為姊妹們陸續結婚而停業，就熱情提供孩子在假日學習經營餐廳；猴子老師曾是劇團演員，所以成立「猴子把戲」劇團，也是未來師生合作創業的可能選項。

像這樣結合老師、家長、學生們的idea，找出實現志業的可能性、幫孩子創造練習各種關鍵能力的機會；帶領孩子們從底層工作：掃地、洗碗盤等家務事做起；也培養經營餐廳的knowhow，創業也需要專業行銷、文宣也需要不斷地思考與練習，都可以讓他們真正從實際創業經驗中，去體驗學習人生的大學問。

我們希望用不同以往的態度去看待「教育」這件事：不要再緊盯著孩子們的課業，不用成績滿足家長的虛榮心，老師積極地說服家長，一起努力找出和培養可以幫孩子奠定未來成就的大能力，一方面也無形地提升了老師自己的人生格局。

老師不一定需要優秀的學歷，但卻一定要有積極正面的人生觀，還需具備面對人生真實競爭的創意與實踐力。

能力1 膽大心細

與一般課輔體系不同的是，在「共學共遊」的概念下，老師的教育工作擁有充分的主導權。安親班在制式環境及教材中按表操課，我們則是「無綱無本」，讓老師自由發揮。

在這裡，因為每人只帶四個小朋友，老師可以把自己有興趣的東西任意加入課程，把自己當成是孩子的玩伴和學伴，一起體驗生活和成長。輕鬆學習的背後，老師們最需肩負的重責就是安全照護，帶孩子外出時隨時隨地提高警覺，全程關注確保孩子的安全。

能力2 協調統馭

老師每週必須參加至少一次全體教師研習及教育訓練，除了安排專業講座、討論教學內容、分區跨團合作，教師們也分享彼此教學的個案。此外，老師也必須定期與家長溝通。曾有個小孩美術很有天分，但數學表現不佳，所以家長要求孩子先算數學，再做活動；強大的壓力導致孩子討厭起數學，更被一連串的挫折打擊。透過老師與家長溝通，紓解家長別太過看重學業表現的憂慮，老師也適時與家長分享孩子的其他優點，讓父母學會放鬆，幫助家長更深刻地去認同孩子的特質與優點、潛在可能與未來發展。

能力3 生活常規導正

我們「共學共遊」學伴團體和一般安親班最大不同的地方：家長須分工合作，平均分攤費用並且輪流提供場地，需要有些家長慷慨地讓出自己的家給孩子們使用，孩子家的客廳書房就是我們的活動教室；因此，除了自家小主人外，其他孩子都是到別人家「做客」的小客人，孩子必須學會尊重小主人家的整潔和使用規則。

老師通常在中午或下午放學時間，先到學校接孩子、整隊走到家長提供的家，食用家長預先準備的午餐，孩子吃完飯會自己刷牙漱口、撿拾飯粒、恢復清潔。通常利用四十分鐘寫功課，之後視需要午休一個小時。午休後再從事各項活動，下午會穿插點心時間。整個活動約六點左右結束，如果家長沒有及時來接，就寄託同學家中等候家長接回。

提供場地的小主人，一開始會畫清界線，告訴大家哪些東西不可以碰。為了這樣的狀況，老師必須慢慢教育孩子調整心態，教導小主人懂得分享，也教導小客人懂得尊重。最後在賓主盡歡下，同學的家或者是自己的家，就成為一群師生快樂生活的祕密基地。

能力4 活用生活教材

我們這個「共學共遊」團體，採用「生活情境」的教學方式，所以沒有使用或購買教材的問題。以「雜誌社」生活情境舉例：一開始最有趣的地方就是工作徵選，每個孩子都想搶到自己心目中的理想工作，有的人想當主編、有的人想當美編。老師們就扮演老闆角色負責主持面試，讓孩子表現自己的專長特質，以爭取適任的工作。在此之前，孩子們雖然曾經寫過「介紹古蹟」的文章，像是淡水紅毛城，但要成為專業的「記者」，不能只是描寫古蹟多漂亮，否則會被退稿。幾次練習之後，孩子就知道辦雜誌、寫文章不是件簡單的

老師們的「情境式學習．創意大樹法則」

一日餐廳情境學習

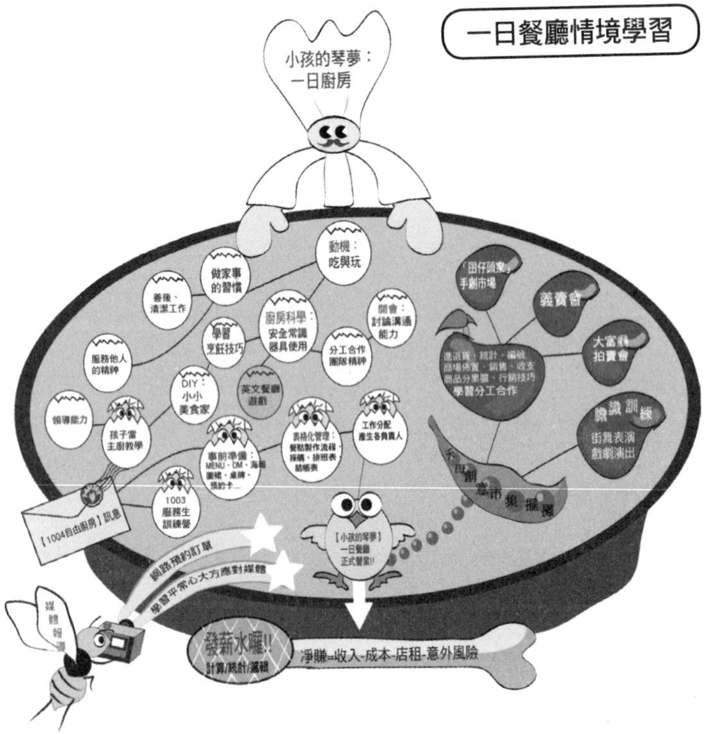

大富翁情境學習

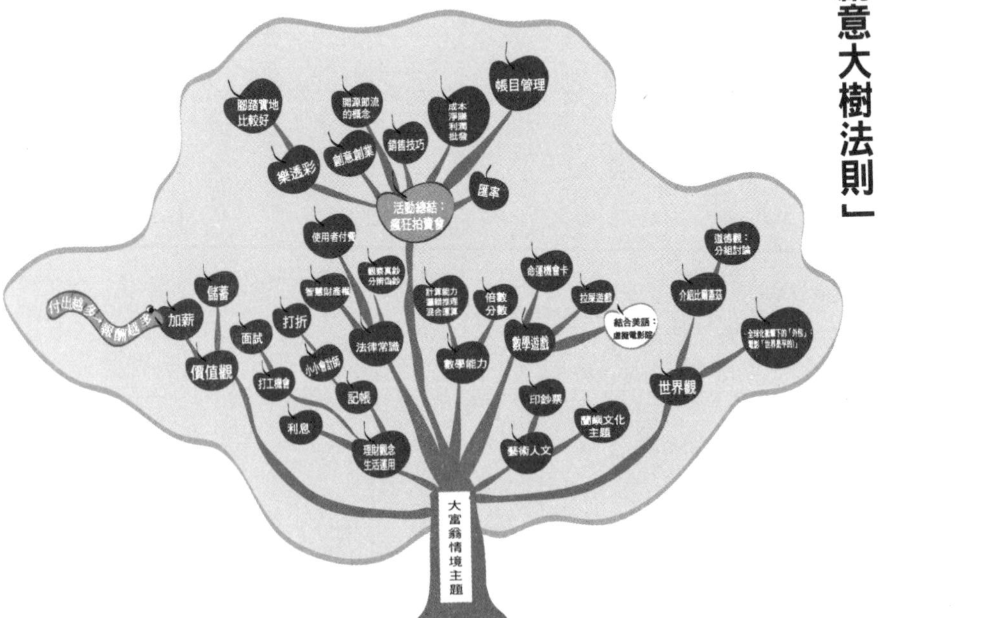

創意市集情境學習

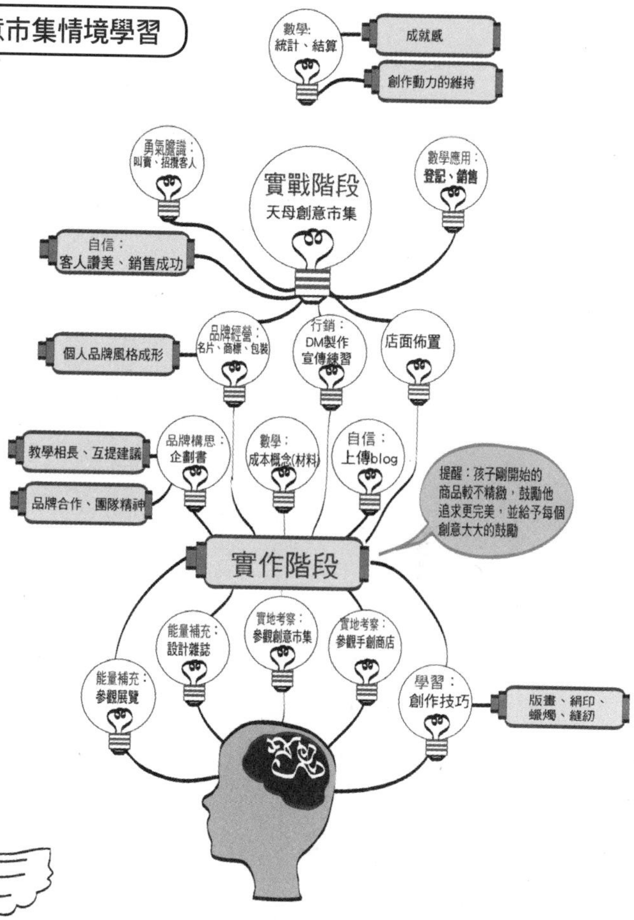

雜誌社情境學習

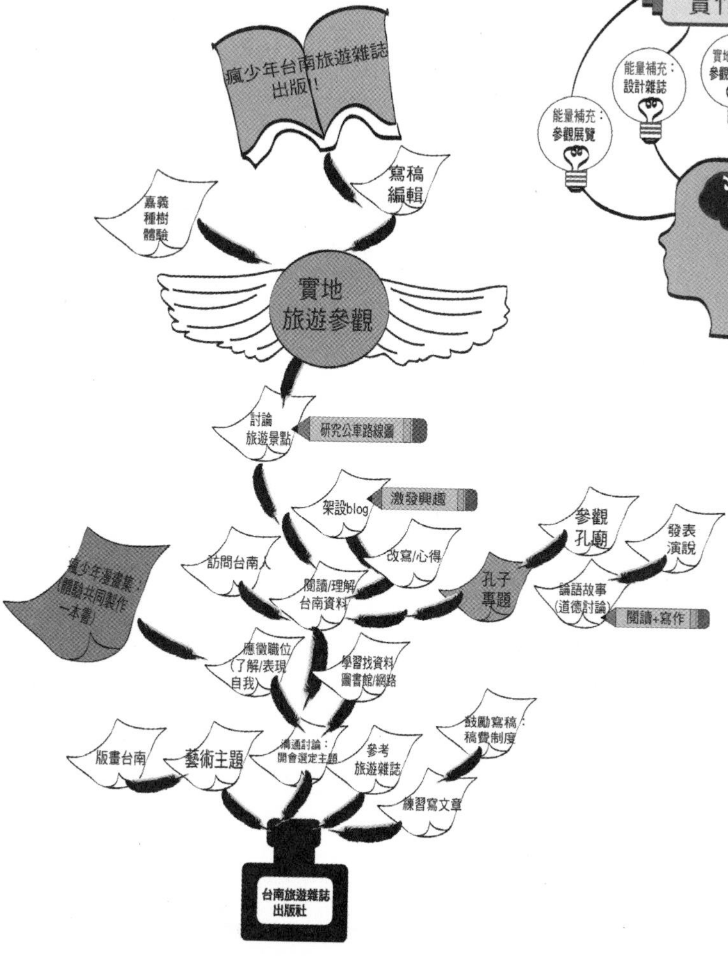

事。等到雜誌印出來了，自我要求高的孩子就會後悔當初為什麼不好好寫。

真的不需要費心購買教材，透過有趣的「生活情境教學」，讓孩子們在實作中發現自己的不足，就能激發學習進步的動力。

能力5 隨時自我充實

其實，老師的工作範圍無邊無際，從徵選老師就可知道。除了學科筆試，還需寫出自己平時涉獵學習的內容，之後再考驗其對教育的思想理念，以及呈現課程設計的創意。通過層層考試之後，甄選最後階段的試教是最重要的，由資深教師群負責評鑑是否適任。新老師通過甄選認證之後，才有資格推薦到各團和家長晤談，晤談合適者即可被家長聘用。

在正式帶團之前，新老師必須在就職前參與一個月的在職訓練，有很多機會跟資深的老師觀摩學習，在相處了一個月之後，才能獨立運作。

此外，我們為了鼓勵老師成長，特別設置「留職停薪」的機制，鼓勵老師們每年長期出國進修或從事其他工作的體驗；考上儲備老師就如同得到一張終生的門票，隨時可以按自己的人生規畫進出這個團體。我們期待在這樣的鼓勵制度下，老師們在獲得更多的進修成長和人生體驗之後，再回來教書，把珍貴的體驗反芻、傳授給孩子們。我認為這是師資培育進修成長制度最突破性的做法。

野人家46

放學後才是關鍵！

16週年茁壯紀念版

共學共遊，啟發孩子未來大能力！

作　　者　黃能得
協力教師　王弦音　許琇瑜　鄭湘玲　張雅惠　程于倩
卓育欣　戴存溢　林佳明　林韻婷　汪志宏
杜欣穎　林奎余　鄭向芸　顏虹玲

野人文化股份有限公司
社　　長　張瑩瑩
總 編 輯　蔡麗真
責任編輯　蔡麗真　陳韻竹
協力編輯　賴宛靖　高惠琳
封面設計　周家瑤
美術設計　洪素貞
行銷企畫　林麗紅

讀書共和國出版集團
社　　長　郭重興
發行人兼出版總監　曾大福
業務平臺總經理　李雪麗
業務平臺副總經理　李復民
實體通路組　林詩富、陳志峰、賴珮瑜、郭文弘、吳眉姍
網路暨海外通路組　張鑫峰、林裴瑤、王文賓、范光杰
特販通路組　陳綺瑩、郭文龍
電子商務組　黃詩芸、李冠穎、林雅卿、高崇哲
專案企劃組　蔡孟庭、盤惟心、張釋云
閱讀社群組　黃志堅、羅文浩、盧煒婷
版權部　黃知涵
印務部　江域平、黃禮賢、林文義、李孟儒
出　　版　野人文化股份有限公司
發　　行　遠足文化事業股份有限公司
地址：231新北市新店區民權路108-2號9樓
電話：（02）2218-1417　傳真：（02）8667-1065
電子信箱：service@bookrep.com.tw
網址：www.bookrep.com.tw
郵撥帳號：19504465遠足文化事業股份有限公司
客服專線：0800-221-029
法律顧問　華洋法律事務所　蘇文生律師
印　　製　成陽印刷股份有限公司
初版首刷　2009年9月
二版一刷　2017年7月
三版一刷　2021年8月

國家圖書館出版品預行編目資料

放學後才是關鍵!：共學共遊,啟發孩子的未來大能力! / 黃能得著. -- 三版. -- 新北市：野人文化股份有限公司出版：遠足文化事業股份有限公司發行, 2021.08
面；　公分. -- (野人家；46)
16週年茁壯紀念版
ISBN 978-986-384-567-6(平裝)

1.生活教育 2.子女教育

528.33　　110011516

9789863845676（紙本書）
9789863845652（PDF）
9789863845669（EPUB）

野人文化官方網頁　野人文化讀者回函

放學後才是關鍵

線上讀者回函專用QR CODE，你的寶貴意見，將是我們進步的最大動力。

體育課

運動改造大腦

IQ和EQ大進步的關鍵【活化大腦4.0版】

約翰・瑞提醫師／著

定價420元

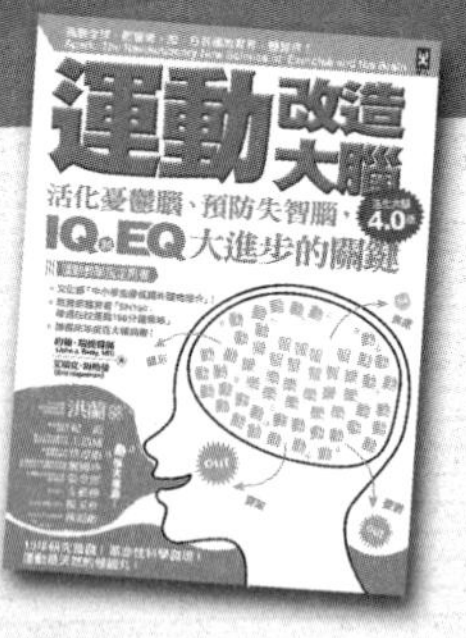

★博客來年度百大暢銷榜

★文化部「中小學生優良課外讀物推介」

為什麼有些人就是業績好人緣也好？

為什麼有些人就是會玩又會念書？

因為他們的大腦結構不一樣！

本書首度公開革命性的大腦研究，透過美國高中的體育改革計畫、真實的案例與作者的親身經歷，證實「有氧運動」不只能鍛鍊肌肉，還能直接鍛鍊大腦，改造心智與智商，讓你更聰明、更快樂、更幸福！

推薦

★洪蘭審訂　★紀政推薦

王浩威（華人心理治療研究發展基金會執行長）

蔡淳娟（高雄醫學大學醫學院教授）

魏國珍（台灣神經外科醫學會理事）

張金郎（台灣體適能發展協會總培訓師）

自然課

失去山林的孩子

震撼全美教育界，搶救科技冷漠小孩，治癒「大自然缺失症」的最佳處方

理查・洛夫／著

定價400元

★國家文官書院選書

震撼全美教育界的必讀書目

搶救科技冷漠的滑世代未來

ADHD、過胖、憂鬱、躁鬱孩子最需要的自然療法

你的孩子是否寧可在家上網，也不肯到戶外走走？你的孩子缺乏創造力、想像力？不懂得與人分享嗎？他們可能只是患了「大自然缺失症」！翻開本書，你將知道如何善用純天然的綠色治癒力，使孩子自己在大自然中去看、去聽、去聞、去感受、去嘗試，幫助孩子與大自然重修舊好。

自然課可以這麼浪漫

李偉文的200個環境關鍵字

李偉文╳AB寶／著

定價399元

用看得見摸得著的自然生態、電影、新聞、食物……

引發孩子好奇心、感受力和提問思考力！

李偉文父女總有聊不完的自然話題：毒澱粉、食品添加物、節能減碳、地球暖化、食物鏈、演化論、生態系……蝗蟲竟然是蚱蜢發狂後突變的；魚翅的營養成分其實和豬皮一樣；貓熊的可愛特質，有著演化上的目的？……

【自然課浪漫清單】

包括**62**本書單、**77**部影片、小旅行等

【適用】

國小、國中、高中課程；自然、生物、化學、地球科學各學科；老師、家長、孩子共同閱讀。

推薦

周儒（師大環境教育研究所教授）

何琦瑜（親子天下創辦人）

劉克襄（作家）

齊柏林（電影《看見台灣》導演）

薛紀綱（《下課花路米》主持人）

詹聰正（「怪獸共和國」負責人）